普通高等教育“十三五”规划教材
全国高等医药院校规划教材

供中医学、针灸推拿学、中西医临床医学等专业使用

中医儿科学

主　编　吴力群

副主编　赵　霞　李新民　薛　征

编　委　（以姓氏笔画为序）

冯晓纯（长春中医药大学）
任献青（河南中医药大学）
李新民（天津中医药大学）
吴力群（北京中医药大学）
赵　琼（成都中医药大学）
赵　霞（南京中医药大学）
徐正莉（南方医科大学）
韩耀巍（天津中医药大学）
薛　征（上海中医药大学）
霍婧伟（北京中医药大学）

科学出版社

北　京

内 容 简 介

本教材为普通高等教育“十三五”规划教材之一，分章介绍了儿科学基础、肺系病证、脾系病证、心肝病证、肾系病证、时行病证及其他病证。本教材紧密结合临床，如在治疗中增加了中成药，在其他疗法中增添了相应中医外治方法，小儿生长发育生理常数更新为最新计算公式等。力求努力反映儿科学术新成果，使学生能够吸取本学科先进知识，适应新时期对中医儿科人才培养的需求。

本教材主要供中医药院校中医临床专业本科生、长学制学生及留学生使用，也可供其他从事中医儿科教学、临床工作和研究者阅读。

图书在版编目（CIP）数据

中医儿科学/吴力群主编. —北京：科学出版社，2017.6
普通高等教育“十三五”规划教材 全国高等医药院校规划教材
ISBN 978-7-03-052918-3
Ⅰ. ①中… Ⅱ. ①吴… Ⅲ. ①中医儿科学-高等学校-教材 Ⅳ. R272
中国版本图书馆 CIP 数据核字（2017）第 115321 号

责任编辑：刘 亚 曹丽英 / 责任校对：刘亚琦
责任印制：张欣秀 / 封面设计：陈 敬

科学出版社出版
北京东黄城根北街 16 号
邮政编码：100717
http://www.sciencep.com
北京建宏印刷有限公司 印刷
科学出版社发行 各地新华书店经销
*
2017 年 5 月第 一 版 开本：787×1092 1/16
2017 年 5 月第一次印刷 印张：11 1/2
字数：308 000
定价：39.80 元
（如有印刷质量问题，我社负责调换）

前 言

中医儿科学是中医临床专业的主干课程之一。本教材主要供中医药院校中医临床专业本科生、长学制学生及留学生使用，也可供其他从事中医儿科教学、临床工作和研究者阅读。特邀请具有丰富临床经验的中医儿科学专家共同编写，强调中医临床思维，注重理论与临床实际相结合，力求体现基础性、科学性、实用性及中医儿科学知识体系的完整性。

本教材在编写过程中，参考了全国中医药行业高等教育“十三五”规划教材《中医儿科学》、全国高等院校中医药类专业卫生部“十三五”规划教材《中医儿科学》等相关中医儿科学教材。在此基础上紧密结合临床，增添了新的内容，如中成药在临床实际应用中占有一定比例，故在“辨证论治”中增加了分证论治中成药；中医外治疗法儿科临床应用广泛，且行之有效，为患儿及家长普遍接受，因此在“其他疗法”中增添了相应中医外治方法；小儿生长发育生理常数更新为最新计算公式等。力求努力反映儿科学术新成果，使学生能够吸取本学科先进知识，适应新时期对中医儿科人才培养的需求。

希望使用本教材的师生不断将意见和建议反馈给我们，以使新教材不断完善、提高。

吴力群

2017年3月

目　录

第一章　儿科学基础

第一节　中医儿科学发展简史

中医儿科学是以中医学理论体系为指导，以中医药防治方法为手段，研究从胎儿至青少年这一时期的生长发育，生理病理，喂养保健，以及各类疾病诊断、预防、治疗的一门中医临床学科。

中医儿科学是随着中医学的发展而形成的，渊源于中华民族的传统文化，荟萃了中华民族数千年来小儿养育和疾病防治的丰富经验，逐步形成了独特的理论和实践体系，并不断充实发展。中医儿科学的发展历史，可以划分为四个主要阶段。

一、中医儿科学的萌芽期（远古～南北朝）

我国儿科医学起源很早，在4000年前商代殷墟出土的甲骨文中记载了20余种病名，其中涉及儿科的有"龋"（龋齿）、"蛊"（寄生虫病），直接记载小儿疾病的有"贞子疾首"，是指商王武丁之子头部生病。这是中医儿科学最早的文献记载。

最早明确记载"小儿医"的是春秋战国时期的扁鹊。《史记·扁鹊仓公列传》记载："扁鹊名闻天下……来入咸阳，闻秦人爱小儿，即为小儿医。"在《五十二病方》这部现存最早的医学专著里，有"婴儿病痫""婴儿瘛"的记述。这也是关于儿科分科的最早记载。

《黄帝内经》（简称《内经》）中有关中医儿科的理论记载较多，如《灵枢·逆顺肥瘦》"婴儿者，其肉脆、血少、气弱"，指出了婴儿的生理特点；《素问·上古天真论》"女子七岁，肾气盛，齿更发长"和"丈夫八岁，肾气实，发长齿更"，描述了小儿生长发育的过程。《内经》中还有许多关于儿科疾病诊断及预后的记载。张仲景的《伤寒杂病论》以六经辨证治疗外感病、以脏腑辨证治疗杂病，对后世儿科学辨证体系的形成产生了重要的影响。

二、中医儿科学的形成期（隋代～宋代）

隋代巢元方的《诸病源候论》是我国最早的一部病因、证候学专著，书中论述小儿杂病诸候6卷255候，将外感病分为伤寒、时气两大类，内伤病以脏腑辨证为主，提出了"不可暖衣""宜时见风日""常当节适乳哺"等正确的小儿养育观。在医学教育方面，隋唐时期在太医署内由"医博士"教授医学，其中专设少小科，学制5年，初步形成儿科专业人才的学习培养制度，促进了儿科专业的发展。

唐代孙思邈的《备急千金要方》、《千金翼方》将妇人、小儿方列于卷首，将小儿病证分门别类论述，两书列小儿方共380首，总结了唐代以前的儿科诊疗经验，为儿科病证治疗提供了大量有效的方剂。

唐末宋初的《颅囟经》是我国现存最早的一部儿科专著。首创"纯阳"理论，"孩儿三岁以下，呼为纯阳，元气未散"，提出婴幼儿体属纯阳的观点；阐述小儿脉法、囟门诊察法；论述了惊、痫、疳、痢、火丹等疾病的证治；书中共载方56首，内服药多采用丸、散剂，外治方28首，广泛用于小儿内外五官诸科疾病。

北宋钱乙，字仲阳，是中医儿科学发展史上有杰出贡献的医家。他的理论和实践经验由其弟子阎季忠收集整理，于公元1119年编成《小儿药证直诀》，比西方最早的儿科著作要早350年。其学术特点可以概括为四个方面：一是小儿生理病理特点，概括为“脏腑柔弱”“成而未全……全而未壮”“易虚易实、易寒易热”；二是小儿四诊重视望诊，对“面上证”“目内证”、痘疹类出疹性疾病的鉴别诊断有较详细的描述；三是首创儿科五脏辨证体系，提出心主惊、肝主风、脾主困、肺主喘、肾主虚的辨证纲领，成为中医儿科辨证学中最重要的方法；四是在治疗上根据五脏的寒热虚实证候，制订治则治法，化裁古方，研制新方，如六味地黄丸、异功散、泻白散、泻黄散、导赤散、七味白术散等，创134方，许多方剂至今仍为临床医师所习用。钱乙对中医儿科学体系的形成做出了突出贡献，因而被誉为“儿科之圣”。

北宋时期，各地天花、麻疹等时行疾病流行，山东名医董汲擅用寒凉法治疗，撰写了《小儿斑疹备急方论》，书中记录了用白虎汤及青黛、大黄等药物的治疗经验，为痘疹类第一部专著。南宋刘昉等编著《幼幼新书》，整理汇集了宋以前儿科学术成就，是当时世界上最完备的儿科学专著，成为后人研究宋代以前儿科文献的主要著作。

南宋陈文中著有《小儿痘疹方论》《小儿病源方论》，力倡固养小儿元阳，擅用温补托毒治疗痘疹类时行疾病因阳气虚寒产生的逆证，丰富了儿科辨证论治理论，开创了儿科温补学派。陈文中主温补与钱乙、董汲主寒凉两种学术思想的争鸣，促进了中医儿科学的发展，形成了中医儿科学系统、较完整的学术体系。

三、中医儿科学的发展期（元代～中华人民共和国成立前）

金元时期是中医学百家争鸣的繁荣时期，当时名医辈出，各家均有所长，促进了整个中医学的发展，也促进了中医儿科学的发展。

金元四大家对儿科也各有所长。刘完素主张用寒凉法治疗小儿热性病，将凉膈散灵活应用于儿科临床；张从正善用攻下治疗热性病，为小儿热病运用“上病下取”法提供了范例；李杲喜用温补，重视调理脾胃，对后世儿科脾胃病的研究具有重要影响；朱丹溪倡导小儿“阳常有余，阴常不足”，注重养阴，对明代万全提出“三有余，四不足”的小儿生理病理特点有重要影响。

元代名医曾世荣编著《活幼心书》和《活幼口议》。其学术特点：一是详述初生儿疾病，是中医新生儿学较早的集中论述，以调元散、补肾地黄丸治疗胎怯；二是对多种儿科疾病的证候、分类、脉法、治法作了精炼且具有指导意义的论述，如将急惊风归纳为四证八候，提出镇惊、截风、退热、化痰治法，创立琥珀抱龙丸、镇惊丸等疗惊方，其治法方药沿用至今；三是将小儿病因病机诊治等编成七言歌诀，并加以注解，便于初学者理解和记诵，对儿科学知识的普及起到了促进作用。

明代薛铠、薛己父子编著的《保婴撮要》，论儿科病证221种。除小儿内科病外，还记载了小儿外科、皮肤、骨伤、眼科、耳鼻咽喉科、口齿科、肛肠科病证70多种，内治、外治、手术兼备，对中医小儿外科学的形成做出了重大贡献。

明代儿科名医万全，著作颇丰，仅儿科就有《育婴家秘》《幼科发挥》《痘疹心法》《片玉心书》《片玉痘疹》等。其学术特点：一是系统提出“育婴四法”，即“预养以培其元，胎养以保其真，蓐养以防其变，鞠养以慎其疾”，形成了中医儿童保健学的系统观点；二是在朱丹溪提倡养阴思想的基础上，系统提出了阳常有余，阴常不足，心常有余，肝常有余，肺常不足，脾常不足，肾常不足，即“三有余，四不足”的小儿生理病理学说；三是治疗方面，提出“首重保护胃气”“五脏有病，或泄或补，慎勿犯胃气”；四是方药方面，他的处方用药精炼而切合病情，所创的“万氏牛黄清心丸”仍是现在治疗小儿急惊风的良方，并将推拿疗法首次应用于儿科。万全的这些学术观点和临床经验，丰富了中医儿科学的学术内容。

王肯堂《证治准绳·幼科》综述诸家论说，结合阐明己见，内容广博，辨析透彻，条理分明，博而不杂，详要分明。张介宾《景岳全书》有“小儿则”等儿科8卷，重视母乳与婴儿之间的关系，“大抵保婴之法……既病则审治婴儿，亦必兼治其母为善”，学术上多承钱乙、陈文中、薛氏父子之论，辨证重在表里寒热虚实，小儿“阳非有余”“阴常不足”，治疗上认为“脏气清灵，随拨随应”，用药注重甘温扶阳。

清代儿科医家夏禹铸著《幼科铁镜》，重视望诊，认为“有诸内而形诸外”，可从望面色、审苗窍来辨别脏腑的寒热虚实；治疗上重视推拿疗法在儿科的应用；以“灯火十三燋”治疗脐风、惊风等证，有其独到之处。《医宗金鉴·幼科心法要诀》把清初以前的儿科学作了一次较全面的整理和总结，立论精当，条理分明，既适用于临床，又适用于教学。谢玉琼《麻科活人全书》是一部较有影响的麻疹专著，详细阐述了麻疹各期及合并症的辨证和治疗，首先提出“肺炎喘嗽”病名。陈复正是清代具有代表性的儿科医家之一，著《幼幼集成》，将小儿指纹诊法概括为“浮沉分表里，红紫辨寒热，淡滞定虚实，三关测轻重”，至今为临床所采用。清代温病学家吴瑭，也是一位儿科专家。他撰《温病条辨·解儿难》，提出了“小儿稚阳未充，稚阴未长者也”的生理特点；易于感触，易于传变的病理特点；稍呆则滞，稍重则伤的用药特点；六气为病、三焦分证、治病求本等观点，对儿科外感、内伤疾病辨证论治具有重要的指导意义。

明清时期，由于天花、麻疹等时行疾病流行，当时儿科医家重视痘疹的防治，积累了宝贵的经验，撰写了大量的痘疹专著。《博集稀痘方论》载有稀痘方；《三冈识略》载有痘衣法；《痘疹金镜赋集解》记载，明隆庆年间宁国府太平县的人痘接种法已推广到各地。17世纪种痘技术在我国已相当盛行，并先后流传到国外，比英国人琴纳发明牛痘接种早200多年，成为世界免疫学发展的先驱。

四、中医儿科学的新时期（中华人民共和国成立后）

1949年中华人民共和国成立后，在党和政府的大力扶持下，我国传统医学得到了繁荣发展，中医儿科学与其他医学学科一样，也进入了快速发展的新时期。

在中西医儿科工作者的共同努力下，古代儿科痧、痘、惊、疳四大要证中的“痧”（麻疹），由于麻疹疫苗的接种，已成强弩之末的散发性疾病；“痘”（天花）已经消灭；“惊”（惊风）发病率明显降低；“疳”（疳证）逐渐减少，其中干疳已少见。随着计划免疫工作的广泛开展，控制了传染病的流行，降低了发病率和死亡率。20世纪50年代，应用“小儿暑温”理论指导流行性乙型脑炎辨证论治，降低了病死率和后遗症发生率。中医药治疗小儿肺炎喘嗽、哮喘、泄泻、厌食、疳证、癫痫、胎黄等儿科常见病的研究不断深入，已显示出特色优势。各种中医外治法治疗儿科常见疾病得到了广泛应用，对增强体质，降低发病率，发挥了积极作用。

医学教育方面，20世纪50年代开始了现代中医中等及高等教育，70年代开始了中医儿科学硕士生教育，80年代开始了中医儿科学博士生教育，90年代开始进行在职医师的继续教育，不仅培养了大批中医儿科人才，而且使中医儿科队伍素质不断提高，成为学科发展的有力保证。与此同时，编写出版了不同层次的中医儿科学教材、教学参考资料、各种类型的题库，整理出版了历代儿科名著，挖掘了大量对临床具有理论指导和实践应用价值的可贵资料，出版了大批中医儿科学术著作。王伯岳、江育仁主编的《中医儿科学》，是20世纪下半叶出版的第一部现代大型学术专著，系统论述了中医儿科学基础理论和临床常见病的辨证论治。汪受传主编的《中医药学高级丛书·中医儿科学》，全面反映了现代中医儿科临床进展，介绍了中医儿科学科研方法，适用于中医儿科学专业研究生教学和继续教育。马融、韩新民主编的《中医儿科学》（第2版）注重将中医儿科基础知识与儿科临床知识有机联系，突出中医儿科基本理论对全书的指导作用。这些现代中医儿科学术著作，不仅比较系统、完整地反映了中医儿科学的进展，而且适合现代医疗、科研、教学的实际需要，推动了中医儿科学的学术进步。

科学研究方面，针对儿科诊法，利用血液化学、超声影像等现代技术方法，对色诊定量、舌诊微观化、闻诊声音分析、脉图分析等进行了研究，将取得的微观辨证资料与四诊宏观辨证资料相结合，丰富了传统四诊内容，发展了中医儿科诊断学；制订了中医儿科常见疾病诊疗指南，促进了中医儿科学向标准化和规范化方向发展；开展了肺炎、哮喘、反复呼吸道感染、厌食、泄泻、紫癜、癫痫等疾病的重大课题研究工作，取得了一批科研成果，促进了中医儿科学的发展。在剂型改革方面，除了进一步研究丸散膏丹外，同时研制出了一批新剂型，如颗粒剂、口服液、喷雾剂、滴鼻剂、栓剂、注射液等，以便于儿科临床使用。多种外治疗法，包括小儿推拿、中药外治疗法等，都有大量的研究成果涌现。

综上所述，中医儿科学的形成和发展已有数千年的历史，目前正在向着学科现代化的方向发展。继承学习是基础，人才培养是关键，科研创新是动力，经过长期的努力，中医儿科学的现代化一定能够实现，将会为儿科学的健康发展做出更大的贡献。历代中医儿科重要著作见表 1-1。

表 1-1　历代中医儿科重要著作简表

书名	年代	作者	书名	年代	作者
《颅囟经》	唐末宋初？	佚名	《幼科铁镜》	1695	夏禹铸
《小儿斑疹备急方论》	1093	董汲	《种痘新书》	1741	张琰
《小儿药证直诀》	1119	钱乙	《医宗金鉴・幼科心法要诀》	1742	吴谦等
《幼幼新书》	1150	刘昉	《麻科活人全书》	1748	谢玉琼
《小儿卫生总微论方》	约 1150	佚名	《幼幼集成》	1750	陈飞霞
《小儿痘疹方论》	1241	陈文中	《幼科要略》	1764	叶天士
《小儿病源方论》	1254	陈文中	《幼科释谜》	1773	沈金鳌
《活幼心书》	1294	曾荣	《温病条辨・解儿难》	1811	吴瑭
《全幼心鉴》	1468	寇平	《医原・儿科论》	1861	石寿棠
《婴童百问》	1506	鲁伯嗣	《保赤汇编》	1879	金玉相
《保婴撮要》	1555	薛铠、薛己	《保赤新书》	1936	恽铁樵
《博集稀痘方论》	1577	郭子章	《中医儿科学》	1984	王伯岳、
《育婴家秘》	1579	万全			江育仁等
《幼科发挥》	1579	万全	《儿科医籍辑要丛书》	1990	张奇文等
《小儿按摩经》	1604	四明陈氏	《实用中医儿科学》	1995	江育仁
《证治准绳・幼科》	1607	王肯堂			张奇文等
《景岳全书・小儿则》	1624	张介宾	《中医药高级丛书・中医儿科学》	1998	汪受传等
《幼科折衷》	1641	秦昌遇			
《幼科指南》	1661	周震			

（吴力群）

第二节 小儿年龄分期

小儿始终处在生长发育的动态过程中，这是儿童最显著的特点。不同年龄的小儿，其形体、生理、病理方面各有其不同特点，养育、保健、疾病防治等都有着不同的要求。在临床实际工作中，常按年龄将小儿分成不同的时期，以便更好地指导儿童养育和疾病防治。对小儿年龄的分期，最早见于《灵枢·卫气失常》“十八已上为少，六岁已上为小”。目前多将18岁以内作为儿科就诊范围，将整个小儿时期划分为六个阶段。

一、胎儿

从男女生殖之精相合胎成直至出生，为胎儿，共40周，280天，以4周为一个妊娠月，即“怀胎十月”。

胎儿在孕育期间，与其母借助胎盘脐带相连，完全依靠母体气血供养，在胞宫内生长发育。在整个孕期内，尤其在妊娠早期的胚胎期（0～12周），从受精卵细胞至基本形成胎儿，最易受到外界不利因素的影响，包括感染、创伤、药物、放射物质、劳累、严重疾病及不良心理因素等可能导致流产、死胎或先天畸形。胎儿中期（13～28周），各器官迅速生长，功能也逐渐成熟，但肺发育不成熟，若早产则存活率低。胎儿后期（29～40周），脂肪和肌肉迅速增长，胎儿体重迅速增加。后两个阶段若胎儿受到伤害，易发生早产。

二、婴儿

出生至1周岁的儿童为婴儿。婴儿期是生后生长发育最迅速的时期。1周岁小儿与初生时相比，体重增至3倍，身长增至1.5倍，头围增大1/3左右，脏腑功能也在不断发育完善。这一时期处于乳类喂养并逐渐添加辅食的阶段，机体发育快，营养需求高。但是，婴儿脾胃运化力弱，肺卫娇嫩未固，婴儿体内来自母体的抗体逐渐减少，自身免疫功能尚未成熟，容易发生肺系病证、脾系病证及各种传染病。

从出生后脐带结扎至生后28天之前，称为新生儿。

医学上将自胎儿28周至生后7天称为围生期，此时期的胎儿、新生儿为围生儿。这一时期小儿死亡率最高，因而应特别强调围生期保健。

三、幼儿

1～3周岁的儿童为幼儿。幼儿时期小儿体格生长发育较婴儿期减缓，但是行为发育迅速，学会了行走、说话及与人交往的能力，智力发育迅速，语言、思维和感知、运动的能力增强。同时，因为断乳后食物品种转换，容易发生各种脾系病证；活动增加，接触面扩大，传染病发病率增高；幼儿识别危险、自我保护能力差，易发生意外事故。

四、学龄前儿童

3～5岁的儿童为学龄前儿童。此期的小儿体格生长发育稳步增长，智力发育渐趋于完善。这一时期已确立了不少抽象的概念，如数字、时间等，能跳跃、登楼梯、唱歌、画图，开始认字并用较复杂的语言表达自己的思维和感情，求知欲强，知识面扩大，生活自理和社交能力增强，是小儿性格特点形成的关键时期。学龄前期儿童容易发生溺水、烫伤、坠床、误服中毒等，应注意防护。

五、学龄儿童

6～12 岁的儿童进入学校学习，称为学龄儿童。此期儿童体格发育仍稳步增长，乳牙脱落，换上恒牙，部分学龄儿童进入青春期。智能发育接近成人，自控、理解分析、综合等能力均进一步增强，已能接受系统的科学文化教育，学习遵守纪律与规则。

六、青少年

儿童以性发育为标志进入青春期。青春期发育持续 7～10 年，受地区、气候、种族、遗传等因素的影响，青春期发育个体差异较大。一般女童的青春期开始年龄和结束年龄都要比男童早 2 年左右，女童自 9～11 岁，男孩自 11～13 岁。青春期是从儿童向成人过渡的时期，其生理特点是肾气盛、天癸至、阴阳和。此期儿童的生长发育再次加速，出现第二次高峰，精神发育由不稳定趋向成熟，易于产生相应的疾病；生殖系统发育逐渐趋向成熟。

第三节　儿童生长发育

小儿从成胎、初生到青春期，一直处于不断生长发育的过程中。生长发育是小儿不同于成人的重要特点。一般以“生长”表示形体的增长，即儿童身体各组织器官的成长，可用相应的测量值来表示；“发育”表示各种功能的进步，即细胞、组织、器官的分化与功能成熟。生长主要反映机体量的变化，发育主要反映机体质的变化。生长和发育两者密切相关，“形”与“神”协调发展，生长是发育的物质基础，身体各器官、系统量的增加与其功能成熟质的变化是同步增长的，因此，生长发育通常相提并论。掌握小儿生长发育规律，对于指导儿童保健、做好儿科疾病防治，具有重要意义。

一、体格生长

小儿体格生长，常用生理常数表示，临床用来衡量和判断儿童生长发育水平，并为某些疾病诊断和临床治疗用药提供依据。为了实际应用的便利，又按小儿体格生长的规律，列出一些计算公式，临床可以此来推算出各年龄组儿童的生理常数。

（一）体重

体重是小儿机体增长的量的总和，其中骨骼、肌肉、内脏、体脂、体液为主要成分。

1. 测量方法　测量体重，应在清晨空腹、排空大小便、仅穿单衣的状况下进行。平时于进食后 2 小时称量为佳。

2. 估算方法　小儿体重的增长不是匀速的，在青春期之前，年龄越小，增长速率越快。出生时体重约为 3kg，出生后体重增长很快，但呈逐月减缓之势，至 1 周岁时达 10kg，1 周岁以后平均每年增加约 2kg。临床可用以下公式粗略推算 12 岁以下小儿的正常体重（波动范围不超过正常值的 10%）：

1～3 个月　体重（kg）=年龄（月）+3

3～12 个月　体重（kg）=[年龄（月）+9]/2

1～6 岁　体重（kg）=年龄（岁）×2+8

7～12 岁　体重（kg）=[年龄（岁）×7−5]/2 或体重（kg）=年龄（岁）×3+2

3. 临床意义

（1）体重是衡量小儿体格生长和营养状况的重要指标之一。

（2）体重是临床计算用药量的主要依据之一。

（3）体重增长过速可能为肥胖症、巨人症；体重低于正常均值 85%者为营养不良。

（二）身高（长）

身高（长）是指从头顶至足底的垂直长度。一般 3 岁以下小儿立位测量不易准确，应仰卧位以量床测量，称身长。

1. 测量方法 测量身长时，3 岁以下小儿用量板卧位测身长，3 岁以上可用身高计测量，立位与卧位测量值相差 1～2cm。测量身高时应脱鞋、帽，直立取立正姿势，足跟、臀部、两肩及枕部均接触立柱。

2. 估算方法 出生时身长约为 50cm。生后第一年身长增长最快，约 25cm，其中前 3 个月约增长 12cm。第二年身长增长速度减慢，约 10cm。2～7 岁儿童身高（长）增长平稳，每年约 8cm。临床可用以下公式粗略推算 2～7 岁儿童的正常身高（长）：

2～12 岁　身高（cm）＝年龄×7+77

青春期出现身高增长的第二个加速期，其增长速率约为学龄期的 2 倍，持续 2～3 年。10～13 岁时女孩身高可较同龄男孩为高，但男孩进入青春期后最终身高多数超过女孩。

3. 临床意义

（1）身高（长）是反映骨骼发育的重要指标之一，其增长与种族、遗传、体质、营养、运动、疾病等因素有关。

（2）身高（长）显著异常是疾病的表现，如身高（长）低于正常均值的 70%，应考虑侏儒症、克汀病、营养不良等。

此外，还有上部量和下部量的测定。从头顶至耻骨联合上缘的长度为上部量，从耻骨联合上缘至足底的长度为下部量。上部量与脊柱增长关系密切，下部量与下肢长骨的生长关系密切。12 岁前上部量大于下部量，12 岁以后下部量大于上部量。

（三）囟门

囟门有前囟、后囟之分。前囟是额骨和顶骨之间的菱形间隙，后囟是顶骨和枕骨之间的三角形间隙。

1. 测量方法及正常值 前囟的大小以囟门对边中点间的连线距离表示，出生时为 1.5～2cm，至 12～18 个月闭合。后囟在部分小儿出生时就已闭合，未闭合者正常情况应在生后 2～4 个月内闭合。颅骨缝于 3～4 个月闭合。

2. 临床意义 囟门反映小儿颅骨间隙闭合情况，对某些疾病的诊断有一定意义。囟门早闭且头围明显小于正常者，为头小畸形；囟门迟闭及头围大于正常者，常见于解颅（脑积水）、佝偻病、先天性甲状腺功能减低症等。囟门凹陷多见于阴伤液竭之失水或极度消瘦者，称囟陷；囟门凸出反映颅内压增高，多见于热炽气营之脑炎、脑膜炎等，称囟填。

（四）头围

1. 测量方法 自双眉弓上缘处，经过枕骨结节绕头一周的长度为头围。

2. 正常值 足月儿出生时头围为 33～34cm；在第一年的前 3 个月和后 9 个月头围都增长约 6cm，1 岁时头围为 46cm；生后第二年头围增长减慢，2 岁时头围为 48cm；5 岁时为 50cm；15 岁时头围接近成人，为 54～58cm。头围测量值在 2 岁以内最有价值，连续追踪测量比单次测量更重要。

3. 临床意义 头围的大小与脑和颅骨的发育有关。头围小者提示脑发育不良。头围增长过速常提示解颅（脑积水）。

（五）胸围

1. 测量方法 软尺 0 点固定于一侧乳头下缘（乳腺已发育的女孩，固定于胸骨中线第四肋间），经两侧肩胛骨下缘回至 0 点，取呼气和吸气时的平均值。

2. 正常值 新生儿胸围约 32cm。1 岁时约为 44cm，接近头围，2 岁后胸围渐大于头围，其差数（cm）约等于其岁数减 1。

3. 临床意义 胸围反映胸廓、胸背肌肉、皮下脂肪及肺的发育程度。一般营养不良或缺少锻炼的小儿胸廓发育差，胸围超过头围的时间较晚；反之，营养状况良好的小儿，胸围超过头围的时间较早。

（六）牙齿

1. 正常值 人一生有两副牙齿，即乳牙（20 颗）和恒牙（32 颗）。生后 4～10 个月乳牙开始萌出，出牙顺序是先下颌后上颌，自前向后依次萌出，唯尖牙例外。乳牙在 2～2.5 岁时出齐。6 岁左右开始萌出第一颗恒牙，自 7～8 岁开始，乳牙按萌出先后逐个脱落，代之以恒牙，最后一颗恒牙（第三磨牙）一般在 20～30 岁时出齐，也有终生不出者。

2 岁以内乳牙颗数可用以下公式推算：

乳牙数=月龄-4（或 6）

2. 临床意义 出牙时间推迟或出牙顺序混乱，常见于佝偻病、呆小病、营养不良等。出牙时个别小儿可出现流涎、睡眠不安、烦躁等反应，不属病态。经常服用四环素，可引起牙质发黄和损坏。

（七）呼吸、脉搏

1. 测量方法 呼吸、脉搏的检测应在小儿安静时进行。对小儿呼吸频率的检测可观察其腹部的起伏状况，也可用少量棉花纤维放置于小儿的鼻孔边缘，观察棉花纤维的摆动次数；对小儿脉搏的检测可通过寸口脉或心脏听诊完成。

2. 正常值 小儿呼吸、脉搏易受发热、运动、哭闹等影响。各年龄组小儿呼吸、脉搏的正常值见表 1-2。

表 1-2 各年龄组小儿呼吸、脉搏次数

年龄	呼吸（次/分）	脉搏（次/分）	呼吸：脉搏
新生儿	45～40	140～120	1：3
≤1 岁	40～30	130～110	1：（3～4）
2～3 岁	30～25	120～100	1：（3～4）
4～7 岁	25～20	100～80	1：4
8～14 岁	20～18	90～70	1：4

（八）血压

1. 测量方法 测量血压时应根据不同年龄选择不同宽度的袖带，袖带宽度应为上臂长度的 2/3，袖带过宽测得的血压值较实际血压值为低，过窄测得的血压值较实际血压值为高。小儿年龄越小血压越低。

2. 正常值 不同年龄小儿血压正常值可用以下公式推算：

收缩压（mmHg）=80+2×年龄

舒张压=收缩压×2/3

二、智能发育

智能发育与体格生长一样，是反映小儿生长发育正常与否的重要指征。智能发育指神经心理发育，包括感知、运动、语言、性格等方面。智能发育除与先天遗传因素有关外，还与后天所处环境及受到的教育等密切相关。

（一）感知发育

1. 视感知的发育 新生儿视觉不敏锐，在 15～20cm 距离处最清晰，可短暂地注视和反射地跟随近距离内缓慢移动的物体；2 个月起可协调地注视物体，初步有头眼协调；3 个月时头眼协调好，可追寻活动的物体或人；4～5 个月开始能认识母亲，见到奶瓶表示喜悦；6 个月时能转动身体协调视觉；9 个月时出现视深度感觉，能看到小物体；1 岁半时能区别各种形状；2 岁时能区别垂直线与横线，目光跟踪落地的物体；5 岁时可区别各种颜色；6 岁时视力才达 1.0。

2. 听感知的发育 新生儿出生 3～7 天听觉已相当良好；3 个月时可转头向声源；4 个月时听到悦耳声音会有微笑；5 个月时对母亲语声有反应；8 个月时能区别语声的意义；9 个月时能寻找来自不同方向的声源；1 岁时听懂自己的名字；2 岁时听懂简单的吩咐；4 岁时听觉发育完善。听觉的发育对小儿语言的发展有重要意义。

3. 嗅觉和味觉 新生儿的嗅觉和味觉出生时已基本发育成熟，对母乳香味已有反应，对不同味道如甜、酸、苦等反应也不同；3～4 个月时能区别好闻和难闻的气味；5 个月时对食物味道的微小改变很敏感，应合理添加各类辅食，使之适应不同味道。

4. 皮肤感觉 新生儿的触觉已很敏感，尤其以嘴唇、手掌、脚掌、前额和眼睑等部位最敏感；痛觉出生时已存在，疼痛可引起全身或局部的反应；温度觉也很灵敏，尤其对冷的反应，如出生时离开母体环境温度骤降就啼哭。2～3 岁小儿能通过皮肤觉与手眼协调一致的活动区分物体的大小、软硬和冷热等。5 岁小儿能分辨体积相同重量不同的物体。

5. 知觉 是人对事物的综合反映，与上述各感觉能力的发育密切相关。小儿 1 岁末开始有空间和时间知觉；3 岁能辨上下；4 岁能辨前后，开始有时间概念；5 岁能辨自身的左右。

（二）运动发育

运动功能的发育既依赖于小儿视感、知觉等的参与，又反过来影响其社会心理等功能的发展。小儿动作发育遵循一定的规律，发育顺序是由上到下、由粗到细、由不协调到协调进展的。粗动作发育过程可归纳为："二抬四翻六会坐，七滚八爬周会走"（数字代表月龄）。新生儿仅有反射性活动（如吮吸、吞咽等）和不自主的活动；1 个月小儿睡醒后常做伸欠动作；2 个月时扶坐或侧卧时能勉强抬头；4 个月时可用手撑起上半身；6 个月时能独坐片刻；8 个月时会爬；10 个月时可站立、扶走；12 个月时能独走；18 个月时可跑步和倒退行走；24 个月时可双足并跳；36 个月时会骑三轮车。

手指精细运动的发育过程为：新生儿时双手握拳；3～4 个月时可自行玩手，并企图抓东西；5 个月时眼与手的动作取得协调，能有意识地抓取面前的物品；5～7 个月时出现换手与捏、敲等探索性的动作；9～10 个月时可用拇指、示指拾东西；12～15 个月时学会用匙，乱涂画；18 个月时能摆放 2～3 块方积木；2 岁时会粗略地翻书页；3 岁时会穿简单地衣服。

（三）语言发育

语言是表达思维、意识的一种方式，与智能有直接的联系。小儿语言发育要经过发音、理解与表达三个阶段。新生儿已会哭叫；2 个月能发出和谐喉音；3 个月能发出咿呀之声；4 个月能发出笑声；7～8 个月会发复音，如“妈妈”“爸爸”等；8～9 个月喜欢学亲人口势发音；10 个月能有意识地叫“妈妈”“爸爸”；1 岁时能说出简单的生活用语，如要、拿、玩等，通过视觉、触觉、体位感等与听觉的联系逐步理解一些日常用品，如“奶瓶”“电灯”等名称；1 岁半时能用语言表达自己的要求；2 岁后能简单地交谈；5 岁后能用完整的语言表达自己的意思。

（四）性格发育

性格是指人在对事、对人的态度和行为方式上所表现出来的心理特点，如英勇、刚强、懦弱、粗暴等。由于每个人的生活环境、心理特征不同，因而表现在对人对事的兴趣、能力、适应程度等方面的性格特点也各不相同。小儿性格特征的形成和建立，是随着小儿的生长发育逐步完成的。

1. 婴儿　一切生理需要必须依赖于成人的照顾，因而随之建立的是以相依情感为突出表现的性格。2～3 个月的小儿以笑、停止啼哭、伸手、眼神或发出声音等表示见到父母的愉快；3～4 个月的小儿会对外界感到高兴的事情表现出大笑；7～8 个月的小儿会对不熟悉的人表现出认生；9～12 个月的小儿会对外界不同的事情做出许多不同的面部表情。此期的生理需要（如吃、抱等）应得到及时的满足，使婴儿产生信任感；相反，如果婴儿的需要得不到满足，婴儿就易产生对人和社会的一种不信任感。

2. 幼儿　能独立行走、自己进食，并且具备了一定的语言表达能力，产生一种自主感。性格的相依性较前减弱，表现为相依情感与自主情感或行为交替出现的性格特征。如果家长对小儿的行为限制过多、批评过多或者惩罚过多，易使小儿产生羞耻感或自卑感。

3. 学龄前儿童　运动、言语能力发展较快，具有一定的独立性、主动性，如果家长经常嘲笑儿童的活动，儿童就会对自己的活动产生内疚感。

4. 学龄儿童　在学习方面经常得到别人的表扬，会变得越来越勤奋上进；反之，如果学习上遭到失败，受到批评，则易形成厌学、自卑感。

5. 青少年　生理发育成熟，心理适应能力有很大发展，有明确的身份意识及未来目标。如果在感情问题、伙伴关系、职业选择、道德价值等问题上处理不当，则易产生身份紊乱。

三、变蒸学说

变蒸，是中国古代医家用来解释婴幼儿生长发育规律的一种学说。2 岁以内的小儿，生长发育特别迅速，每隔一段时期，即有一定的显著变化，就是智慧逐渐聪明，表情逐渐活泼，身体逐渐长高，筋骨逐渐坚强。在此期间有一个变化和蒸腾的过程，针对这种过程，古代中医医家提出了变蒸学说。

变蒸之说，最早见于西晋王叔和的《脉经》，以后在《诸病源候论》和《备急千金要方》及许多儿科著作中均有专门论述。所谓变蒸：变者，变其情智，发其聪明；蒸者，蒸其血脉，长其百骸。就是说：婴幼儿生长发育旺盛，其形体、神智都在不断地变易，蒸蒸日上，逐渐向健全方面发展。

对于变蒸的规律，古代医家提出：变蒸的日数，是由出生之日算起，32日为一变，64日再变，变且蒸，即两变一蒸，合320日为十变五小蒸。小蒸之后，又64日一大蒸，大蒸后，又64日复大蒸，复大蒸后，又128日再复大蒸，计256日三大蒸。至此，小蒸320日，大蒸256日，共计576日，约一岁零七个月，变蒸完毕。小儿在变蒸过程中，不仅其形体不断地成长，其脏腑功能也不断地成熟完善，因而形成了小儿形与神之间的协调发展。

中国古代的变蒸学说，总结提出了婴幼儿生长发育的一些规律：小儿生长发育在婴幼儿时期最快；婴幼儿生长发育是一个连续不断的变化过程；每经过一定的时间周期，显示出显著的生长发育变化；在小儿周期性生长发育显著变化中，形、神是相应发育、同步发展的；变蒸周期是逐步延长的，显示婴幼儿生长发育随着年龄增长而逐步减慢；一定年龄（576日）后，不再有变蒸，小儿生长发育趋于平缓。

变蒸学说所揭示的婴幼儿生长发育的基本规律是符合实际的，对研究当代儿童生长发育规律有重要的借鉴作用。但是，有些古籍中提出，变蒸时小儿会出现发热、呕吐等症状，属于正常表现，无需治疗，这种说法是不正确的。

第四节　生理、病因及病理特点

小儿自出生到成人，始终处于不断的生长发育过程中，年龄越小，生长发育越快。无论是在形体、生理方面，还是在病因、病理方面，小儿都与成人有着显著的不同，因此，不能简单地将小儿看成是成人的缩影。掌握小儿不同于成人的生理、病因及病理特点，对于指导儿童保健和疾病防治，有着重要的意义。

一、生理特点

（一）脏腑娇嫩，形气未充

脏腑，指五脏六腑；娇，指娇弱，不耐寒暑与攻伐；嫩，指柔嫩；形，指形体结构，即四肢百骸、筋肉骨骼、精血津液等；气，指各种生理功能活动，如肺气、脾气、肾气等；充，指充实完善。脏腑娇嫩，形气未充，概括地说明了小儿正处在不断的生长发育过程中，机体各系统和器官的形态发育尚未成熟、各种生理功能尚未健全，脏腑柔弱，尤以肺、脾、肾三脏不足更为突出，对病邪侵袭、药物攻伐的抵抗和耐受能力都较低。如小儿与成人相比易于感受风寒或风热邪气，出现发热、鼻塞流涕、咳嗽等症；又如小儿使用攻伐药品，与成人相比用量小、禁忌多，否则易于损伤正气。小儿形、气均未充盛，人体的各种功能活动还不能完全体现出来，如小儿的语言能力、行为能力都较成人为差，生殖能力至青春期后才能具备等。

肾气的生发是推动小儿生长发育、脏腑功能成熟完善的动力。《素问·上古天真论》说："女子七岁，肾气盛，齿更发长；二七而天癸至，任脉通，太冲脉盛，月事以时下，故有子……丈夫八岁，肾气实，发长齿更；二八，肾气盛，天癸至，精气溢泻，阴阳和，故能有子。"小儿的脏腑功能处于"娇嫩""未充"的阶段，这种脏腑功能的"娇嫩"与"未充"，需要在肾气的生发、推动下，随着小儿年龄的不断增长，至女子"二七"14岁左右，男子"二八"16岁左右才能逐渐成熟完善起来。肾气包括寓于肾中的元阴元阳，禀赋于先天并赖于后天水谷精微之气的不断充养，因而其自身就必须在小儿成长过程中逐渐得到充盛。

中医学关于小儿生理特点的论述，最早见于《灵枢·逆顺肥瘦》"婴儿者，其肉脆、血少、气弱。”肉脆指肌肉等有形之质脆薄，血少指血液等体内液质相对不足，气弱指脏腑功能未臻健全。北宋钱乙发展了这一理论，他在《小儿药证直诀·变蒸》中说：小儿“五脏六腑，成而未全，全而未壮”，意思是指小儿的脏腑和功能，都处于未曾完善的状态。

这些论述都充分说明小儿，尤其是初生儿和婴儿，脏腑娇嫩，肌肤柔弱，血少气弱，经脉未盛，神气怯弱等生理特点，其赖以生存的物质基础虽已形成，但尚未充实和坚固；机体的生理功能虽已初步具备，但尚未成熟。

从脏腑娇嫩的具体内容来看，是指五脏六腑的形和气皆属不足，形气未充，又表现为五脏六腑的形质未曾充实与功能尚未完善，其中尤以肺、脾、肾三脏更为突出。

肺主一身之气，肾为先天之本，脾为后天之本，三者密切相关。先天之本主藏精，内寄元阴元阳，主生长发育，既受五脏六腑之精而藏之，又不断滋润各脏之阴，温煦各脏之阳。后天之本主运化水谷精微，为气血生化之源。

肺常不足：肺主气、司呼吸，主宣发肃降。小儿肺脏娇嫩，表现为呼吸不匀、息数较促。脾与肺为母子关系，脾之运化赖肺之宣发敷布，精微方能濡养全身；肺之主气赖脾之运化精微不断充养，方能出入敷布。脾胃健旺，则肺卫自固。小儿“脾常不足”，故肺气亦弱，外邪容易乘虚而入，易发感冒、咳喘等肺系疾病。小儿肺常不足，体现在其与成人相比绝对不足和相对于机体生长发育的需求而言相对不足两个方面。

脾常不足：脾为后天之本，主运化水谷精微，为气血生化之源。由于小儿生长发育迅速，对精、血、津液等营养物质的需求比成人多，而脾胃的运化功能尚未健旺，相对不足。小儿脾常不足表现为运化力弱，摄入的食物要软而易消化，饮食乳哺要有节制，否则易出现积滞、厌食、呕吐、泄泻等脾系疾病。小儿脾常不足，也体现在其与成人相比绝对不足和相对于机体生长发育的需求而言相对不足两个方面。

肾常虚：肾为先天之本，藏精、主水、司生长发育。小儿肾常虚，表现为肾精未充、肾气未盛，婴幼儿小便不能自控，青春期前形体未能长成、功能未曾成熟，女孩无“月事以时下”、男孩无“精气溢泻”等，且易见解颅、五迟、五软、遗尿等疾病。

不仅如此，小儿心、肝两脏同样未臻充盛，功能未健。心主血脉、主神明，小儿心气未充、心神怯弱未定，表现为脉数，易受惊吓，思维及行为的约束能力较差；肝主疏泄、主风，小儿肝气尚未充实、经筋刚柔未济，表现为好动，易发惊惕、抽风等症。

关于小儿生理特点，清代医家吴鞠通运用阴阳学说的哲学观点，在《温病条辨·解儿难》中提出“小儿稚阳未充，稚阴未长者也”，创立了“稚阴稚阳”学说。稚，指幼嫩而未成熟；阴，指体内精、血、津液及脏腑、筋骨、脑髓、血脉、肌肤等有形之质；阳，指人体的各种生理功能活动。稚阴稚阳学说认为小儿机体，无论在形体方面还是生理功能方面，都处于相对不足的状态，都需要随着年龄的不断增长而不断生长发育，才能逐步趋向完善和成熟。

（二）生机蓬勃，发育迅速

生机，指生命力，活力。生机蓬勃，发育迅速，指小儿在生长发育过程中，无论在机体的形态结构方面，还是在各种生理功能活动方面，都是在迅速地、不断地发育完善。如小儿的身长、胸围、头围随着年龄的增加而增长，小儿的思维、语言、动作能力随着年龄的增加而迅速地提高。小儿的年龄越小，这种蓬勃的生机、迅速的生长发育就越明显。

关于小儿生机蓬勃，发育迅速的生理特点，又可以用“纯阳”学说来概括。“纯”指小儿初生，禀受于先天的元气未曾耗散；“阳”，以阳为用，指促进小儿生长发育的动力。我国现存最早的儿科著作《颅囟经·脉法》首先提出“凡孩子三岁以下，呼为纯阳，元气未散”，就是说小儿先天所禀之元阴元阳尚未耗伤，生机特别旺盛，因而生长发育才极为迅速。“纯阳”学说，高度概括了小儿在生长发育、阳充阴长的过程中，表现得生机旺盛，发育迅速，犹如旭日之初升，草木之方萌，蒸蒸日上，欣欣向荣的生理现象。

“纯阳”并不等于“盛阳”，也不是阳盛阴虚的不平衡状态，更不是有阳无阴的“独阳”。“纯阳”只是对小儿具有蓬勃的生机，旺盛的生命力，能不断地、迅速地生长发育的生理特点的形容和归纳。孤阴不生、独阳不长，阴阳互根，只有“阴平阳秘”，才能“精神乃治”。

“稚阴稚阳”“纯阳之体”的理论概括了小儿生理特点的两个方面。前者是指小儿机体柔弱，阴阳二气均幼稚不足；后者是指小儿在生长发育过程中，生机蓬勃、发育迅速。故两者说的是一个问题的两个方面，并无矛盾之处。

二、病因特点

引起小儿发病的病因与成人大致相同，但是，由于小儿具有自身的生理特点，因而小儿对不同病因为病的情况和易感程度与成人有明显的差别。小儿病因较成人单纯，以外感、食伤和先天因素居多，情志、意外和其他因素也值得注意，不能忽视。在小儿自身的群体中，不同年龄对不同病因的易感程度也不同，如年龄越小对六淫邪气的易感程度越高、年龄越小因乳食而伤的情况越多等。

（一）外感因素

外感六淫邪气与疫疠之气，均易于伤害小儿而致病。

1. 六淫邪气 是风、寒、暑、湿、燥、火六种外感病邪的统称。风、寒、暑、湿、燥、火在正常情况下称为“六气”，是自然界六种不同的气候变化。当“六气”发生太过或不及的改变，非其时而有其气，便成为导致人体患病的原因，称为“六淫”。由于小儿为稚阴稚阳之体，脏腑娇嫩，又寒温不知自调，因而与成人相比，小儿更易被“六淫”邪气所伤。

2. 疫疠之邪 是一类具有强烈传染性的病邪，其引发的疾病有起病急骤、病情较重、症状相似、易于流行等特点。小儿之体为稚阴稚阳，形气未充，御邪能力较弱，是疫疠邪气所伤的易感群体，当气候反常之时，如久旱、酷热、湿雾瘴气或空气、水源、食物受到污染，或没有及时做好预防隔离工作等，都可导致疫病的发生与流行。

（二）乳食因素

小儿“脾常不足”，且饮食不知自调，家长常有喂养不当，易于为乳食所伤，产生脾胃疾病。

1. 饮食失常 小儿生长发育迅速，所需营养物质相对较多，若家长喂养不当，初生缺乳，或未能按期添加辅食，气血生化乏源，久之正气虚弱，抵抗力降低，继发其他疾病，如反复呼吸道感染、疳证等。或任意纵儿所好，乳食无度，饮食营养不均衡，皆能使小儿脾气不充，运化失健，产生脾胃病证，出现吐、泻、腹胀、腹痛、积滞、厌食等。此即所谓“饮食自倍，肠胃乃伤”。

2. 饮食不洁 也是小儿发病的常见原因。小儿缺乏卫生知识，易于误食一些被污染的食物，引发肠胃疾病，如吐泻、腹痛、寄生虫病等。若蛔虫窜进胆道可致蛔厥证；若进食腐败变质有毒食物，严重者可危及生命。

脾胃为后天之本，若为饮食所伤，势必影响小儿生长发育，可见养成良好的饮食习惯，保护小儿脾胃功能，对小儿健康成长有重要意义。

（三）先天因素

先天因素即胎产因素，是指小儿出生之前已作用于胎儿的致病因素。遗传病因是小儿先天因素中的主要病因，父母的基因缺陷可导致小儿先天畸形、生理缺陷或代谢异常等。妇女受孕以后，不注意养胎护胎，也是导致小儿出现先天性疾病的常见原因，如妊娠妇女饮食失节、情志不调、劳逸失度、感受外邪、房事不节等，都可能损伤胎儿而致病。因此，了解和认识先天致病因素对于防治先天性疾病，包括遗传性疾病，是十分必要的。诚如《格致余论·慈幼论》所说："儿之在胎，与母同体，得热则俱热，得寒则俱寒，病则俱病，安则俱安。"

此外，早产、难产、初生不啼等，也是引起小儿残障的重要病因。如胎位不正、横生倒产、分娩损伤，可致头颅血肿、产伤、骨折、斜颈，重者甚至窒息、死亡。

（四）情志因素

小儿对外周环境认识的角度不同于成人，因而导致小儿为病的情志因素与成人有一定的区别。小儿心怯神弱，最常见的情志所伤是惊恐。《小儿药证直诀·急惊》中有"因闻大声或大惊而发搐"的描述。当小儿乍见异物或骤闻异声时，容易导致惊伤心神，出现夜啼、心悸、惊惕、抽风等病证。此外，长时间的所欲不遂，缺少关爱和交流，容易导致忧思、思虑损伤心脾，出现厌食、呕吐、腹痛、孤独等病证；家长对子女过于溺爱，使儿童心理承受能力差，或者学习负担过重，家长期望值过高，都易于产生精神行为障碍类疾病。

（五）意外因素

儿年少无知，智识未开，没有或者缺少生活自理能力，缺乏对周围环境状况的判断能力，如果家长、保育员、教师等对小儿护理不当，照看不周，容易受到意外伤害。例如，溺水、触电、烫伤、跌打扑损的外伤、误食毒物的中毒、不慎吸入异物的窒息等。

（六）其他因素

环境污染，食品污染或农药、激素含量超标等，已成为当前普遍被关注的致病因素。放射性物质损伤，包括对胎儿和儿童的伤害，引起了广泛的重视。医源性损害，包括药物毒副作用，治疗、护理不当，院内感染等，有增多的趋势，需要特别引起儿科工作者的注意。

三、病理特点

（一）发病容易，传变迅速

小儿脏腑娇嫩，形气未充，为"稚阴稚阳"之体，阴阳二气均属不足。因此，在病理上不仅发病容易，而且变化迅速，年龄越小，则脏腑娇嫩的表现越显得突出，临床发病率越高，病情变化越快。正如吴鞠通《温病条辨·解儿难》所说："其脏腑薄，藩篱疏，易于传变；肌肤嫩，神气怯，易于感触。"

小儿发病容易的主要原因在于小儿脏腑娇嫩，对病邪抵抗力差，加上寒热不能自调、乳食不能自节，一旦调护失宜，则外易为六淫所侵、内易为饮食所伤。因此，小儿发病容易，突出表现在肺、脾、肾系疾病及外感时病方面。

肺系疾病：肺为娇脏，外合皮毛。小儿肺脏娇嫩、卫表未固，故易为邪气所感。肺主宣发，主一身之表，小儿之肺气宣发功能尚不健全，腠理开阖、固表抗邪的功能较弱；肺主呼吸，主一身之气，小儿之肺气肃降功能尚不完善；小儿冷暖不知自调，一旦护养失宜，易于感受外邪。且小儿肺气充盛赖脾胃化生气血充养，"脾常不足"，故肺气亦弱。因此，六淫外邪，不论从口鼻而入，或由皮毛侵袭，均能影响肺之宣肃功能，在临床上出现感冒、咳嗽、肺炎喘嗽等肺系病证，使肺系疾病为儿科发病率最高的一类疾病。

脾系疾病：小儿脾胃发育未臻完善，运化功能未健，表现出“脾常不足”的生理特点。小儿脾胃之体成而未全、脾胃之气全而未壮，因而易于因家长喂养不当、小儿饮食失节，出现受纳、腐熟、精微化生传输等方面的病变。小儿处于快速的生长发育阶段，脾为后天之本，气血生化之源，需为小儿迅速长养提供物质基础。小儿脾胃的功能状态与小儿快速生长发育的需求常常不相适应。脾胃受损，升降失司，纳化失常，则产生呕吐、泄泻、厌食、积滞、疳证等脾胃疾病，甚者可严重影响小儿生长发育。脾系疾病发病率在儿科仅次于肺系疾病而居第二位。

肾系疾病：肾藏精，主骨生髓，为先天之本，与生长发育密切相关。肾的这种功能对正处在生长发育过程中、多种生理功能尚未成熟的小儿更为重要。小儿生长发育赖肾阳以生，肾阴以长。它直接关系到小儿骨、脑、发、耳、齿的生长及功能，关乎儿童生长发育和性功能成熟。小儿“肾常虚”，若先天肾气虚弱，加上后天脾气失调，便影响到小儿的生长发育，且可见五迟、五软、解颅等先天禀赋不足之病；若肾阳虚亏，下元虚寒，膀胱闭藏失职，不能制约小便则发生遗尿，不能化气行水则发生水肿。

时行疾病：由于小儿体禀“稚阴稚阳”，御邪抗邪的能力较弱，所以小儿罹患各种时行疾病远较成人为多。邪从鼻入，肺卫受袭，可致麻疹、流行性腮腺炎、水痘等传染病；邪从口入，脾胃受邪，可引起痢疾、霍乱、肝炎等传染病。传染病一旦发生，又易于在儿童中相互染易，造成流行。由于小儿“脏腑柔弱，形气未充”，患病以后，又有变化迅速的特点，这主要表现为疾病的寒热虚实容易相互转化或同时并见。《小儿药证直诀·原序》中说小儿疾病“易虚易实，易寒易热”，就是对这一特点的高度概括。

易虚易实：虚实是指小儿机体正气的强弱与导致疾病的邪气盛衰状况而言。诚如《素问·通评虚实论》所说：“邪气盛则实，精气夺则虚。”易虚易实即是指小儿一旦患病，则邪气易实，正气易虚，实证可迅速转化为虚证，虚证也可转化为实证，或虚实并见之证。例如，小儿感受外邪而患感冒，如失治误治，护理失宜，则外邪常易化热化火，灼伤肺津，炼液成痰，闭阻肺络，迅速发展为肺炎喘嗽，出现发热、咳嗽、气急、鼻煽等实证。肺气痹阻，心血运行不畅，可见面唇肢端紫绀等症。若正不敌邪，心失所养，造成心气不足，可致正虚邪陷、心阳虚衰之变，甚则导致全身阳气衰脱，出现咳嗽痰壅、颜面苍白、四肢厥冷、大汗淋漓、脉微细数等虚脱证。

易寒易热：寒热是指疾病病理表现为两种不同性质的证候属性。“易寒易热”是指在疾病的过程中，由于小儿“稚阴未长”，故易见阴伤阳亢，表现为热证，即谓“阳胜则热”（《素问·阴阳应象大论》）；又由于“稚阳未充”，故易见阳气虚衰，表现为寒证，即所谓“阴胜则寒”（《素问·阴阳应象大论》）。小儿的易寒易热常常与易实易虚交错出现，在病机转化上，形成寒证、热证迅速转化或夹虚或夹实。例如，小儿患风寒外束之实寒证，若不及时疏解，驱邪外出，易转化为外寒内热，甚则风寒之邪迅速化热传里，转为里实热证，失治或误治也易转变成阳气虚衰的虚寒证，或阴伤内热的虚热证等。

（二）脏气清灵，易趋康复

与成人相比，小儿体禀纯阳，生机蓬勃，脏气清灵，活力充沛，对各种治疗反应灵敏；小儿宿疾较少，病因相对单纯，疾病过程中情志因素的干扰和影响相对较少。因此，小儿虽有发病容易、传变迅速的病理特点，但一般说来，只要诊断无误，辨证准确，治疗及时，处理得当，用药合理，护理适宜，病情好转的速度较成人为快，疾病治愈的可能也较成人为大。例如，小儿感冒、咳嗽、泄泻等病证多数发病快好转也快，小儿哮喘、癫痫、阴水等病证虽病情缠绵，但其预后较成人相对为好。正如张景岳在《景岳全书·小儿则》中所说：“小儿之病……其脏气清灵，随拨随应，但能确得其本而撮取之，则一药可愈，非若男妇损伤、积痼痴顽者之比。”对于儿科的一般常见病证，固然要有信心，即使是重病顽证、危急病证也应有信心，要充分发挥中西医结合综合治疗之优势，充分应用各种治疗手段，调动小儿机体自身的抗病能力，争取最佳的治疗效果。

第五节　喂养与保健

一、胎儿期保健

胎儿期保健应从择偶婚配受孕开始。小儿禀受父母元气精血而成，若父母健康，阴阳和谐，适时婚配受孕，则胎儿健康；反之则胎儿羸弱。

（一）婚配受孕

1. 适时结婚生育　男女双方应在适当的年龄结婚生育，才能为胎儿健康打下良好的基础。婚育过早、过晚均会给父母及胎儿带来诸多不利影响。最佳婚育年龄：女子应是 23～28 岁，男子应为 25～30 岁。这个时期是身体最健壮，精力最旺盛的时期，对胚胎的形成和胎儿的生长发育非常有利。

2. 近亲不可通婚　近亲通婚，会使后代患遗传性疾病的概率增加。我国《婚姻法》明文规定："直系血亲和三代以内旁系血亲之间禁止结婚。"

3. 婚前孕前检查　《妇人大全良方・求嗣门》指出："凡欲求子，当先察夫妇有无劳伤、痼害之属，依方调治，使内外和平，则妇人乐而有子矣。"为了优生，男女在婚前及孕前必须查明有无影响生育及子女健康的疾病，不可轻率结婚、生育。

4. 交合择时宜忌　交合要有节制，交合时要情绪安定；反之，男女在患病或大病初愈之时，或在精神紧张、恐惧、心情烦闷、悲伤、愤怒之时，或饮酒过度，或身体疲劳之时均不应交合，否则，会对母子健康带来不良影响。

（二）孕期养胎

养胎是为了使胎儿在母腹中获得良好的先天素质和健康发育而采取的一系列养育措施。中医学养胎的内容丰富，主要包括以下几方面。

1. 精神内守，调畅情志　妇人怀孕，母子一体，气血相通。精神内守有益健康，七情过极往往伤及母子。孕妇的精神调摄应做到无悲哀、无思虑、无惊恐，喜怒哀乐适可而止。

2. 饮食调养，嗜好有节　胎儿的生长发育，全赖母体的气血濡养，孕妇的气血盈亏，又直接与饮食营养及脾胃功能有关，故整个孕期都应重视饮食调养。对于胎儿正常生长发育所必需的营养素如蛋白质、矿物质（铁、锌、钙等）和维生素（维生素 D 等）必须保证供给。禁忌过食生冷、辛辣、肥腻之品，以免酿生胎寒、胎热、胎肥等病证。乙醇可使受精卵发育障碍，造成流产、先天性畸形或智能低下等；孕妇吸烟过多，也会造成流产、早产，或胎怯、智力低下、先天性心脏病等疾病。

3. 调适寒温，防感外邪　妇女怀孕之后，血聚以养胎，气血相对不足，易被虚邪贼风所侵，引起各种时令疾病。各种感染性疾病，尤其是病毒感染，包括风疹病毒、流感病毒、巨细胞病毒、水痘-带状疱疹病毒、单纯疱疹病毒、肝炎病毒等，都可能导致先天性畸形、流产或早产。尤其妊娠早期，是胚胎形成、器官分化的阶段，最易受到损害，故更要注意保护孕妇，避免各种感染。

4. 劳逸结合，适当活动　妊娠期间，孕妇应动静相随，劳逸结合。适度的活动能使肢体舒展，气血流畅，有助于胎儿正常发育及顺利分娩。过逸会影响孕妇气血流畅，使胎儿得不到充足的气血供养，胎禀怯弱，以及母体体质下降，多致产难。但是，孕妇也不可过劳，不能从事繁重的体力劳动和剧烈的体育运动，以免损伤胎元，引起流产或早产。

5. 避免外伤，节制房事 妊娠期间，孕妇要防止各种有形和无形的外伤，以保护自己和胎儿。孕妇要谨防跌扑损伤，保护腹部，避免受到挤压和冲撞。妊娠期间要控制房事，节欲保胎。要远离噪音，避免接触放射线。噪声会损害胎儿的听觉，放射线能诱发基因突变，造成染色体异常，都可能导致流产或胎儿发育畸形。

6. 审慎用药，避其药毒 孕妇如果用药，很多药物都可以通过母体进入胎儿，而胎儿形质初成，娇嫩异常，易于因药物引起中毒而影响正常生长发育。尤其在妊娠早期，是胚胎器官发生期，此时最易受药物或毒物之影响而导致胚胎死亡、流产或致畸。

妊娠禁忌中药主要分为以下三类：毒性药类，如乌头、附子、南星、野葛、水银、轻粉、铅粉、砒石、硫黄、雄黄、斑蝥、蜈蚣等；破血药类，如水蛭、虻虫、干漆、麝香、瞿麦等；攻逐药类，如巴豆、牵牛子、大戟、芫花、皂荚、藜芦、冬葵子等。这些药物药性峻猛，可能引起中毒，损伤胎儿，或引起流产、早产。

二、婴儿期保健

婴儿期生长发育极为迅速，对营养物质的需求量多，脾胃常显不足，容易发生营养和消化紊乱。同时，来自母体的抗体逐渐减少，自身免疫功能尚未成熟，易发生各种感染性疾病，故必须做好喂养、护养和预防接种等各项保健工作。

（一）新生儿保健

新生儿期的保健要点如下：

1. 拭口洁眼 新生儿刚出生，在开始呼吸前，应清除口腔内黏液污物，可用吸管清除，亦可用消毒纱布探入口内，轻轻拭去，以免啼哭时呛入气道。同时，要拭去眼睛、耳朵中的污物。新生儿皮肤表面附有一层厚薄不均的胎脂，对皮肤有一定的保护作用，不要马上拭净。但皮肤皱褶处及二阴前后应当用纱布醮消毒植物油轻轻擦拭，去除多余的污垢。

2. 断脐护脐 婴儿出生后随即需要结扎脐带，脐带切断后，小儿开始独立生存，因而将断脐作为先天与后天的分界线。断脐必须严格消毒，无菌操作，脐带残端要用干法无菌处理，然后用无菌敷料覆盖。若在特殊情况下未能保证无菌处理，则应在 24 小时内重新消毒、处理脐带残端，以防止感染及脐风。断脐后还需护脐。脐部要保持清洁、干燥，注意保暖以防风冷外袭。脐带残端经 4～10 天后自然脱落，在此期间，注意勿让脐部被尿液、污水及其他脏物所侵，洗澡时勿浸湿脐部，避免脐部感染，预防脐风、脐湿、脐疮等脐部疾病的发生。

3. 洗浴衣着 新生儿出生后，血渍揩拭干净后即可洗澡。臀部、会阴部及肛门周围宜经常清洗，保持皮肤清洁干燥，防止红臀。

新生儿的衣着应选择柔软、浅色、吸水性强的纯棉织物。衣服式样宜简单，容易穿脱，宽松而少接缝，不用钮扣、松紧带，以免损伤娇嫩的皮肤。尿布要柔软而且吸水性强，要保持婴儿阴部的干燥清洁。

4. 祛除胎毒 胎毒为胎中禀受之毒，主要指热毒。胎毒重者，初生时多有面红目赤眵多、烦闹多啼、大便秘结等表现，易发生丹毒、痈疖、湿疹、胎黄、胎热、口疮等病证。

我国自古有给初生儿祛除胎毒的传统方法，即给初生儿服用少量具有清热解毒作用的中药，以清除胎毒，减少遗患。临床常用的祛胎毒法有多种，可结合小儿体质情况选用。

（1）银花甘草法：金银花 6g，甘草 2g，煎汤。用此药液拭口，并以少量喂服初生儿。

（2）豆豉法：淡豆豉 10g，浓煎取汁，频频饮服。适用于胎弱之初生儿。

（3）黄连法：黄连 2g，用水浸泡令汁出。取汁滴入初生儿口中。黄连性寒，适用于热毒重者，胎禀气弱者勿用。

（4）大黄法：生大黄 3g，沸水适量浸泡或略煮。取汁滴入初生儿口中，胎粪通下后停服，脾虚气弱者勿用。

新生儿有几种特殊生理状态，不可误认为病态。新生儿上腭中线和齿龈部位有散在黄白色、碎米大小隆起颗粒，称为“马牙”，会于数周或数月自行消失，不需挑刮。女婴生后 3～5 天乳房隆起如蚕豆到鸽蛋大小，可在 2～3 周后消退，不应处理或挤压。女婴生后 5～7 天阴道有少量流血，持续 1～3 天自止者，是为假月经，一般不必处理。新生儿两侧颊部各有一个脂肪垫隆起，称为“螳螂子”，有助吮乳，不能挑割。还有新生儿生理性黄疸等，均属于新生儿的特殊生理状态。

（二）喂养方法

婴儿喂养方式分三种，即完全母乳喂养、人工喂养及混合喂养。母乳喂养是世界卫生组织（WHO）倡导的最佳喂养方法。

1. 母乳喂养　是人类在生物进化过程中形成的一种自然喂养方式。母乳是婴儿最好的天然食物，对婴儿的健康生长发育有不可替代的作用。

（1）初生开乳：新生儿娩出之后，应将其置于母亲身边，给予爱抚，不应分室而另居于婴儿室。吸吮乳头可反射性地促进泌乳，故应尽早开乳（产后 15 分钟～2 小时内）。鼓励母亲按需哺乳，坚持哺乳，使婴儿吸吮有力，促使母乳分泌，有利于哺乳成功。尽早开乳可以减轻婴儿生理性黄疸，同时还可减少生理性体重下降及低血糖的发生。

（2）母乳喂养的优点：①母乳中含有最适合婴儿生长发育的各种营养素，易于消化和吸收，是婴儿期前 4～6 个月最理想的食物。②母乳中含有丰富的抗体、活性细胞和其他免疫活性物质，可增强婴儿抗感染能力。③母乳温度及泌乳速度适宜，新鲜无细菌污染，直接喂哺，简便经济。④母乳喂养的婴儿频繁地与母亲肌肤相亲，接受母亲的爱抚，有利于母子的情感交流。⑤哺乳可产生催乳激素，促进子宫收缩复原；哺乳能推迟月经复潮，避免怀孕，减少乳母患乳腺癌和卵巢肿瘤的可能性。

（3）哺乳方法：由乳母细心观察婴儿的个体需要，按其需要哺乳，即“按需喂给”，是根据每个婴儿的生理需要及其消化吸收能力，采取个体化的喂养方法。以下喂养方法仅供参考：第 1～2 个月不定时喂哺，完全按需哺乳。此后按照婴儿睡眠规律可每 2～3 小时喂 1 次，逐步延长到 3～4 小时 1 次，夜间逐渐停 1 次。一般 2 个月以内每 3 小时喂 1 次，昼夜 6～7 次；3～4 个月约 6 次。每次哺乳时间 15～20 分钟。哺乳完毕将婴儿抱直，头靠母肩，轻拍其背，使吸乳时吞入胃中的空气排出，可减少溢乳。

若母亲患有严重疾病，如急慢性传染病、活动性肺结核、慢性肾炎、糖尿病、恶性肿瘤、精神病、癫痫或心功能不全等，应停止哺乳。乳头皲裂、急性感染等可暂停哺乳，但要定时吸出乳汁，以免乳量减少。

（4）断乳时间：随着婴儿逐渐长大，母乳已不能完全满足其生长发育的需要，自生后 4～6 个月起应逐渐添加辅食，当婴儿长到 8～12 个月时可以完全断乳。断奶时间视母婴情况而定，如婴儿患病或遇酷暑、严冬，断奶可延至婴儿病愈、秋凉或春暖季节。

2. 人工喂养　4 个月以内的婴儿由于各种原因不能进行母乳喂养，完全采用配方乳或牛乳、羊乳等喂养婴儿，称为人工喂养。

（1）配方奶粉：是以牛乳为基础改造的奶制品，目前市售的配方奶粉所含营养素的成分大都接近于人乳，适合于婴儿的消化能力和肾功能。生产配方奶粉都要降低其酪蛋白、减少无机盐含量；添加一些重要的营养素，如乳清蛋白、不饱和脂肪酸、乳糖；强化婴儿生长时所需要的微量营养素如核苷酸、维生素 A、维生素 D、β 胡萝卜素和微量元素铁、锌等。使用时按年龄选用。

（2）牛乳：牛奶所含营养成分与人奶有差别，①乳糖含量低，故每 100ml 牛奶中可加蔗糖 5～8g；②所含蛋白质较人乳为高，但以酪蛋白为主，在胃内形成凝块较大，不易消化，故牛奶需加热煮沸，一可灭菌，二使蛋白质变性，使之容易消化；③牛奶所含矿物质比人乳多 3～3.5 倍，可增加婴儿肾脏的溶质负荷，需适当加水以降低牛奶矿物质、蛋白质浓度，减轻婴儿消化道、肾负荷；④牛奶中加少量米汤（少于 1/6），可使牛奶在胃中不易形成乳凝块，容易消化；⑤牛奶中缺乏免疫因子，故牛乳喂养的婴儿患感染性疾病的概率增加。

酸牛奶是在煮沸冷却至 60℃左右的鲜牛奶中加入食用乳酸杆菌，经发酵而成。酸奶的凝块细小易于消化，又可减少胃酸消耗，并有一定的抑菌功能，对消化不良小儿较为适合。

3. 混合喂养 因母乳不足需添加配方奶或牛乳、羊乳、代乳品时，称为混合喂养，亦称部分母乳喂养。混合喂养的方法有两种：补授法与代授法。

（1）补授法：母乳喂养的婴儿体重增长不满意时，提示母乳不足。此时用配方奶或牛羊乳补充母乳喂养为补授法，适宜于 4 个月内的婴儿。补授时，每日母乳喂养的次数照常，每次先哺母乳，将两侧乳房吸空后，再补充一定量的代乳品，“缺多少补多少”，直到婴儿吃饱。这种喂养方法可因经常吸吮刺激而维持母乳的分泌，因而较代授法为优。

（2）代授法：一日内有一至数次完全用乳品或代乳品代替母乳，称为代授法。在无法由乳母喂养的情况下，或者母乳喂养至 4～6 月龄时，为断离母乳而采用代授法。

4. 添加辅食 无论母乳喂养、人工喂养或混合喂养的婴儿，都应按时添加辅食，以便满足婴儿生长发育增长的需要，并使婴儿的脾胃功能逐渐增强以适应普通食品。4～5 个月内应当以母乳喂养为主，此后应按一定月龄添加不同的辅助食品。添加辅助食品的原则：由少到多，由稀到稠，由细到粗，由一种到多种，在婴儿健康、消化功能正常时逐步添加。添加辅食的顺序可参照表 1-3。

表 1-3 添加辅食的顺序

月龄	添加的辅食
1～3 个月	鲜果汁；青菜水；鱼肝油制剂
4～6 个月	米糊、乳儿糕、烂粥；蛋黄、鱼泥、豆腐、动物血；菜泥、水果泥
7～9 个月	烂面、烤馒头片、饼干；碎菜、鱼、蛋、肝泥、肉末
10～12 个月	稠粥、软饭、挂面、馒头、面包；碎菜、碎肉、油、豆制品等

（三）婴儿护养

婴儿期间脏腑气血未充，生长发育迅速，除合理喂养之外，必须根据这一时期儿童的生理特点安排起居作息。

《备急千金要方·初生出腹论》说：“宜时见风日，若都不见风，则令肌肤脆软……凡天和暖无风之时，令母将儿于日中嬉戏，数见风日，则血凝气刚，肌肉牢密，堪耐风寒，不致疾病”，就是说要坚持带孩子到户外活动，享受阳光和新鲜空气，增强小儿体质。

婴儿所需睡眠时间较长，要使之得到保证，同时要掌握婴儿睡眠时间逐渐缩短的生理特点，在哺乳、戏耍等的安排上，注意有利于使之逐步形成夜间以睡眠为主、白天以活动为主的良好作息习惯。

要保持婴儿的清洁卫生，勤换衣裤，早晚洗脸、洗脚，便后清洁臀部，有条件者每天洗浴。衣着要宽松，不可紧束而妨碍气血流通，影响骨骼发育。要避免与传染病患者接触，以减少感染机会。

早期教育：婴儿期是感知觉发育的重要时期，视觉、听觉及其分辨能力迅速提高，要结合生活实践，教育、训练他们由近及远认识生活环境，促进感知觉发展，培养他们的观察力。

注意精神调摄，避免暴受惊恐而扰乱心气致病。要防止意外，如异物吸入、窒息、中毒、跌伤等。

（四）预防接种

婴儿时期脏腑娇嫩，卫外不固，从母体获得的免疫力在6个月以后逐渐消失，而自身后天的免疫力尚未建立，故此期易发生肺系疾病、脾系疾病和传染病。婴儿时期对各种传染病都有较高的易感性，必须按照我国制订的计划免疫程序，为婴儿完成预防接种的基础免疫。

我国卫生部于2008年2月公布的《扩大国家免疫规划实施方案》的疫苗免疫程序见表1-4，要求从婴儿期开始完成预防接种的基础免疫。

表1-4　中国《扩大国家免疫规划实施方案》疫苗免疫程序

接种疫苗	接种时间
乙肝疫苗	接种3剂次，出生时、1月龄、6月龄各接种1剂次，第1剂在出生后24小时内尽早接种
卡介苗	接种1剂次，出生时接种
脊灰疫苗	接种4剂次，2月龄、3月龄、4月龄和4周岁各接种1剂次
百白破疫苗	接种4剂次，3月龄、4月龄、5月龄和18～24月龄各接种1剂次
	无细胞百白破疫苗免疫程序与百白破疫苗程序相同。无细胞百白破疫苗供应不足阶段，按照第4剂次至第1剂次的顺序，用无细胞百白破疫苗替代百白破疫苗；不足部分继续使用百白破疫苗
白破疫苗	接种1剂次，6周岁时接种
麻疹疫苗	满8月龄进行麻疹疫苗的基础免疫，1岁半～2岁复种1次
麻腮风疫苗（麻风、麻腮、麻疹疫苗）	麻腮风疫苗供应不足阶段，使用含麻疹成分疫苗的过渡期免疫程序。8月龄接种1剂次麻风疫苗，麻风疫苗不足部分继续使用麻疹疫苗。18～24月龄接种1剂次麻腮风疫苗，麻腮风疫苗不足部分使用麻腮疫苗替代，麻腮疫苗不足部分继续使用麻疹疫苗
流脑疫苗	接种4剂次，6～18月龄接种2剂次A群流脑疫苗，3周岁、6周岁各接种1剂次A+C群流脑疫苗
乙脑疫苗	乙脑减毒活疫苗接种2剂次，8月龄和2周岁各接种1剂次。乙脑灭活疫苗接种4剂次，8月龄接种2剂次，2周岁和6周岁各接种1剂次
甲肝疫苗	甲肝减毒活疫苗接种1剂次，18月龄接种。甲肝灭活疫苗接种2剂次，18月龄和24～30月龄各接种1剂次

注：以上疫苗与预防疾病的对应：乙肝疫苗：乙型病毒性肝炎；卡介苗：结核病；脊灰减毒活疫苗：脊髓灰质炎；百白破疫苗：百日咳、白喉、破伤风；白破疫苗：白喉、破伤风；麻疹疫苗：麻疹；麻腮风联合疫苗：麻疹、风疹、流行性腮腺炎；A群流脑疫苗、A+C群流脑疫苗：流行性脑脊髓膜炎；乙脑减毒活疫苗：流行性乙型脑炎；甲肝减毒活疫苗：甲型肝炎。

三、幼儿期保健

幼儿期是社会心理发育最为迅速的时期，也是启发童蒙，促进幼儿智能发育的关键时期。此时期20个乳牙逐渐出齐，断乳后食物种类明显转换，脾胃功能较薄弱，易发生脾胃功能紊乱等疾病。随着小儿年龄的增加，户外活动、接触外人的机会增多，容易发生各种急性传染病。幼儿期的保健重点是要注意断奶后的合理喂养，培养小儿良好的生活习惯，并重视幼儿的早期教育，预防疾病，同时也要注意防止意外事故的发生。

四、学龄前期保健

学龄前期小儿体格发育稳步增长，大脑皮质功能迅速发育，智能发育较快。心理变化较为突出，理解能力逐渐增强，表现出强烈的好奇心和求知欲，可塑性强，是性格形成的关键时期，开始能用较复杂的语言表达自己的思维和感情，求知欲强，好奇，好问，好模仿。

此期应重视幼童潜在智能的开发，适时地进行学前教育，使之增长见识，培养良好的学习习惯和道德品质，为接受学校教育打下基础。由于学龄前期小儿独立活动范围扩大，又缺乏生活经验和自我控制能力，容易发生意外事故，要注意加强安全教育，加强看护、教育，并继续做好预防保健工作。

五、学龄期保健

学龄期儿童体格稳步增长，乳牙依次更换为恒牙。儿童进入学校学习，是获取知识的重要时期，要培养良好的学习习惯，加强素质教育，德、智、体、美、劳全面发展，铸造优良品质。防止和矫治中小学生常见病如龋齿、近视、沙眼、寄生虫、贫血、营养不良等。要注意儿童情绪和行为的变化，避免思想过度紧张，减少精神行为障碍性疾病的发生。此期保障儿童的身心健康显得更为重要。

六、青春期保健

青春期体格生长再次加速，生殖系统显著发育，组织和器官从稚嫩走向成熟，由能力不足趋向功能健全，两性特征逐渐明显。生理、心理变化大，是人生的第二个生长发育高峰，是从儿童向成人过渡的时期，是心理发育的转折点，是生殖系统发育的成熟期。加强教育与引导，普及青春期保健知识，正确对待和处理青春期的生理和心理变化，做好青春期保健，对于顺利完成从儿童向成人的过渡，使之身心健康地走向社会，有着重要的意义。

第六节　儿科诊法概要

中医儿科疾病的诊断方法，与临床其他各科一样，均运用望、闻、问、切四种诊查方法获取疾病相关信息，用于诊断和辨证。儿科古代称为“哑科”，因乳婴儿不会说话，较大儿童虽已会说话，也不能正确叙述自己的病情，加上就诊时常啼哭吵闹，影响气息脉象，造成诊断上的困难。所以，历代儿科医家对于小儿诊法，既主张四诊合参，又特别重视望诊。诚如《幼科铁镜·望形色审苗窍从外知内》所说：“望、闻、问、切，固医家之不可少一者也，在大方脉则然，而小儿科，则惟以望为主。”

一、望诊

望诊，是医生通过观察患儿的神、色、形、态、舌象及分泌物、排泄物等异常变化，以了解病情的一种方法。历代儿科医家都把望诊列为四诊之首，认为“小儿病有诸于内，必形诸于外”。小儿肌肤柔嫩，反应灵敏，凡外感六淫，内伤乳食，以及脏腑自身功能失调，或气血阴阳偏盛偏衰，易从面、唇、舌等苗窍各部显现出来，其反映病情的真实性较成人更为明显，不易受到患儿主观因素的影响。通过望诊可以观察患儿体表的全身和局部情况，从而获得与疾病有关的辨证印象。因此望诊在儿科疾病的诊断上显得尤为重要。

望诊内容可分为整体望诊（望神色、望形态）和分部望诊（审苗窍、辨斑疹、察二便、察指纹）

两个方面。

（一）望神色

神是指小儿的精神状态，色是指面部气色。望神色就是望小儿的精神气色。通过对小儿目光、神态、表情、反应等方面的综合观察，了解五脏精气盛衰和病情轻重及预后。凡精神振作，两目有神，表情活泼，面色红润，呼吸调匀，反应敏捷，均为气血调和，神气充沛的表现，是健康或病情轻浅之象；反之，若精神萎顿，两目无神，表情呆滞，面色晦暗，呼吸不匀，反应迟钝，谓之无神，均为体弱有病之表现，或病情较重之象。

面部望诊是小儿望神色中的重要组成部分。《灵枢·邪气藏府病形》说："十二经脉，三百六十五络，其血气皆上于面而走空窍。"望面色可以了解脏腑气血的盛衰及邪气之所在。五色主病是望神察色诊病的主要方法。

五色主病：又称五色诊，即按面色红、青、黄、白、黑五种不同颜色的偏向表现来诊察疾病。

面呈白色多为虚证、寒证。外感初起，面白无汗，是风寒外束；阵阵发白，啼哭不宁，常为中寒腹痛；面白少华，唇色淡白，多为血虚；若面白浮肿为阳虚水泛，常见于阴水；面色惨白，四肢厥冷，多为滑泄吐利，阳气暴脱，可见于脱证。

面呈红色，多为热证。若面红耳赤，咽痛，脉浮，为风热外感；面红唇干，肌肤灼热，烦闹口渴，舌红苔黄，脉象洪数，为气分热盛；午后颧红潮热，口唇红赤，为阴虚内热，虚火上炎；若两颧艳红如妆，面白肢厥，冷汗淋漓，为虚阳上越，是阳气欲脱的危重证候。新生儿面色嫩红，或小儿面色白里透红，为正常肤色。

面呈黄色多为虚证或湿证。若面色萎黄，形体消瘦为脾胃功能失调，常见于疳证；面黄无华，脐周阵痛，夜间磨牙，可能为肠腑虫病；面目色黄而鲜明，为湿热内蕴之阳黄；面目黄而晦暗，为寒湿阻滞之阴黄；出生后不久出现的黄疸为胎黄，有生理性与病理性之分。

面呈青色多为寒证、痛证、瘀证、惊痫。若面色白中带青，表情愁苦皱眉，多为里寒腹痛；面青而晦暗，神昏抽搐，常见于惊风和癫痫发作之时；面青唇紫，呼吸急促，为肺气闭塞，气血瘀阻。大凡小儿面呈青色，病情一般较重，应注意多加观察。

面呈黑色，多为寒证、痛证、瘀证、水饮证。若面色青黑，手足逆冷多为阴寒里证；面色黑而晦暗，兼有腹痛呕吐，可为药物或食物中毒；面色青黑晦暗为肾气衰竭，不论新病久病，皆属危重。若小儿肤色黑红润泽，体强无病，是先天肾气充沛的表现；若因常在户外，日晒风吹，肤色红黑，不属病态。

（二）望形态

形指形体，态指动态。望形态就是观察患儿形体强弱胖瘦和动静姿态。形体望诊，包括头囟、躯体、四肢、肌肤、毛发等。

1. 望形体 凡发育正常、筋骨强健、肌丰肤润、毛发黑泽、姿态活泼者，是胎禀充足，营养良好，属健康表现；若生长迟缓、筋骨软弱、肌瘦形瘠、皮肤干枯、毛发萎黄、囟门逾期不合、姿态呆滞者，为胎禀不足，营养不良，多属有病。

小儿头颅大小应适中，与其年龄相称。如头小顶尖，颅缝闭合过早，是为头小畸形；头方发稀，囟门宽大，当闭不闭，可见于五迟证；头大颌缩，前囟宽大，头缝开解，目睛下垂，见于解颅（脑积水）；前囟及眼窝凹陷，皮肤干燥，可见于婴幼儿泄泻阴伤液脱。

头发茂密，分布均匀，色黑润泽，是肾气充盛之常态。头发稀细，色枯无泽，多是肾气亏虚或阴血内亏；发细结穗，色黄不荣，多是气血亏虚，积滞血瘀；头发脱落，见于枕部，是为气虚多汗之枕秃；脱落成片，界限分明，是为血虚血瘀之斑秃。

胸廓高耸形如鸡胸，可见于佝偻病、哮喘；腹部膨大，肢体瘦弱，发稀，额上有青筋显现，多属疳积；毛发枯黄，或发竖稀疏，或容易脱落，均为气血亏虚之表现。

2. 望动态 通过动态观察，可以分析不同姿态显示的疾病。如坐卧不宁，是肝阳心火内盛；嗜卧少坐，懒动无力，是阴寒阳气亏虚；仰卧伸足，揭衣弃被，常为热势炽盛；动作不遂，瘫痪不用，是为痿证；关节肿胀，屈伸不利，是为痹证；喜俯卧者，为乳食内积；喜蜷卧者，多为腹痛；颈项强直，手指开合，四肢拘急抽搐，角弓反张，是为惊风；若翻滚不安，呼叫哭吵，两手捧腹，多为盘肠气痛所致；端坐喘促，痰鸣哮吼，多为哮喘；咳逆鼻煽，胁肋凹陷如坑，呼吸急促，多为肺炎喘嗽。

（三）审苗窍

苗窍是指目、鼻、舌、口、耳及前后二阴。苗窍与脏腑关系密切。舌为心之苗，肝开窍于目，肺开窍于鼻，脾开窍于口，肾开窍于耳及前后二阴。脏腑有病，能在苗窍上有所反映，夏禹铸《幼科铁镜·望形色审苗窍从外知内》中就说："五脏不可望，惟望之苗与窍""小儿病于内，必形于外，外者内之著也，望形审窍，自知其病"。因此，审察苗窍可以测知脏腑病情。

1. 察目 目为肝之窍，五脏之精华皆上注于目，察目包括眼睑、眼珠及瞳仁黑睛等在内。《灵枢·脉度》说："肝气通于目，肝和则目能辨五色矣。"眼的各部分分属各脏腑，眼睑属脾、两眼眦属心、白睛（巩膜）属肺、黑睛（虹膜）属肝、瞳神（瞳孔）属肾。察目之各部，可审各脏腑病变。

黑睛等圆，目珠灵活，目光有神，开阖自如，是肝肾气血充沛之象；若眼睑浮肿，多为水肿之象；眼睑开阖无力，是元气虚惫；寐时眼睑张开而不闭，是脾虚气弱之露睛；平时眼睑不能闭，是气血两虚之睑废；两目呆滞，转动迟钝，是肾精不足，或为惊风之先兆；两目直视，瞪目不活，是肝风内动；白睛黄染，多为黄疸；目赤肿痛，是风热上攻；目眶凹陷，啼哭无泪，是阴津大伤；瞳孔缩小或不等或散大，对光无反应，病情危殆。

2. 察鼻 鼻为肺窍，肺开窍于鼻而司呼吸。《灵枢·脉度》说："肺气通于鼻，肺和则鼻能知香臭矣。"察鼻主要观察鼻内分泌物和鼻形的变化。鼻塞流清涕，为风寒感冒；鼻流黄浊涕，为风热客肺；长期鼻流浊涕，气味腥臭，为肺经郁热；鼻孔干燥，为肺经燥热伤阴；鼻衄鲜红，为肺热迫血妄行；鼻煽，伴气急喘促，为肺气郁闭。鼻孔黑如烟煤而干，多为热毒深重，伤及阴津。

3. 察舌 舌为心之苗，心开窍于舌。《灵枢·脉度》说："心气通于舌，心和则舌能知五味矣。"心主血，所以察舌可以了解营卫气血和脾胃消化功能的病变，同时可以了解病之表里、寒热、虚实。观察舌体、舌质、舌苔三方面的变化，综合分析，所得最具临床价值，能给临证辨病辨证提供重要依据。

察舌应注意有无舌苔，舌苔的厚薄、颜色和津液的多少，还要注意有无染苔等假象，以免误诊。正常小儿舌体柔软、淡红润泽、伸缩自如，舌面有干湿适中的薄苔。小儿舌质较成人红嫩。新生儿舌红无苔和哺乳婴儿的乳白苔，均属正常舌象。食后或服药后对舌苔有一定影响，应予注意。若心火上炎则舌红，甚则生疮；心血瘀阻，则舌质紫暗或有瘀斑；心阳不足，则舌质淡白胖嫩；心阴不足，则舌质红绛瘦瘪。临床上望舌，要注意观察舌体、舌质、舌苔三方面的变化。这三个方面既要分看，又要合看，才能结合其他诊法，做出正确的判断。

舌体：舌体胖嫩，舌边齿痕显著，多为脾肾阳虚，或有水饮痰湿内停；舌体肿大，色泽青紫，可见于气血瘀滞；舌体强硬，多为热盛伤津；急性热病中出现舌体短缩，舌干绛者，则为热甚津伤，经脉失养而挛缩。

舌质：正常舌质淡红。若舌质淡白为气血虚亏；舌质绛红，舌有红刺，为温热病邪入营入血；舌质红少苔，甚则无苔而干，为阴虚火旺；舌质紫暗或紫红，为气血瘀滞；舌起粗大红刺，状如草莓者，常见于猩红热及皮肤黏膜淋巴结综合征。

舌苔：舌苔色白为寒，色黄为热；舌苔白腻为寒湿内滞，或寒痰与积食所致；舌苔黄腻为湿热内蕴，或乳食内停；热性病后而见剥苔，多为阴伤津亏等。

小儿患病时，舌象的变化与成人基本相似，但也有一些小儿的特殊舌象，如霉酱苔、花剥苔、木舌、重舌等。

（1）霉酱苔：舌苔厚腻不化，舌面垢浊，是属宿食内滞的表观；若兼见大便秘结，腹痛腹胀，口气秽臭，脉滑实，是积滞腑实之证。

（2）花剥苔：舌体局部剥蚀无苔，可剥去一处，也可剥去数处，剥蚀边缘清楚，周围有苔，又称为“地图舌”。中医认为“舌为脾胃之外候”，故花剥苔多属胃之气阴不足所致。

（3）木舌：舌体肿大，板硬麻木，转动不灵，甚则肿塞满口，称为木舌。因心脾热炽，循经上行，致使舌体肿胀而板硬，还常引起口腔难以开合，啼声謇涩，吮乳困难等。如舌下海绵状淋巴管瘤，就属中医木舌中的一种。

（4）重舌：在舌下连根处红肿胀突，形如小舌，即为重舌。重舌也是心脾火炽，循经上冲舌体，血脉肿胀所致。轻证不感疼痛，但可影响吮乳；重证则感疼痛，甚或溃烂。如舌下囊肿，就属中医重舌中的一种。

（5）连舌：亦称绊舌，是舌系带过短、牵连舌头，以致舌体转动伸缩不灵，年龄稍大，能令吐字发音不清。证属先天胎禀异常。

（6）吐舌、弄舌：舌吐唇外，缓缓收回，称吐舌，常为心经有热所致，吐舌不收，心气将绝；舌吐唇外，掉弄如蛇，称为弄舌，多为大病之后，心气不足或惊风之兆。若舌常吐于唇外，伴见眼裂增宽，表情愚钝者，为智力低下的表现。时时用舌舔口唇，以致口唇四周发红或有脱屑、作痒，称舔舌，多因脾经伏热所致。一些智能发育低下的小儿，如先天愚型和大脑发育不全，常有吐舌、弄舌的表现。

（7）染苔：因吃了某些食物和药物，染上颜色所致。如吃红色糖果可成呈苔，吃橄榄、杨梅、茶叶呈黑苔，吃复合维生素 B、橘子水、蛋黄等呈黄苔，青黛染苔可见青苔，临诊时须注意鉴别。

观察舌象还应注意其动态变化。舌质淡红转红转绛，是热证由浅入深；舌苔由白转黄转灰，是热证由轻转重；舌苔由无到有，说明胃气逐渐来复；舌苔由薄转厚，说明食积湿滞加重；舌苔由厚转薄，说明食积湿滞渐化。

4. 察口 脾开窍于口。除舌体外，还须观察口唇、齿、龈、咽喉、腮、腭等部，这些部位与肺、肾、胃也相关。《灵枢·脉度》说：“脾气通于口，脾和则口能知五味矣。”口为脾之窍，所以察口与口味，可了解脾胃等脏腑病变。察口主要观察口唇、口腔、齿龈、咽喉的颜色、润燥及外形变化。唇色淡白为气血不足；唇色淡青为风寒束表；唇色红赤为热；唇色红紫为瘀热互结；唇色樱红，为暴泻伤阴；唇白而肿，是为唇风；面颊潮红，唯口唇周围苍白，是猩红热的征象。

口腔破溃糜烂，为心脾积热之口疮；口内白屑成片，为鹅口疮。两颊黏膜有针尖大小的白色小点，周围红晕，为麻疹黏膜斑；上下臼齿间腮腺管口红肿如粟粒，按摩肿胀腮部无脓水流出者为痄腮（流行性腮腺炎），有脓水流出者为发颐（化脓性腮腺炎）。

齿为骨之余，龈为胃之络。牙龈红肿，齿缝出血而疼痛，多为胃火上炎；牙龈淡白，多为血虚；牙龈淡红不肿而出血，多为脾虚不能统血，虚火伤络；牙齿萌出延迟，为肾气不足；齿衄龈痛，为胃火上炎；新生儿牙龈上有白色小斑块，称为马牙，并非病态。

咽喉为肺胃之门户，是呼吸与饮食的通道。咽红恶寒发热是外感之象；咽红乳蛾肿痛为外感风热或肺胃之火上炎；乳蛾红肿溢脓，是热壅肉腐；乳蛾大而不红，多为瘀热未尽，或气虚不敛。咽痛微红，有灰白色假膜，不易拭去，为白喉之症。

5. 察耳 《灵枢·脉度》说："肾气通于耳，肾和则耳能闻五音矣。"耳为肾窍，上通于脑，部位属少阳，为宗脉之所聚。前人将耳的各部分属五脏，即耳尖属心，耳垂属肾，耳轮属脾，耳外属肝，耳内属肺。小儿耳壳丰厚，颜色红润，是先天肾气充沛的表现；耳壳薄软，耳舟不清，是先天肾气未充的证候；耳内疼痛流脓，为肝胆火盛之证；耳垂为中心的腮部漫肿疼痛是痄腮（流行性腮腺炎）的表现。

6. 察二阴 二阴属肾，为肾之窍，察二阴之变化可知肾病之寒热虚实。男孩阴囊紧缩，颜色沉着，是先天肾气充足的表现；若阴囊松弛，颜色淡白，则是先天肾气不足之征象。在患病过程中，阴囊紧缩者多寒；弛纵不收者多热；阴囊肿大透亮，状如水晶，为水疝；阴囊中有物下坠，时大时小，上下可移，为小肠下坠之狐疝；腹痛啼哭而将睾丸收引入腹者，多为厥阴受寒；阴囊、阴茎均现水肿，常见于阳虚阴水；女孩前阴部潮红灼热瘙痒，常见于湿热下注，亦须注意是否有蛲虫病。

小儿肛门潮湿红痛，多属尿布皮炎，亦称"红臀"，是大小便未及时清理浸渍臀部所致。便后肛头脱出者是脱肛，其色鲜红，有血渗出者多属肺热下迫；其色淡而无血者，多属气虚下陷。肛门裂开出血，多因大便秘结所致。

（四）辨斑疹

斑疹均见于肌肤。前人认为斑为阳明热毒，疹为太阴风热。一般而言，斑，点大成片，不高出皮肤，摸之不碍手，压之不退色；疹，点小量多，高出皮肤，摸之碍手，压之退色。斑疹在儿科多见于外感时行疾病，如麻疹、幼儿急疹、风疹、猩红热、水痘等，也见于杂病，如紫癜等。

斑有阳斑、阴斑之分。阳斑为温热毒邪发斑，多见于温病热入营血，其斑大小不一，色泽鲜红或紫红，常伴发热等症；阴斑多内伤或者伴有外感而发，色淡红者多为气不摄血，色淡紫者多系阴虚内热，色紫红者多属血热夹瘀，色青紫者多是瘀血停滞。

疹有丘疹、疱疹之别，以疹内是否有液体而区分。若发热 3～4 天出疹，疹形细小，状如麻粒，口腔黏膜出现麻疹黏膜斑，为麻疹；若低热出疹，分布稀疏，色泽淡红，出没较快，常为风疹；若发热 3～4 天后热退疹出，疹细稠密，如玫瑰红色，常为幼儿急疹；若斑丘疹大小不一，如云出没，瘙痒难忍，常见于荨麻疹；若丘疹、疱疹、结痂并见，疱疹内有水液色清，见于水痘；若疱疹相对较大，疱液混浊，疱壁薄而易破，流出脓水，常见于脓疱疮。

（五）察二便

1. 辨大便 正常小儿的大便色黄，干湿适中。初生婴儿的胎粪，呈暗绿色或赤褐色，黏稠无臭；母乳喂养儿，大便呈卵黄色，稠而不成形，常发酸臭气；牛奶、羊奶喂养儿，大便呈淡黄白色，质地较硬，有臭气。一般而言，除新生儿及较小乳儿大便可呈糊状，每日 3 次左右外，正常小儿的大便应该色黄而干湿适中，日行 1～2 次。大便燥结，为内有实热或阴虚内热；大便稀薄，夹有白色凝块，为内伤乳食；大便稀薄，色黄秽臭，为肠腑湿热；下利清谷，洞泄不止，为脾肾阳虚；大便赤白黏冻，为湿热积滞，常见于痢疾；婴幼儿大便呈果酱色，伴阵发性哭闹，常为肠套叠；大便色泽灰白不黄，多系胆道阻滞。

2. 辨小便 正常小儿的小便为淡黄色。若小便黄赤短少，或有刺痛，多为湿热下注之热淋；若小便黄褐如浓茶，伴身黄、目黄，多为湿热黄疸；若小便色红如洗肉水或镜检红细胞增多者为尿血，鲜红色为血热妄行，淡红色为气不摄血，红褐色为瘀热内结，暗红色为阴虚内热。

（六）察指纹

察指纹主要用于观察 3 岁以下小儿示指桡侧的浅表静脉。察指纹也称看虎口三关，是古代医家诊断小儿疾病的手段之一。指纹是作为3岁以内小儿代替脉象的一种辅助诊断方法。

1. 观察姿势 观察指纹应该抱小儿到向光之处，医生以示中两指夹住小儿示指端，以拇指从命关向风关轻轻推按，使指纹容易显露，以便于观察。

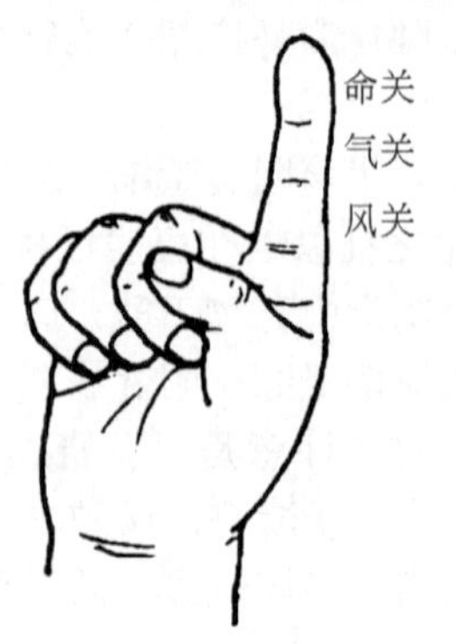

图 1-1 指纹三关图

2. 正常指纹 指纹可分为风、气、命三关，自示指虎口向指端，第一节为风关、第二节为气关、第三节为命关（图 1-1）。指纹只有乳婴儿才比较明显，较大儿童则不易显露。正常小儿的指纹大多淡紫隐隐在风关以内。

3. 病理指纹 若发生疾病，尤其是危重病证指纹的浮沉、色泽、部位等可随之发生变化。因而，察指纹对疾病的诊断辨证有一定参考价值。指纹的辨证纲要，可以归纳为“浮沉分表里，红紫辨寒热，淡滞定虚实，三关测轻重”。

浮沉分表里——“浮”指指纹浮现，显露于外，主病邪在表；“沉”指指纹沉伏，深而不显，主病邪在里。

红紫辨寒热——纹色鲜红浮露，多为外感风寒；纹色紫红，多为邪热郁滞；纹色淡红，多为内有虚寒；纹色青紫，多为瘀热内结；纹色深紫，多为瘀滞络闭，病情深重。

淡滞定虚实——指纹色淡，推之流畅，主气血亏虚；指纹色紫，推之滞涩，复盈缓慢，主实邪内滞，如瘀热、痰湿、积滞等。

三关测轻重——纹在风关，示病邪初入，病情轻浅；纹达气关，示病邪入里，病情较重；纹进命关，示病邪深入，病情加重；纹达指尖，称透关射甲，若非一向如此，则示病情重危。

察指纹时，应结合患儿无病时的指纹状况，以及患病后的证候表现，全面分析。当指纹与病证不符时，当“舍纹从证”。病情轻者指纹的变化一般不著，也可“舍纹从证”，或“舍纹从脉”，不应拘执。

二、闻诊

闻诊是医生用听觉和嗅觉来辅助诊查疾病的方法。儿科听声音主要包括听小儿的啼哭、呼吸、咳嗽、语言等声音的高亢低微；嗅气味包括嗅小儿口中之气味及大小便、痰液、汗液、呕吐物等的气味。

（一）听声音

1. 啼哭声 啼哭是婴儿的语言，正常健康小儿哭声都较洪亮而长，并有泪液。小儿的啼哭，有属生理现象的，也有的是某种不适的表示，还可是各种病态的表现。

婴幼儿有各种不适时，也常以啼哭表示。例如，衣着过暖、温度过高或过低、口渴、饥饿或过饱、要睡觉、要抚抱、包扎过紧妨碍活动、尿布潮湿、虫咬、受惊等，都可引起啼哭。不适引起的啼哭常哭闹不止，解除了原因后，啼哭自然停止。哭声绵长，伸头转动，口若吸吮，得乳食则止者，是饥饿啼哭；哭声急迫，两臂张开，可能是要求抚抱；哭声骤起而连续不止，可能是大小便或虫咬、针刺等引起，要细心检查。

病理性啼哭，若声音洪亮有力者多为实证；细弱无力者多为虚证；哭声尖锐惊怖者多为暴受惊恐，或者剧烈头痛、腹痛等急重证；哭声低弱目干无泪者多为气阴衰竭危证。哭声尖锐，阵作阵缓，弯腰曲背，多为腹痛；啼哭声嘶，呼吸不利，谨防急喉风；夜卧啼哭，睡卧不宁，为夜啼或积滞；哭声绵长，抽泣呻吟，为疳证体弱；哭声极低，或喑然无声，须防阴竭阳亡。

总之，小儿哭声以洪亮为实证，以微细而弱为虚证；哭声洪亮和顺为佳，哭声尖锐或细弱无力为重。

2. 呼吸声 正常小儿的呼吸均匀平稳。若婴儿呼吸稍促，用口呼吸者，常因鼻塞所致；若呼吸气粗有力，多为外感实证，肺蕴痰热；若呼吸急促，喉间哮鸣者，为邪壅气道，是为哮喘；呼吸急迫，甚则鼻煽，咳嗽频作者，是为肺气闭郁；呼吸窘迫，面青呛咳，常为异物堵塞气道；呼吸微弱及吸气如哭泣样，为肺气欲绝之状。

3. 咳嗽声 咳嗽是肺系疾病的主症之一，有声无痰为咳、有痰无声为嗽、有声有痰为咳嗽。从咳嗽声和痰鸣声可辨别其表里寒热。如干咳无痰或痰少黏稠，多为燥邪犯肺，或肺阴受损；咳声清高，鼻塞声重，多为外感；干咳无痰，咳声响亮，常为咽炎所致；咳嗽频频，痰稠难咳，喉中痰鸣，多为肺蕴痰热，或肺气闭塞；咳声嘶哑如犬吠状者，常见于白喉、急性喉炎；连声咳嗽，夜咳为主，咳而呕吐，伴鸡鸣样回声者为顿咳。

4. 语言声 正常小儿的语言声应当清晰，语调抑扬顿挫有度，语声有力。呻吟不休，多为身体不适；妄言乱语，语无伦次，声音粗壮，称为谵语，多属心气大伤。语声过响，多言躁动，常属阳热有余；语声低弱，多语无力，常属气虚心怯。语声重浊，伴有鼻塞，多为风寒束肺；语声嘶哑，呼吸不利，多为毒结咽喉。小儿惊呼尖叫，多为剧痛、惊风；喃喃独语，多为心虚、痰阻；语声謇涩，多为热病高热伤津，或痰湿蒙闭心包。

（二）嗅气味

嗅气味包括嗅患儿口中之气味及大小便、呕吐物等的气味。

口气臭秽，多属胃热；嗳气酸腐，多为伤食；口气腥臭，见于血证，如齿衄；口气如烂苹果味，为酸中毒的表现。大便臭秽，是湿热积滞；大便酸臭而稀，多为伤食；下利清谷，无明显臭味，为脾肾两虚。小便短赤，气味臊臭，为湿热下注；小便清长少臭，是脾肾虚寒之证。吐物酸臭，多因食滞化热；吐物臭秽如粪，多因肠结气阻，秽粪上逆。

三、问诊

问诊是医者通过口问，了解病情的一个重要方法。问诊的内容，《景岳全书》中提出的“十问”也基本适用于儿科。小儿问诊的内容除与成人相同者外，要注意问年龄、个人史，还要结合儿科病的发展特点询问。

（一）问年龄

询问年龄对诊断疾病具有重要意义，儿科某些疾病的诊断与年龄有密切关系，儿童用药的剂量也与年龄的大小有关。

问年龄要询问实足年龄，新生儿应问明出生天数，2 岁以内的小儿应问明实足月龄，2 岁以上的小儿应问明实足岁数及月数。

1 周内新生儿易患脐风、胎黄、脐湿、脐疮等；新生儿和乳婴儿易患鹅口疮、脐突、夜啼；婴幼儿易患泄泻、反复呼吸道感染；6 个月以后的小儿易患麻疹；1 岁左右的小儿易患幼儿急疹等传染病；学龄前小儿易患水痘、百日咳等传染病；学龄儿童易患肾病综合征、过敏性紫癜、风湿热等疾病；青春期女童易患月经不调、痛经、良性甲状腺肿大等疾病。

（二）问病情

问病情包括询问疾病的症状及持续时间，病程中的病情变化和发病的原因等。着重询问以下内容：

1. 问寒热 主要问寒热的微甚进退，发作时辰与持续时间、温度高低，最好用体温计测量并记录。为了辨别寒热性质，也需结合观察、触摸、询问等。另外，问寒热需要问其起始时间、持续时间、高低规律、用药反应等。

小儿恶寒发热无汗，多为外感风寒；发热有汗，多为外感风热；寒热往来，多为邪郁少阳；但热不寒为里热，但寒不热为里寒；大热、大汗、口渴不已为阳明热盛；发热持续、热势鸱张、身热不扬，午后热盛，面黄苔腻为湿热内蕴；夏季高热，持续不退，伴有无汗、口渴、多尿，秋凉后自平，常为夏季热。午后或傍晚潮热，伴盗汗者，为阴虚发热。夜间发热，腹壁手足心热，胸满不食者，多为内伤乳食。

2. 问出汗 正常婴儿睡时头额有微微汗出，是正常现象。白天不活动或稍动即汗出，为自汗，是气虚所致；入睡后汗出，醒后汗止为盗汗，是阴虚或气阴两虚。热病中汗出热不解者，为表邪入里；若口渴、烦躁、脉大、大汗者，为里热实证；若大汗淋漓，伴呼吸喘促，肢冷脉伏者，为阳气将绝元气欲脱之危象。

3. 问头身 婴幼儿头痛常表现为反常哭闹，以手击头或摇头，较大儿童能诉说头痛、头晕及身体其他部位的疼痛和不适。头痛而兼发热恶寒为外感风寒；头痛呕吐，高热抽搐，为邪热入营，属急惊风；头晕而兼发热多因外感；头晕而兼面白乏力，多为气血不足；头痛如刺，痛有定处，多为瘀阻脑络。

关节疼痛，屈伸不利，常见于痹证；肢体瘫痪不用，强直屈伸不利为硬瘫，多为风痰入络，血瘀气滞；痿软屈伸不能为软瘫，多因肝肾亏虚，筋骨失养。小儿有下肢关节疼痛阵作，发作为时短暂，关节肌肉无变化，亦无其他症状者，可能为生长阶段出现的暂时性络脉不和，俗称“生长痛”，不属病态。

4. 问胸腹 胸部不适，年长儿可以自诉，婴幼儿则难以确认。胸部窒闷，喘鸣肩息，多为痰阻气道，肺失宣肃；胸闷胸痛，气短喘促，多为胸阳不振，痰阻气逆；胸闷心悸，面青气短，多为心阳虚衰，血脉瘀滞；胸痛咳嗽，咯吐脓血，多为肺热壅盛，腐肉伤络。

婴儿腹痛，临床常表现为阵发性反常哭闹，曲腰啼叫，或双手捧腹，辗转不安。较大儿童主诉的腹痛，要通过腹部按诊并结合其他症状以确定部位、性质。若痛在脐周，伴脘腹胀痛，嗳气酸馊，为伤食积滞；两胁胀痛，呕恶发热，为热结少阳；右上腹痛，剧如钻顶，时急时缓，呕恶吐蛔，为蛔扰入膈；脘痛隐隐，绵绵发作，嗳气吐酸，食欲不振，为中虚气滞；大腹疼痛，痛则欲便，里急后重，便下脓血，为湿热下痢；右下腹痛，肢曲不伸，按之痛甚，呕吐发热，为肠痈瘀热；腹痛如绞，位在两侧，按之无块，小溲出血，为石淋发作；急起腹痛，面白肢凉，喜暖喜按，小溲清长，为寒伤中阳；痛有定处，反复发作，按及包块，推之不移，为气滞血瘀。

5. 问二便 患儿大小便的数量、性状、颜色、气味及排便时的感觉等情况，有些可从望诊、闻诊中获悉，通常是通过问诊了解。若大便酸臭，或如败卵（臭鸡蛋味），或腹痛则泻，泻后痛减，多属内伤乳食；若大便稀溏，或先干后溏，次数较多，或食后欲便，多为脾虚运化失职；若便泻日久，形瘦脱肛者，多为中气下陷；若大便呈水样，澄澈清冷，泻下无度者，多属脾肾阳虚；便次多而量少，泻下黏冻，或见脓血，并伴里急后重者，多为痢疾。大便困难，几日不解，伴腹胀有矢气者，为肠燥便秘；大便不通，腹部满硬，无矢气，伴见潮热口渴者，为热结阳明。

小便频数而短赤者，多是下焦湿热，或心热移于小肠；小便清长量多，甚或遗尿者，多是肾气不足，下元虚冷；小便淋漓，伴尿急尿痛，多为湿热下注膀胱之热淋；排尿不畅或突然中断，或见尿血鲜红，或排出砂石者，为湿热煎熬之石淋；小便过多，兼多饮多食者，是消渴；小便特少，兼一身浮肿者，是水肿。

6. 问饮食 食伤在儿科病因学中占有重要地位。向家长询问小儿的饮食情况，是儿科问诊不可缺少的内容。

食欲不振，腹部胀满，嗳气吞酸，为伤乳伤食；多吃多便，形体消瘦，多见于疳证之胃强脾弱者。新生儿进乳后容易吐出多为“溢乳”，是脾胃薄弱、胃失和降。渴喜冷饮，多为热证；渴喜热饮，或口不渴，多为寒证；渴欲饮水，口舌干燥为胃热津伤；渴不欲饮，或饮亦不多，多为湿热内蕴。多饮多食，形瘦尿多，为阴虚燥热之消渴；多饮少食，舌干便秘，为胃阴不足之厌食。

7. 问睡眠 小儿年龄越小，睡眠时间越长。白天如常，夜不能寐，啼哭不休，或定时啼哭，为夜啼；睡卧不安，烦躁不宁，多属邪热内蕴，心经郁热；寐不安宁，多汗惊惕，常见于佝偻病脾虚肝旺证；睡中齘齿，或是虫积，或是胃热兼风；寐而不宁，肛门瘙痒，多为蛲虫病；睡中露睛，多为久病脾虚；入夜心怀恐惧而难寐，多为心神失养或惊恐伤神；出现昏睡或嗜睡，在热病中多为邪入心包，或痰蒙清窍所致。

（三）问个人史

问个人史包括胎产史、喂养史、生长发育史、预防接种史等。

1. 胎产史 与新生儿、婴幼儿的疾病诊断关系密切。要问清胎次、产次，是否足月，顺产或难产，有无流产，以及接生方式、出生地点、出生情况、孕期母亲的营养和健康情况等。如五迟、五软有的与初生不啼（新生儿窒息）有关，脐风因断脐不洁产生，双胎、多胎易见胎怯。

2. 喂养史 小儿特别是婴幼儿的喂养史与其生长发育、发病有密切关系，对脾胃病患儿尤当重视。喂养史包括喂养方式和辅食添加情况，是否已经断奶和断奶后的情况。对年长儿还应询问饮食习惯、现在的食物种类和食欲等。

3. 生长发育史 包括体格生长和智能发育，如坐、立、行、语、齿等出现的时间，囟门闭合的时间，体重、身长增长情况。对已入学小儿还应了解学习成绩，推测智力情况。

4. 预防接种史 询问何时接受过何种预防接种、接种次数、接种效果。预防接种史包括卡介苗、麻疹减毒活疫苗、脊髓灰质炎减毒活疫苗、白喉类毒素、百日咳菌苗、破伤风类毒素混合制剂、乙型脑炎疫苗、流行性脑脊髓膜炎菌苗、甲型肝炎减毒活疫苗、乙型肝炎疫苗、伤寒副伤寒甲乙三联死菌苗等疫苗的预防接种情况，记录接种年龄和反应等。

（四）其他方面

问诊中尚须注意问清以往曾患何种疾病、治疗效果，即既往史；家庭人员健康状况，即家族史等。

四、切诊

切诊是医生运用手指切按患者体表以诊察疾病的方法。切诊包括脉诊和按诊两个方面。

（一）脉诊

1. 正常小儿脉象 健康小儿脉象平和，较成人软而稍数，年龄越小，脉搏越快。不同年龄的健康小儿，脉息的至数是不相同的，如按成人每次呼吸对应的小儿脉息计算：初生婴儿 7～8 至，1～3 岁 6～7 至，4～7 岁约 6 至，8～14 岁约 5 至。若因啼哭、活动等使脉搏加快，不可认作病脉。

2. 切诊的年龄和方法 小儿脉诊与成人有所不同。因小儿寸口部位较短，容不下成人三指，故对 7 岁以下儿童采用“一指定三关”的方法。即医生用示指或拇指同时按压寸、关、尺三部，并取轻、中、重三种不同的指力，即浮、中、沉三候来体会脉象变化。7 岁以上儿童可采用成人三指定寸关尺三部的切脉方法，视患儿寸关尺脉位的长短以调节三指的距离。

3. 小儿病理脉象 小儿患病后脉象较成人简单。一般用浮、沉、迟、数、无力、有力六种脉代表小儿基本脉象，分别表示疾病的表、里、寒、热、虚、实。同时，也应注意滑、弦、结、代、不整脉等病脉。

凡轻按即得者为浮脉，浮主表证，浮而有力者为表实，浮而无力者为表虚；重按始得者为沉脉，沉主里证，沉而有力者为里实，沉而无力者为里虚。脉搏迟缓，来去比正常脉息至数慢者，即是迟脉，迟脉主寒，迟而有力者为寒实，迟而无力者为虚寒；脉搏快速，来去比正常脉象次数多者即是数脉，数脉主热，数而有力者为实热，数而无力者为虚热。此外，如脉象来去流利，如盘走珠者为滑脉，滑脉主痰食内阻；脉滑如按琴弦者为弦脉，弦脉主肝旺或为痛为惊；脉缓而时止者为结脉，结脉主心气伤；脉迟数不定，止有常数者为代脉，代脉主脏气虚损；脉律不齐，时缓时数者为不整脉，不整脉为心之气血失和。

（二）按诊

按诊的部位，包括头囟、颈腋、胸腹、四肢与皮肤，一般按自上而下的顺序进行。

1. 按头囟 小儿囟门逾期不闭或颅骨按之不坚而有弹性感，为肾气不足，发育欠佳的表现，常见于佝偻病等；囟门凹陷为囟陷，多因严重吐泻、亡津液所致；囟门隆凸，按之紧张，为囟填，多为风火痰热上攻；颅骨开解，头缝四破，头大颌缩，囟门宽大为解颅，多属先天肾气不足，或后天髓热膨胀之故。

2. 按颈腋 正常小儿在颈项、腋下部位可触及少数绿豆大小之臖核（淋巴结），活动，不硬，不痛，不属病态。耳下腮部肿胀疼痛，咀嚼障碍，多是流行性腮腺炎；触及质地较硬之椭圆肿块，推之可移，按之疼痛，属痰热壅结之臖核肿痛（淋巴结炎）；若仅见增大，按之不痛，质坚成串，则为瘰疬（淋巴结核）。若颈项及全身其他部位见多处臖核肿大，伴发热血虚出血，胁下痞块，须防内伤恶症（白血病等）。

3. 按胸腹 胸骨高突，按之不痛为“鸡胸”；脊背高突，弯曲隆起，按之不痛为“龟背”。左侧前胸心尖搏动处古称“虚里”，是宗气会聚之所。若搏动太强而节律不匀者，是宗气外泄，病情严重；若动而微弱，触之不甚明显，为宗气内虚；若搏动过速，伴喘促鼻煽者，为宗气不继，病情危重。胸胁触及串珠，两肋外翻，可见于佝偻病。若右上腹胁肋下触及痞块，或按之疼痛，为肝肿大；左上腹胁肋下触及有痞块，为脾肿大，多为气滞血瘀之证。小儿腹部柔软温和，按之不痛为正常。腹痛喜按，按之痛减为虚痛；腹痛喜热敷为寒痛；腹痛拒按，按之胀痛加剧为里实腹痛。剑突下疼痛多属胃脘痛。小儿多啼哭，肚脐外突，按之有声是脐突；脐周疼痛，按之痛减，并可触及条索状包块，多为蛔虫症；腹胀形瘦，腹部青筋显露，多为疳积；腹部胀满，叩之如鼓为气胀；叩之音浊，按之有液体波动之感，多为腹水；右下腹按之疼痛，兼发热，右下肢拘急多属肠痈。

4. 按四肢 四肢厥冷，多属阳虚；手足心热，多属阴虚内热或内伤乳食；手背全身俱热，多属外感表证；高热时四肢厥冷为热深厥深；四肢厥冷，面白唇淡，多属虚寒；四肢厥冷，唇舌红赤，多是真热假寒之象。四肢挛急抽动，为惊风之征；一侧或两侧肢体细弱，常发生在壮热之后，不能活动，可见于小儿麻痹；暑温证（流行性乙型脑炎）热退后，手足颤动或拘挛，并见肢体强直等，此为后遗症，属虚风内动。

5. 按皮肤 主要了解寒、热、汗的情况。肤冷汗多，为阳气不足；肤热无汗，为热炽所致；手足心灼热为阴虚内热。肌肤肿胀，按之随手而起，属阳水水肿；肌肤肿胀，按之凹陷难起，属阴水水肿。皮肤干燥而松弛，常为液脱之征。

第七节　儿科治法概要

中医儿科治疗可分为药物疗法和非药物疗法；根据治疗途径又可分为内治疗法和外治疗法等。儿科疾病的治疗大法与成人基本一致，但由于小儿在生理、病理、病因、病种上与成人有所不同，故在治疗方法、药物剂量、给药途径的运用上也有其特点。中药汤剂内服因吸收快，加减运用灵活，便于喂服而最为常用。中药成药易储存携带，服用方便。药物外治使用简便，易为患儿接受，用于辅治或主治，都有良好的效果，同时也避免了小儿服药难的问题。此外，推拿、针刺、艾灸等治疗手段，均可根据患儿病证及体质灵活选用。

一、内治法

内治法是使药物直接进入体内的治疗方法，是儿科最基本的治疗方法。具体应用时要注意掌握以下几个方面。

（一）用药原则

1. 治疗要及时、正确和审慎　小儿脏腑娇嫩，形气未充，发病容易，传变迅速，因此辨证要准确，把握有利时机，及时采取有效措施，迅速控制病情，防止发生变证。《景岳全书·小儿则》说："但能确得其本而撮取之，则一药可愈。"《温病条辨·解儿难》中指出："其用药也，稍呆则滞，稍重则伤，稍不对证，则莫知其乡，捉风捕影，转救转剧，转去转远"。说明用药稍有不当，极易损害脏腑功能，加重病情或变生他证。因此，儿科用药不仅要及时、正确，还应谨慎。

2. 方药力求精简　小儿脏气清灵，随拨随应，其对药物反应较成人灵敏。因此，在治疗时处方用药应力求精简。需根据患儿年龄大小、体质强弱、病情轻重和服药难易等情况灵活掌握，以轻巧灵活为儿科处方原则，不可重浊呆滞。治疗中注意寒不伤阳、热不伤阴、补不碍邪、泻不伤正。

3. 注意顾护脾胃　在治疗疾病的同时要注意扶助患儿生生之气。临床上有"三分治，七分养"之说，不论病程中，还是病愈后，合理调护均有利于康复，其中调理脾胃尤为重要。脾胃为后天之本，小儿生长发育，全赖脾胃化生气血精微以充养，疾病的恢复亦有赖脾胃健运生化，先天不足的小儿也要靠后天来调补。儿科医师应十分重视小儿脾胃的特点，处处顾及脾胃之气，切勿使之损伤。

4. 重视先证而治　由于小儿发病容易，传变迅速，易虚易实，易寒易热，故应见微知著，先证而治，挫病势于萌芽之时，挽病机于欲成未成之际。医生应把握这种变化，根据病情的演变规律，提前一步，在相应的证候出现之前预先落实治疗措施，先发制病，药先于证，先证而治，顿挫病势，防止传变，达到治病防变的目的。

5. 不可乱投补益　"虚则补之"，补益之剂对体质虚弱的小儿有增强机体功能，促进生长发育的作用。小儿生机蓬勃，只要哺乳得当，护养适宜，自能正常生长发育。健康小儿不必服用补益药，长期补益可能导致性早熟。或者小儿偶受外邪，或痰湿食滞，未能觉察，若继续服用补益之剂，则是闭门留寇，邪留不去，为害非浅。故补益之剂切不可滥用。

6. 掌握中药用药剂量　小儿用药剂量，常随年龄大小、个体差异、病情轻重、医者经验而不同。由于小儿用药一般中病即止，用药时间较短，加上给服时药物多有浪费，所以小儿中药的用量按体重计算与成人比相对较大，尤其是益气健脾、养阴补血、消食和中一类药性平和的药物，更是如此。但对一些辛热、苦寒、攻伐和药性较猛烈的药物，如麻黄、附子、细辛、乌头、大黄、巴豆、芒硝等，在应用时则应注意控制剂量。

为方便计算，临床上可采用下列比例掌握小儿汤剂方用药总量：新生儿用成人量的 1/6，乳婴儿为成人量的1/3～1/2，幼儿及幼童为成人量的2/3或用成人量，学龄期儿童用成人量。以上成人量指一般用量，并非指最大用量。

（二）常用内治法

在审明病因、分析病机、辨清证候之后，应针对性地采取一定的治疗方法，其中“汗、吐、下、和、温、清、补、消”是最基本的治法。程钟龄《医学心悟·医门八法》说：“论病之原，以内伤、外感四字括之。论病之情，则以寒、热、虚、实、表、里、阴、阳八字统之。而论治病之方，则又以汗、和、下、消、吐、清、温、补八法尽之。”按照八法原则，根据儿科临床特点，常用以下内治法。

1. 疏风解表法 主要适用于外邪侵袭肌表所致的表证，如感冒、咳嗽、咽喉肿痛等。风寒外感用辛温解表的药物；风热外感用辛凉解表的药物。辛凉解表常用方剂有银翘散、桑菊饮等；辛温解表常用荆防败毒散、葱豉汤等。

2. 止咳平喘法 主要适用于邪郁肺经、痰阻肺络所致的咳喘证。如咳嗽、哮喘、肺炎喘嗽等。寒痰内伏可用温肺散寒、化痰平喘的药物；热痰内蕴可用清热化痰、宣肺平喘的药物。寒痰内伏常用方有小青龙汤、射干麻黄汤、麻杏二陈汤等；热痰内蕴常用定喘汤、麻杏石甘汤等。咳喘久病，每易由肺及肾，出现肾虚证候，此时在止咳平喘的方剂中，可加入温肾纳气的药物，如参蛤散等。

3. 清热解毒法 主要适用于热毒炽盛的实热证，如温热病、湿热病、斑疹、血证、丹毒、疮痈、痄腮、黄疸、痢疾等。此法又可分为甘凉清热、苦寒清热、苦泄降热、咸寒清热等，应按邪热之在表、在里，属气、属血，入脏、入腑等，分别选方用药。病邪由表入里而表邪未尽解者，可用栀子豉汤、葛根黄芩黄连汤等清热解毒透邪；证属阳明里热者，可用白虎汤清热生津；湿热化火或湿热留恋者，可用白头翁汤、茵陈蒿汤、甘露消毒丹等清热化湿；温热之邪入于营血，发为神昏、斑疹、血证者，可用清营汤、犀角地黄汤、神犀丹等清热解毒凉血；出现丹毒、疮痈疔疖等火毒炽盛者，可用黄连解毒汤、五味消毒饮等清火解毒；肝胆火盛时，可用龙胆泻肝汤等清肝泻火。

4. 消食导滞法 主要适用于小儿乳食不调，饮食内滞之证。如积滞、伤食吐泻、疳证、厌食症等。消食化积常用保和丸、消乳丸；通导积滞常用枳实导滞丸、木香槟榔丸；消补兼施常用健脾丸、枳术丸等。

5. 利水消肿法 主要适用于水湿停聚，小便短少而水肿的患儿，可治水肿，小便不利、泄泻、痰饮等证。常用方剂，阳水可用麻黄连翘赤小豆汤、五皮饮、五苓散、越婢加术汤等；阴水可用防己黄芪汤、实脾饮、真武汤等。

6. 驱虫安蛔法 适用于小儿各种肠道虫症，如蛔虫、蛲虫、绦虫等。驱蛔虫有效中药有使君子、苦楝根皮、雷丸等；驱姜片虫有槟榔等；驱蛲虫有大黄与使君子同用，配合百部煎剂灌肠等；驱绦虫有槟榔、南瓜子、雷丸。驱虫药一般宜在空腹时服用。常用方剂如追虫丸、驱绦汤（槟榔、南瓜子）等。安蛔如乌梅丸。单味炒使君子肉嚼服，常用于驱除蛔虫。

7. 镇惊开窍法 主要适用于小儿惊风、神昏之证，如高热惊厥、癫痫、小儿暑温等。小儿暴受惊恐，神志不安，可用琥珀抱龙丸、朱砂安神丸、磁朱丸等安神镇惊；热极生风，项强抽搐，可用羚角钩藤汤等镇惊息风；热入营血而神昏、惊厥，可用安宫牛黄丸、至宝丹、紫雪等镇惊开窍，清热解毒；痰浊上蒙，惊风抽搐，可用苏合香丸等豁痰开窍；感受时邪秽浊之气而吐泻昏厥，可用行军散、玉枢丹等辟秽开窍。常用中成药还有清开灵注射剂、醒脑静注射剂等。

8. 健脾益气法 主要适用于脾胃虚弱，气虚不足的患儿，如久泻、疳证及病后体虚等。盖胃主受纳水谷，脾主运化精微，若脾胃失调，生化之源不足，势必影响小儿的生长发育，且容易感邪而致病。常用方剂如参苓白术散、七味白术散、四君子汤、异功散、补中益气汤等。

9. 培元补肾法 主要用于小儿胎禀不足，肾气虚弱及肾不纳气之证，如解颅、五迟、五软、遗尿、哮喘等。常用方剂有六味地黄丸、金匮肾气丸、调元散、桑螵蛸散、参蛤散等。

10. 凉血止血法 主要适用于小儿诸种出血证候，如鼻衄、齿衄、紫癜、血尿、便血等。常用方剂如犀角地黄汤、玉女煎、小蓟饮子、槐花散等。常用成药如云南白药、单味参三七、白及粉等。

11. 活血化瘀法 主要适用于各种血瘀之证。如肺炎喘嗽时见口唇青紫，肌肤有瘀斑瘀点，以及腹痛如针刺，痛有定处、按之有痞块等。常用方剂如桃红四物汤、血府逐瘀汤、少腹逐瘀汤、桃仁承气汤等。基于"气为血之帅，气行则血行"，故活血化瘀方中，常辅以行气的药物。

12. 回阳救逆法 主要适用于小儿元阳衰脱之危重证候，临床可见面色㿠白，神疲肢厥，冷汗淋漓，气息奄奄，脉微欲绝等。此时必须用峻补阳气的方剂加以救治。常用方剂如四逆汤、参附龙牡救逆汤等。

13. 燥湿理气法 主要适用于小儿因湿邪阻滞，脾为湿困，运化失常所致的泄泻、厌食症、积滞、疳证、疰夏等病证。湿为黏腻重浊之邪，当选用芳香苦温的药物，湿易阻碍气机，当选用理气行气之药物。若脾胃虚弱者还可配伍补脾健胃药。常用方剂如藿香正气散、三仁汤、平胃散、胃苓汤、二陈汤等。

14. 益气养阴法 主要适用于小儿因体虚或病后造成的气阴亏损。常用方剂如生脉散、养胃汤、沙参麦冬汤等，若属心之气阴不足可用炙甘草汤、属肾阴亏损可用左归饮。根据阴阳互根原理，在补阴药中一般应适当辅以补阳药。

二、外治法

（一）外治法的优点

小儿大多不愿服药，害怕打针，特别是婴幼儿内治给药常有困难。而小儿肌肤柔嫩，脏气清灵，外治之法，作用迅速，使用方便，是家长寄予希望和医务人员努力寻求的一种治疗方法，故自古有"良医不废外治"之说。临床实践证明，采用各种外治法治疗小儿常见病、多发病，易为小儿所接受，应用得当，也有较好的疗效。外治法可以单用或与内治法配合应用。

外治诸法，其理与内治诸法相通，也需视病情之寒热虚实进行辨证论治。外治法通常按经络腧穴选择施治部位。《理瀹骈文•略言》说："外治之理，即内治之理；外治之药，亦即内治之药，所异者法耳。"可见外治与内治的取效机制是一致的。

（二）常用外治疗法

目前儿科临床常用的外治法，主要指使用药物进行敷、贴、熏、洗、吹、点、灌、嗅等方法治疗，针灸疗法、推拿疗法、拔罐疗法等疗法通常也可归属于外治疗法。

1. 熏洗法 熏洗疗法是将药物煎成药液，熏蒸、浸泡、洗涤、沐浴患者局部或全身的治疗方法。利用煮沸的药液蒸汽熏蒸皮肤是熏蒸法，药液温度降为温热后浸泡、洗涤局部是浸洗法，以多量药液沐浴全身则是药浴法。

熏蒸法用于麻疹、感冒的治疗及呼吸道感染的预防等，有疏风散寒、解肌清热、发表透疹、消毒空气等功效，如麻疹发疹初期，为了透疹，用生麻黄、浮萍、芫荽子、西河柳煎水后，加黄酒擦洗头部和四肢，并将药液放在室内煮沸，使空气湿润，使体表亦能接触药气。浸洗法用于痹证、痿证、外伤、泄泻、脱肛、冻疮及多种皮肤病，有疏风通络、舒筋活血、驱寒温阳、祛风止痒等功效，又常与熏法同用先熏后洗，如石榴皮、五倍子、明矾煎汤先熏后洗治疗脱肛。药浴法用于感冒、麻疹、痹证及荨麻疹、湿疹、银屑病等多种皮肤病，有发汗祛风、解表清热、透疹解毒、活络通痹、祛风止痒等功效，如苦参汤温浴治全身瘙痒症、香樟木汤揩洗治疗荨麻疹、河白草煎汤熏洗躯体治疗阴水浮肿等。

2. 涂敷法 是用新鲜的中药捣烂成药糊，或用药物研末加入水或醋调匀成药液，涂敷于体表局部或穴位处的一种外治法。药液用于发热、泄泻、暑疖、湿疹、药疹、烧伤等病证，具有清热解毒、温中止泻、活血消肿、燥湿收敛等功效。如复方湿疹液（马齿苋、连翘、百部、苦参、五倍子、生甘草、白芷煎液）涂敷患处治奶癣。药糊用于痄腮、口疮、哮喘、咳嗽、肺炎、泄泻、腹痛、湿疹、外伤等病证，具有安神定惊、解毒消肿、收敛生肌、止咳平喘、温中止痛等功效。如白芥子、胡椒、细辛研末，生姜汁调糊，涂敷肺俞穴，治寒喘；鲜马齿苋、鲜乌蔹梅、鲜芙蓉叶、鲜丝瓜叶等，任选一种，捣烂外敷腮部，治疗痄腮。

3. 罨包法 是将药品置于局部肌肤，并加以包扎的一种外治法。如用皮硝包扎于脐部，用治饮食不节，食积于内，或积滞证时，腹胀腹满、嗳腐酸臭、时有呕恶、舌苔厚腻等症；用大蒜头适量，捣烂后包扎于脚底心和脐部，有温经止泻的作用，以防治慢性泄泻；用五倍子粉加醋调罨包脐内，治疗盗汗等。

4. 热熨法 是采用药物、器械或适用的材料经加热处理后，对机体局部进行熨敷的治疗方法。常用的是将药物炒熟后，用布包裹，以熨肌表，用于腹痛、泄泻、积滞、癃闭、痹证、痿证、哮喘等病证，具有温中祛寒、理气止痛、通阳利尿、温经通络、祛寒降气等功效。如炒热食盐熨腹部，以治腹痛；用生葱、食盐炒热，熨脐周围及少腹，以治尿闭；用葱白、生姜、麸皮，热炒后用布包好，熨腹部，治疗内寒积滞之腹部胀痛；用吴茱萸炒热，布包熨腹部，治风寒腹痛等。

5. 敷贴法 是用药物制成软膏、药饼，或研粉撒于普通膏药上，敷贴于局部的一种外治法。膏药用于痈疽疮疖、跌打损伤、筋骨酸痛、癥瘕瘰疬、腹痛泄泻等病证，具有消痈散结、活血生肌、舒筋活络、化瘀消癥、散寒温脾等功效，如暖脐膏贴脐治疗寒凝腹痛泄泻。药饼用于感冒、咳嗽、哮喘、厌食、泄泻、滞颐、盗汗等病证，具有解表宣肺、化痰平喘、温中健脾、摄涎敛汗等功效。如用炒白芥子、面粉等份研末水调，纱布包裹，敷贴于背部第3～4胸椎处，每次15分钟，皮肤发红则去药，治疗肺炎后期湿啰音难以吸收者；用丁香、肉桂等药粉，撒于普通膏药上贴于脐部，治疗婴儿虚寒证泄泻；在夏季三伏天，用延胡索、白芥子、甘遂、细辛研末，以生姜汁捣成药饼，中心放少许丁香末，敷于肺俞、膏肓、百劳穴上，治疗寒性哮喘等。

6. 擦拭法 用药液或药末擦拭局部，如冰硼散擦拭口腔，或用淡盐水、金银花、甘草煎汤，野菊花煎汤洗涤口腔，以治疗鹅口疮和口疮，或用野蔷薇花露，洗拭口腔治疗鹅口疮。

7. 推拿疗法 小儿推拿疗法是运用各种手法作用于小儿身体一定部位或穴位上，达到治疗目的的一种传统方法。此法有促进气血流行、经络通畅、神气安定、脏腑调和的作用，儿科临床常用于治疗脾系病证如泄泻、呕吐、腹痛、疳证、厌食等，肺系病证如感冒、发热、咳嗽、肺炎、哮喘等，杂病如遗尿、口疮、近视、痿证、痹证、惊风、肌性斜颈、脑性瘫痪、小儿麻痹后遗症等。小儿推拿的手法应以轻快柔和为原则，常用的手法主要有推、揉、按、摩、运、掐、搓、摇、捏、拿、拍等。取穴要以脏腑经络、阴阳气血、寒热虚实理论为指导，根据病情灵活选穴。推拿的顺序一般按先推四肢、头面，后推胸腹、脊背，或从上而下，依次推毕。推拿疗法亦有一些禁忌证，如急性出血性疾病、急性外伤、急腹症，皆不宜推拿。此外，还应注意室温适宜，冬季须防感冒；术者指甲须及时修剪，以防伤及患儿皮肤。

8. 捏脊疗法 是小儿推拿疗法中的一种特殊方法，通过对督脉和膀胱经的按摩，达到调整阴阳、通理经络、调和气血、恢复脏腑功能目的的一种疗法，临床常用于治疗小儿疳证、积滞、厌食、腹泻、呕吐、便秘、咳喘、夜啼等病证，也可作为保健按摩的方法使用。

操作时患儿俯卧，医者两手半握拳，两示指抵于背脊之上，再以两拇指伸向示指前方，合力夹住肌肉提起，而后示指向前，拇指向后退，做翻卷动作，两手同时向前移动，自长强穴起，一直捏到大椎穴即可。如此反复3～5次，捏第3次时，每捏3把，将皮肤提起1次，每天1次，6天为一疗程。本疗法一般在空腹时进行，或饭后2小时后再进行。对有脊背皮肤感染、紫癜等疾病的患儿禁用此法；伴有高热、心脏病或有出血倾向者慎用。

9. 刺四缝疗法　四缝是经外奇穴，它的位置在示、中、环及小指四指掌面第一指关节横纹的中央，是手三阴经所过之处（图1-2）。针刺四缝穴具有健脾开胃、清热除烦、止咳化痰、通畅百脉、调和脏腑的作用，常用于治疗小儿疳证、厌食、咳嗽、百日咳、咳喘等病证，5岁以下，特别是婴幼儿效果更佳。

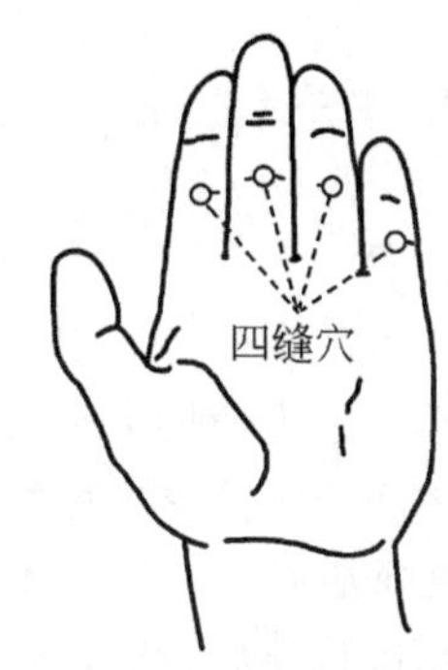

图1-2　四缝穴位图

刺四缝时，先局部皮肤消毒，用三棱针或粗毫针针刺，约一分深，刺后用手挤出黄白色黏液。每周刺1～2次，病重者可隔日刺1次，待病情好转后减为每1～2周1次，最多不超过10次。刺后24小时内，两手避免接触污物，避免感染。

10. 灯火燋法　古称“神火”，用灯心草蘸麻油燃火，以烧灼所选定的穴位或部位以治病的方法。本法具有疏风解表、行气化痰、醒脑定搐之作用。操作时用灯心草蘸上植物油，点燃后，对准所取穴位，迅速点灼一下，即一接触皮肤，迅即离开。本疗法主要用于治疗流行性腮腺炎、新生儿腹胀、腹泻等病证，但对邪已入里的实热证，久病体弱、久热消渴，虚热、阴血虚亏等证，均禁用此法。

11. 拔罐疗法　是以杯罐为工具，借助燃火排气造成罐内负压，使其吸着于皮肤，产生局部充血的一种治疗方法。此法常用于小儿感冒、肺炎喘嗽、哮喘、腹痛、遗尿等病证，有促进气血流畅、营卫运行、活血舒筋等功效。小儿常用口径4～5cm的竹罐或玻璃罐，将酒精棉球点燃，置杯内数秒钟，取出后迅速将罐紧罩在选定的皮肤上，由于负压，皮肤被吸罐内而凸起，5～10分钟后取去。取罐时以示指按压罐边皮肤，同时将罐向另一侧倾斜，使空气进入罐内，罐子即很快脱落，不能垂直用力硬拔取罐。6个月以内乳婴儿，一般不适用拔火罐疗法；高热惊风、皮肤过敏、水肿、有出血倾向、有明显营养不良及皮肤感染者，均不宜拔罐。

12. 药袋疗法　是将药物研末装袋，给小儿佩挂或做成枕头、肚兜的外治法。如用山柰、雄黄、冰片、樟脑等研成末，放入布制囊内，制成香囊，挂于颈下胸前，有预防呼吸道感染的作用。

第二章 肺系病证

第一节 感 冒

感冒是感受外邪引起的以发热、鼻塞、流涕、喷嚏、咳嗽为主要临床特征的疾病，又称伤风。西医学称之为急性上呼吸道感染。

本病一年四季均可发生，以气候骤变及冬春季节发病率较高。任何年龄皆可发病，婴幼儿多见。因小儿肺脏娇嫩，脾常不足，神气怯弱，感邪之后，易出现夹痰、夹滞、夹惊的兼证。本病一般预后良好，若体质较弱或感邪重者，易继发其他疾病。

一、病因病机

感冒病因主要为感受风邪，风邪常兼夹寒、热、暑、湿、燥等，亦有感受时邪疫毒所致。在气候变化、冷暖失常、沐浴受凉、调护不当时容易发生。

1. 感受外邪 小儿脏腑娇嫩，腠理疏薄，加之冷暖不能自调，易受外邪侵袭而发病。风邪易兼夹寒、热、暑、湿之邪，由口鼻或皮毛而入，束于肌表，郁于腠理，正邪交争，肺卫失宣致感冒诸症发生。由于感邪不同，故有风寒、风热、暑湿感冒之别。

2. 感受时邪 疫邪性烈，犯于肺胃，易于传变，故起病急骤；邪毒郁表犯胃，则见发热恶寒、肌肉酸痛、目赤咽红、恶心呕吐等症。

感冒病位在肺卫，可扰及脾、心、肝。病机关键为肺卫失宣。

小儿肺脏娇嫩，感邪之后，失于宣肃，气机不利，津液不得敷布聚而为痰，壅结咽喉，阻于气道，则咳嗽痰鸣，此为感冒夹痰。小儿脾常不足，乳食不知自节，感邪之后脾失健运，乳食停滞，则脘腹胀满、不思乳食，或伴呕吐泄泻，此为感冒夹滞。小儿神气怯弱，心肝常有余，感邪之后热扰心肝，易致心神不宁，睡卧不实，惊惕抽风，此为感冒夹惊。

二、临床诊断

（一）诊断要点

（1）常发于气候骤变，冷暖失调之时。

（2）以发热、鼻塞流涕、喷嚏咳嗽为主症，可伴咽红或咽痛。

（3）感冒兼夹证者，可见咳嗽加剧，喉间痰鸣；或脘腹胀痛，不思饮食，呕吐酸腐，大便失调；或睡卧不宁，惊惕抽风。

（二）鉴别诊断

1. 急性传染病早期 多种急性传染病早期都有类似感冒的症状，如麻疹、百日咳、水痘、幼儿急疹等，应根据流行病学、临床表现、实验室检查及病情变化加以鉴别。

2. 急性喉炎 初起仅表现为发热、微咳，当患儿哭叫时可闻及声音嘶哑，病情较重时可闻及犬

吠样咳嗽及吸气性喉鸣。

三、辨证要点

1. 辨风寒与风热 风寒者，鼻塞涕清，舌、咽不红；风热者，鼻塞涕浊，舌红咽赤。

2. 辨暑热与暑湿 若发热较高，无汗或少汗，口渴心烦为暑热偏盛；胸闷，泛恶，身重困倦，食少纳呆，舌苔腻为暑湿偏盛。

3. 辨四时感冒与时行感冒 四时感冒一般症状较轻，无流行趋势；时行感冒一般症状较重，有流行病学史。

四、治疗

以疏风解表为基本治则。根据感邪的不同分别治以辛温解表、辛凉解表、清暑解表、清瘟解毒等。若有兼夹证，分别佐以化痰、消导、镇惊之法。

（一）分证论治

1. 主证

（1）风寒感冒

证候：恶寒重，发热轻，无汗，头身疼痛，鼻流清涕，喷嚏咳嗽，咽不红，舌苔薄白，脉浮紧，指纹浮红。

治法：辛温解表。

主方：荆防败毒散（《摄生众妙方》）加减。

常用药：荆芥、羌活、紫苏叶、防风、桔梗、前胡、葱白、淡豆豉、甘草。

加减：头痛者加白芷、葛根散寒止痛；咳嗽痰多者加前胡、白前宣肺止咳；恶心呕吐者加藿香、紫苏叶、半夏降逆止呕。

中成药：小儿柴桂退热颗粒、小儿感冒退热糖浆、感冒清热颗粒（胶囊）、正柴胡饮颗粒、午时茶颗粒等。

（2）风热感冒

证候：发热重，微恶风，头身疼痛，鼻流浊涕，喷嚏咳嗽，口渴，咽红或喉核赤肿，舌苔薄黄，脉浮数，指纹浮紫。

治法：辛凉解表。

主方：银翘散（《温病条辨》）加减。

常用药：金银花、连翘、荆芥、淡竹叶、大青叶、薄荷、桔梗、牛蒡子。

加减：高热者加生石膏、黄芩清泄肺热；咳嗽痰多者加前胡、瓜蒌宣肺止咳化痰；咽红肿痛者加玄参、射干清热利咽；鼻衄者加白茅根、仙鹤草凉血止血。

中成药：小儿豉翘清热颗粒、小儿感冒宁糖浆、小儿解表口服液、小儿热速清颗粒、小儿双清颗粒、疏风解毒胶囊等。

（3）暑邪感冒

证候：发热无汗，头身困重，胸脘满闷，食欲不振，或呕吐腹泻，或鼻塞流涕，舌质红，苔腻，脉数。

治法：祛暑解表。

主方：新加香薷饮（《温病条辨》）加减。

常用药：香薷、金银花、厚朴、连翘、扁豆花、藿香、佩兰。

加减：高热、烦渴、无汗，阳明热甚者合白虎汤（《伤寒论》石膏、知母、甘草、粳米）清热生津；心烦哭闹者加淡竹叶、莲子心清热除烦；脘闷纳呆、舌苔厚腻湿重者加苍术、薏苡仁祛暑利湿。

中成药：藿香正气水（口服液、颗粒、软胶囊）、金银花露等。

（4）时行感冒

证候：起病急骤，壮热，恶寒，无汗或汗出热不解，头痛，心烦，目赤咽红，肌肉酸痛，腹痛，或有恶心、呕吐，舌质红，苔黄，脉数。

治法：清热解毒，透邪出表。

主方：银翘散（《温病条辨》）合普济消毒饮（《东垣试效方》）加减。

常用药：金银花、连翘、荆芥、柴胡、牛蒡子、薄荷、桔梗、黄芩、板蓝根、重楼、蝉蜕。

加减：高热者加生石膏清热泻火；恶心呕吐者加竹茹、半夏降逆止呕。若见高热恶寒、胸闷呕恶、头痛烦躁、舌苔垢腻者，选达原饮加减（《温疫论》槟榔、厚朴、草果、知母、芍药、黄芩、甘草）辟秽化浊。

中成药：莲花清瘟胶囊、金莲清热颗粒（泡腾片）等。

2. 兼证

（1）夹痰：兼见咳嗽重浊，喉间痰鸣，舌苔厚腻，脉滑。风寒感冒夹痰者，佐以宣肺化痰，加用杏苏散；风热感冒夹痰者，佐以清肺化痰，加用桑白皮、前胡、天竺黄等。

中成药：风寒感冒夹痰者可选用小儿至宝丸、宝咳宁颗粒、保婴丹；风热感冒夹痰者可选用小儿宝泰康颗粒、清宣止咳颗粒、珠珀猴枣散。

（2）夹滞：兼见食少纳差，腹胀口臭，呕吐酸腐，大便酸臭，或腹痛泄泻，或大便秘结，舌苔厚腻。佐以消食导滞，酌加山楂、六神曲、麦芽、鸡内金、莱菔子等。若见大便秘结，小便短赤，腹满口渴，舌苔黄垢，则为食滞化热，壅塞肠道，酌加大黄、枳实、槟榔通腑泄热。

中成药：小儿豉翘清热颗粒、小儿感冒宁颗粒、健儿清解液等。

（3）夹惊：兼见惊惕哭叫，睡卧不宁或齘齿，甚至惊厥，舌质红，苔黄，脉弦。佐以镇惊安神，酌加蝉蜕、钩藤、僵蚕等。

中成药：回春散、小儿回春丸、小儿金丹片等。

（二）其他疗法

（1）针法：取大椎、风门、太渊、列缺，泻法，中强刺激不留针，每日 1～2 次，用于风寒感冒；取合谷、曲池、孔最、鱼际，泻法，每日 1～2 次，用于风热感冒。

（2）灸法：取大椎、风门、肺俞，用艾炷 1～2 壮，依次灸治，每穴 5～10 分钟，以表面皮肤温热为宜，每日 1～2 次，用于风寒感冒。

（3）推拿法：开天门、推坎宫、揉大椎 30 次，用于小儿感冒各型。

（4）刮痧法：用刮痧板蘸上刮痧油后，在患儿风池、脊柱两侧膀胱经、肩胛部反复刮动、摩擦，风寒感冒者配以风府、大椎；风热感冒者，配以曲池、尺泽。

（5）药浴法：香薷、柴胡、扁豆花、防风、金银花、连翘、淡豆豉、板蓝根煎水沐浴，每日 1～2 次，用于暑邪感冒。

五、预防调护

（1）注意气候变化，及时增减衣服。

（2）在感冒流行期间不去人群拥挤的公共场所。

（3）避免食用香燥、生冷、过咸及肥甘厚味之品。

（4）加强户外活动，保持空气流通，多晒太阳，提高抗病能力。

第二节　乳　　蛾

乳蛾是指咽部喉核肿大或伴红肿疼痛，甚至溃烂为主的肺系疾病。因喉核肿大，状如乳头或蚕蛾，故名乳蛾；急性喉核肿大溃烂化脓者，名烂乳蛾。根据病程长短，有急、慢性之分。本病相当于西医学的扁桃体炎。

本病一年四季均可发病，症状轻重不一。经积极治疗，一般预后良好；偶可引发急性肾炎、风湿热或风湿性心脏病；长期不愈可致反复呼吸道感染。

一、病因病机

咽喉为肺胃之门户。本病乃外邪犯肺，或素体胃热炽盛，复感外邪，上冲咽喉而致。

1. 风热搏结　风热邪毒从口鼻而入，热毒搏结于咽喉，气血壅滞发为本病。

2. 热毒炽盛　邪热入里，或素体肺胃热盛，复感外邪，循经上攻，搏结喉核，热毒炽盛，血败肉腐成脓。

3. 肺胃阴虚　小儿稚阴未长，热病伤阴，或素体阴虚者，均可致肺胃阴虚，虚火上炎，则喉核肿大，日久不消。

本病病位在肺胃，病机为火热之毒壅聚咽喉。初起以邪实为主；病久邪热伤阴，多为虚证；反复发作者易出现虚实夹杂证候。

二、临床诊断

（一）诊断要点

（1）以咽喉肿痛，或咽痒不适为主症，多伴发热。

（2）咽部检查可见扁桃体肿大、充血，呈鲜红色或暗红色，重者溃烂化脓。

（3）血常规检查白细胞总数及中性粒细胞增高或降低；其增高者，提示细菌感染。

（二）鉴别诊断

1. 鹅口疮　鹅口疮的白屑先见于舌上或两颊内侧，重者可逐渐蔓延至软腭或咽喉，状如凝固的乳块。

2. 白喉　是一种传染病，扁桃体及咽部可见灰白色假膜，不易擦去，强行擦去易出血，多伴有发热、喉痛等症状，颈部淋巴结明显肿大，咽拭子培养或涂片可检出白喉杆菌。

三、辨证要点

1. 辨轻重　根据起病缓急、喉核赤肿程度、有无溃烂化脓、发热高低和有无全身症状进行辨别。若起病急骤，喉核赤肿甚，有溃烂化脓，壮热不退，全身症状明显者，病势较重；若起病缓慢，喉核赤肿不甚，无溃烂化脓，发热不甚，全身症状不明显者，病势较轻。

2. 辨虚实　根据病程长短、喉核颜色及伴随症状进行辨识。若新病初起，病程短、喉核赤肿明显或有溃烂化脓，壮热不退，舌红苔黄，脉数有力者多为实证；若病程长，或反复发作，喉核赤肿不甚，舌红少苔，脉细，多为虚证或虚中夹实。

四、治疗

以清热解毒，利咽消肿为基本治则。急性期风热搏结者，治以疏风清热，利咽消肿；热毒炽盛者，治以清热泻火解毒；肠腑不通者配以通腑泻火；乳蛾肉腐成脓者，治以泻火解毒、消痈排脓；慢性期治以养阴或益气，佐以祛邪利咽。

（一）分证论治

（1）风热搏结证

证候：咽喉疼痛，咽痒不适或有异物感，喉核赤肿，伴发热，微恶寒，鼻塞流涕，头痛身痛，舌质红，苔薄白或黄，脉浮数，指纹紫。

治法：疏风清热，解毒利咽。

主方：银翘马勃散（《温病条辨》）加减。

常用药：金银花、连翘、马勃、射干、牛蒡子、大青叶、蝉蜕、薄荷。

加减：喉核赤肿甚者加山豆根、板蓝根解毒利咽；发热甚者加生石膏、黄芩、栀子清热解毒；声音嘶哑者加青果、木蝴蝶清宣肺气，利咽止哑；咳甚痰多者加前胡、瓜蒌皮、天竺黄清热化痰止咳；舌苔黄厚腻者加薏苡仁、鱼腥草清热化湿。

中成药：小儿咽扁颗粒、金莲清热颗粒（泡腾片）、开喉剑喷雾剂。

（2）热毒炽盛证

证候：喉核赤肿明显，甚至溃烂化脓，吞咽困难，壮热不退，口干口臭，大便干燥，小便黄少，舌质红，苔黄厚，脉数，指纹青紫。

治法：清热解毒，消肿排脓。

主方：牛蒡甘桔汤（《外科正宗》）加减。

常用药：牛蒡子、射干、山豆根、桔梗、玄参、连翘、黄芩、黄连、栀子、甘草。

加减：壮热者加生石膏、知母清热生津；溃烂化脓明显者加蒲公英、败酱草解毒排脓；口渴声嘶者加麦冬、天花粉养阴利咽。

中成药：蒲地蓝消炎口服液、喉咽清口服液、黄栀花口服液。

（3）肺胃阴虚证

证候：咽干喉燥，喉核肿大暗红，日久不愈，干咳少痰，大便干燥，小便黄少，舌质红，苔少，脉细数，指纹青紫。

治法：养阴清肺，利咽散结。

主方：养阴清肺汤（《重楼玉钥》）加减。

常用药：生地黄、麦冬、玄参、牡丹皮、赤芍、川贝母、桔梗、甘草、薄荷。

加减：喉核肿大甚者加夏枯草、昆布利咽消肿；干咳甚者加沙参润肺止咳；声音嘶哑者加诃子利咽止哑；低热不退者加青蒿、地骨皮养阴清热。

中成药：西瓜霜润喉片、金果饮。

（二）其他疗法

1. 针灸疗法

（1）实热乳蛾：针合谷、内庭、少商，配穴有天突、少泽、鱼际，少商点刺出血；高热配合谷、曲池，每次选 2～3 穴，中强刺激，每日 1 次。

（2）虚火乳蛾：针大杼、风门、百劳、身柱、肝俞，配穴有合谷、曲池、足三里、颊车，每次

选 2～3 穴，中度刺激。

2. 推拿疗法 揉天突，拿风池、肩井，按揉翳风，拿合谷，5～10 分钟。

3. 刮痧疗法 用刮痧板或以汤匙光滑的边缘蘸麻油于患儿脊柱两旁轻轻由上向下顺刮，以出现红瘀点为度，用于风热外侵证。

4. 外治疗法 冰硼散、吹喉散、锡类散吹喉，适用于学龄期以上儿童热毒炽盛者。

五、预防调护

（1）注意体格锻炼，多做户外活动，增强体质。

（2）及时治疗，防止病情迁延或并发其他疾病。

（3）饮食宜清淡，多饮开水，避免食用辛辣香燥之品。

第三节 咳 嗽

咳嗽是以咳嗽为主要症状的小儿常见肺系病证。咳以声言，嗽以痰名，有声有痰谓之咳嗽。西医学的气管炎、支气管炎属于本病范畴。

本病一年四季均可发生，冬春季多见。多数预后良好，部分可致反复发作，日久不愈。外感或内伤所致的多种急慢性疾病都可引起咳嗽，临床以咳嗽为主症者，均可参照本病进行辨证论治。

一、病因病机

病因分外感与内伤，外邪犯肺、痰浊内生、肺气亏虚、肺阴不足等为常见病因。

1. 外邪犯肺 风邪从皮毛或口鼻而入，肺卫受邪，肺失宣肃，肺气上逆而发为咳嗽。风邪为百病之长，常与其他邪气相互兼夹而侵袭人体，故在外感咳嗽中，有风寒或风热或湿热之分。

2. 痰浊内生 小儿脾常不足，若喂养不当，致脾失健运，水湿内停，酿湿成痰，上贮于肺，肺失宣肃而为咳嗽。此即“脾为生痰之源，肺为贮痰之器”。加之外邪干肺，肺不能宣布津液，聚而为痰；若其他脏腑功能失常，也可导致咳嗽的发生，如肝火亢盛或木火刑金，则煎液为痰，蕴结于肺而发为咳嗽。

3. 肺气亏虚 小儿肺常不足，肺气不足或久咳耗气伤肺，导致咳嗽日久不愈，咳嗽无力。

4. 肺阴不足 小儿脏腑娇嫩，若遇外感咳嗽，日久不愈，正虚邪恋，肺热伤津，燥热耗液，肺阴受损，阴虚生热或化燥，伤于肺络，而导致久咳不止，干咳无痰。

总之，咳嗽有外感、内伤之不同，但其主要病机为肺失宣降，肺气上逆而致。虽为肺脏所主，但与其他脏腑功能失调也有密切联系。

二、临床诊断

（一）诊断要点

（1）本病常见于感冒之后，临床以咳嗽、咳痰为主要表现。

（2）X 线胸片检查无异常或可见肺纹理增粗。

（二）鉴别诊断

1. 肺炎喘嗽 以发热、咳嗽、痰壅、气急、鼻煽为主要症状，重者涕泪俱闭、面色苍白或面唇发绀，肺部听诊可闻及中细湿啰音。

2. 哮喘　哮喘可伴有咳嗽，但哮喘以反复发作性的哮鸣气喘为主症，典型发作时肺部可闻及呼气延长及哮鸣音。

三、辨证要点

1. 辨外感、内伤　起病急，病程短，伴有发热、鼻塞流涕等表证者为外感咳嗽；起病缓，病程较长，伴有不同程度的脏腑功能失调证候者为内伤咳嗽。

2. 辨寒热、虚实　咳声洪亮有力，多为实证；咳而声低气怯，多为虚证；咳嗽声重咽痒，多为风寒咳嗽；咳声高亢，或声浊喑哑，多为风热咳嗽；咳嗽痰鸣漉漉，多为痰湿咳嗽；咳声嘶哑，多为燥热咳嗽；咳嗽气短声低，多为肺阴不足。

四、治疗

以宣肃肺气为基本治则。外感咳嗽者，佐以疏风解表；内伤咳嗽者，佐以燥湿化痰，或清热化湿，或养阴润肺等法随证施治。

（一）分证论治

（1）风寒咳嗽证

证候：咳嗽频作，咳痰稀白，咽痒声重，鼻流清涕，或头身疼痛，舌苔薄白，脉浮紧。

治法：疏风散寒，宣肃肺气。

主方：杏苏散（《温病条辨》）加减。

常用药：杏仁、紫苏叶、前胡、半夏、桔梗、陈皮、茯苓、枳壳、甘草、生姜、大枣。

加减：外寒重者加荆芥、防风、麻黄解表散寒；痰多清稀者加半夏、紫苏子温肺化痰；咽喉肿痛，声音嘶哑，舌质红，风寒化热者，加鱼腥草、黄芩、枇杷叶清泄肺热。

中成药：杏苏止咳冲剂、宝咳宁颗粒、三拗片、通宣理肺丸（颗粒）。

（2）风热咳嗽证

证候：咳嗽不爽，痰黄量少，不易咳出，鼻流黄涕，或有发热口渴，咽喉疼痛，舌质红，苔薄黄，脉浮数，指纹浮紫。

治法：疏风清热，宣肃肺气。

主方：桑菊饮（《温病条辨》）加减。

常用药：桑叶、菊花、杏仁、连翘、牛蒡子、薄荷、前胡、桔梗、甘草、芦根。

加减：咳嗽重者合麻杏石甘汤（《伤寒论》麻黄、杏仁、石膏、甘草）宣肺清热化痰；发热甚者加生石膏、鱼腥草、黄芩清泄肺热；咳甚痰多者加瓜蒌皮、天竺黄、葶苈子化痰止咳平喘；喉核赤肿甚者加射干、青果利咽消肿。

中成药：清宣止咳颗粒、小儿宝泰康颗粒。

（3）痰热咳嗽证

证候：咳嗽痰多，色黄黏稠难咳，或伴发热口渴，烦躁不安，小便黄少，大便干燥，舌质红，苔黄腻，脉滑数，指纹紫。

治法：清热泻肺，宣肃肺气。

主方：清金化痰汤（《统旨方》）加减。

常用药：黄芩、栀子、桑白皮、瓜蒌子、浙贝母、麦冬、橘红、茯苓、桔梗、甘草。

加减：高热者加生石膏、知母清热泻火；咳痰多者酌加鱼腥草、葶苈子、鲜竹沥清肺涤痰；

痰中带血，烦躁易怒者加黛蛤散（《中国药典》青黛、蛤壳）疏肝泻火；口渴甚者加芦根、天花粉清热生津；大便干结者加瓜蒌、大黄润肠通便。

中成药：小儿肺热咳喘口服液（颗粒）、小儿清热止咳口服液、金振口服液。

（4）痰湿咳嗽证

证候：咳嗽痰多，色白清稀，胸闷纳呆，困倦乏力，舌质淡红，苔白滑，脉滑。

治法：燥湿化痰，宣肃肺气。

主方：二陈汤（《太平惠民和剂局方》）加减。

常用药：茯苓、陈皮、半夏、莱菔子、杏仁、紫苏子、白芥子、甘草。

加减：胸闷不适，咳痰不爽者加枳壳、桔梗宽胸化痰；寒湿较重，痰白清稀，舌苔白滑者加干姜、细辛温化痰浊；食少纳呆者加白术、六神曲醒脾消食。

中成药：橘红痰咳液、二陈丸、半夏露。

（5）阴虚咳嗽证

证候：久咳不愈，干咳少痰或痰黏难咳，口咽干燥，声音嘶哑，手足心热或潮热盗汗，唇红，舌质红，苔少或花剥，脉细数，指纹淡紫。

治法：养阴润肺，化痰止咳。

主方：沙参麦冬汤（《温病条辨》）加减。

常用药：沙参、麦冬、黄精、玉竹、桑叶、白扁豆、天花粉、紫菀、款冬花。

加减：低热不退者加青蒿、地骨皮、胡黄连退虚热；久咳痰黏者重用麦冬，合泻白散（《小儿药证直诀》桑白皮、地骨皮、甘草、粳米）润肺化痰；兼胃阴不足，食少纳差者加山楂、谷芽、石斛生津养胃助运；咳痰带血丝者加白茅根、生地黄清肺止血。

中成药：养阴清肺颗粒、川贝枇杷糖浆。

（二）其他疗法

1. 贴敷疗法 常用白芥子、延胡索、甘遂、细辛，共研细末，加生姜汁调膏，贴敷双侧肺俞、心俞、膈俞及膻中穴，时间2～4小时，如局部有烧灼感，可提前取下，用于风寒咳嗽证及痰湿咳嗽证。

2. 针灸法 主穴取天突、丰隆，配穴取定喘、内关、尺泽，用于小儿咳嗽痰多。

3. 推拿

（1）外感咳嗽：开天门50次，推坎宫50次，揉太阳50次，清肺经50次，揉肺俞200次，揉膻中150次，分推膻中100次。

（2）内伤咳嗽：揉肺俞200次，揉膻中100次，清补肺经、补脾经、补肾经、运八卦100次，揉掌小横纹200次，揉足三里200次。

五、预防调护

（1）注意气候变化，防止感冒。

（2）避免食入刺激咽喉部的食物和其他因素，如过多哭闹、喊叫、烟尘刺激。

（3）控制生冷瓜果和辛辣香燥的食物。

（4）经常变换体位及拍背部，以促进痰液排出。

附　慢性咳嗽

慢性咳嗽是指以咳嗽为主要症状，持续 4 周以上的一类疾病。该病可由一种或多种病因单独或同时引起。临床可分为特异性咳嗽和非特异性咳嗽，前者指咳嗽伴有能够提示特异性病因的其他症状或体征，后者是指以咳嗽为主要或唯一表现，胸部 X 线片未见明显异常的慢性咳嗽，临床上的慢性咳嗽主要指此类，属于中医学"内伤咳嗽""久咳""顽咳"范畴。

本病一年四季均可发生，以冬春二季发病率高。任何年龄皆可发病，以学龄期儿童为多见。儿童慢性咳嗽病因复杂，临床应积极查找病因后，明确诊断。

一、病因病机

咳嗽的病因分为外因和内因两大类。外因主要由外邪侵袭，肺失宣降而咳；外邪日久入里或由脏腑内伤而致内伤咳嗽。《内经》有云："五脏六腑皆令人咳，非独肺也。"肺与大肠相表里，大肠腑气不通，影响肺气肃降而致咳喘胸满；脾虚不运，痰湿内生，壅塞肺气而致咳嗽痰多；肝经布胁而上注于肺，肝火灼肺则致咳痰不爽；肾气亏虚，摄纳无权，影响肺气宣降而喘咳。因此慢性咳嗽的病位在肺，与脾、肾、肝关系密切，主要病机为肺失宣肃、肺气上逆，病理因素主要为痰、瘀。

二、临床诊断

（一）诊断要点

1. 儿童常见慢性咳嗽

（1）咳嗽变异性哮喘（CVA）：是引起我国儿童尤其是学龄前和学龄期儿童慢性咳嗽的最常见原因。

临床特征：①持续咳嗽>4 周，通常为干咳，常在夜间和（或）清晨发作，运动、遇冷空气后咳嗽加重，临床上无感染征象或经过较长时间的抗菌药物治疗无效；②支气管扩张剂诊断性治疗可使咳嗽症状明显缓解；③肺通气功能正常，支气管激发试验提示气道高反应性；④有过敏性疾病病史及过敏性疾病阳性家族史，过敏原检测阳性可辅助诊断；⑤除外其他疾病引起的慢性咳嗽。

（2）上气道咳嗽综合征（UACS）：是引起儿童尤其是学龄前与学龄期儿童慢性咳嗽第二位的病因。各种鼻炎、鼻窦炎、慢性咽炎、腭扁桃体和（或）增殖体肥大、鼻息肉等上气道疾病均可能引起慢性咳嗽。

临床特征：①持续咳嗽>4 周，伴有白色泡沫痰（过敏性鼻炎）或黄绿色脓痰（鼻窦炎），咳嗽以晨起或体位变化时为甚，伴有鼻塞、流涕、咽干并有异物感和反复清咽等症状；②咽后壁滤泡明显增生，有时可见鹅卵石样改变，或见黏液样或脓性分泌物附着；③抗组胺药、白三烯受体拮抗剂和鼻用糖皮质激素对过敏性鼻炎引起的慢性咳嗽有效，化脓性鼻窦炎引起的慢性咳嗽需要抗菌药物治疗 2～4 周；④鼻咽喉镜检查或头颈部侧位片、鼻窦 X 线片或 CT 片有助于诊断。

（3）感染后咳嗽（PIC）：是引起幼儿和学龄前儿童慢性咳嗽的常见原因。

临床特征：①近期有明确的呼吸道感染史；②咳嗽持续>4 周，呈刺激性干咳或伴少量白色黏痰；③胸部 X 线片检查无异常或仅显示双肺纹理增多；④肺通气功能正常，或呈现一过性气道高反应；⑤咳嗽通常具有自限性，如果咳嗽时间超过 8 周，应考虑其他诊断。

（4）胃食管反流性咳嗽（GERC）：24 小时食管下端 pH 监测是诊断 GERC 的金标准，长期咳嗽也可能导致儿童胃食管反流。

临床特征：①阵发性咳嗽最好发的时相在夜间；②咳嗽也可在进食后加剧；③24 小时食管下端 pH 监测呈阳性；④除外其他原因引起的慢性咳嗽。

（5）心因性咳嗽：常见于学龄期和青春期的儿童，除外多发性抽动症，并且经过行为干预或心理治疗后咳嗽能得到改善。

临床特征：①年长儿多见；②日间咳嗽为主，专注于某件事情或夜间休息咳嗽消失，可呈高调状咳嗽；③常伴有焦虑症状，但不伴有器质性疾病；④除外其他原因引起的慢性咳嗽。

（6）非哮喘性嗜酸粒细胞性支气管炎（NAEB）：临床特征为①刺激性咳嗽持续>4 周；②胸部 X 线片正常；③肺通气功能正常，且无气道高反应性；④痰液中嗜酸粒细胞相对百分数>3%；⑤支气管舒张剂治疗无效，口服或吸入糖皮质激素治疗有效。

（7）过敏性（变应性）咳嗽（AC）：患儿具有特应性体质，抗组胺药物、糖皮质激素治疗有效，但其又非支气管哮喘、CVA 或 NAEB 等。

临床特征：①咳嗽持续>4 周，呈刺激性干咳；②肺通气功能正常，支气管激发试验阴性；③咳嗽感受器敏感性增高；④有其他过敏性疾病病史，变应原皮试阳性，血清总 IgE 和（或）特异性 IgE 升高。

2. 辅助检查

（1）影像学检查：常规进行胸部 X 线检查，必要时可以行胸部 CT 检查以明确诊断。

（2）肺功能：5 岁以上患儿应常规行肺通气功能检查，并可根据第一秒用力呼气量进一步做支气管舒张试验或支气管激发试验，以助 CVA、NAEB 和 AC 的诊断与鉴别诊断。

（3）鼻咽喉镜检查：对怀疑有鼻炎、鼻窦炎、鼻息肉、增殖体肥大 / 肿大的患儿，可以做鼻咽喉内镜检查以明确诊断。

（4）支气管镜检查：对怀疑气道发育畸形、气道异物（包括气道内生异物、痰栓）等引起的慢性咳嗽可以做支气管镜检查及灌洗。

（5）诱导痰或支气管肺泡灌洗液细胞学检查和病原微生物分离培养，可以明确或提示呼吸道感染病原，也可根据嗜酸粒细胞百分率明确 NAEB 的诊断。

（6）血清总 IgE、特异性 IgE 和皮肤点刺试验：对怀疑与过敏相关的慢性咳嗽、了解患儿有无特应性体质等有一定参考价值。

（7）24 小时食管下端 pH 监测：是确诊 GERC 的金标准。对怀疑 GERC 的患儿，应进行此项检查。

（二）鉴别诊断

小儿慢性咳嗽可与多种疾病相鉴别。如先天性呼吸道疾病、异物吸入、特定病原体引起的呼吸道感染、迁延性细菌性支气管炎等。

三、辨证要点

1. 辨外风与内风　外风为感受风寒或风热之邪，临床以外感风热证候多见；内风则为外感风邪，因脏腑虚损或特禀体质，导致风邪羁留体内，内伏于肺而成，以刺激性咳嗽为主，干咳少痰，可突然发作，咽痒咽干，遇刺激容易诱发。

2. 辨痰湿与痰热　痰湿蕴肺证，痰多色白，或喉间痰鸣，舌质淡，苔白腻；痰热郁肺证，痰黄黏稠难咳，舌质红，苔薄黄或黄腻。

3. 辨气虚与阴虚　肺气虚证可见咳声无力，汗多，易感冒；脾气虚证可见久咳不愈，面白神疲，纳少便溏；肺阴虚证可见干咳无痰，或痰少而黏，口渴咽干。

四、治疗

以宣肺止咳为基本治则。外感咳嗽治以疏风宣肺；痰湿咳嗽治以燥湿化痰；痰热咳嗽治以清肺化痰；气虚咳嗽治以健脾补肺，益气化痰；阴虚咳嗽治以养阴润肺，化痰止咳。

（一）分证论治

（1）风伏肺络证

证候：咳嗽日久，早晚为甚，遇冷空气或活动后加重，干咳少痰，鼻塞，流涕，喷嚏，清嗓，舌质淡红，苔薄白，脉浮数。多有过敏性疾病或过敏性疾病家族史。

治法：疏风通络，宣肺止咳。

主方：三拗汤（《太平惠民和剂局方》）合苍耳子散（《济生方》）加减。

常用药：炙麻黄、苦杏仁、紫苏叶、辛夷、苍耳子、白芷、薄荷、甘草。

加减：痰多白黏，苔白腻者，加陈皮、半夏、莱菔子化痰止咳；鼻涕黄脓者加金银花、黄芩、菊花疏风清热。

中成药：苏黄止咳胶囊。

（2）痰湿蕴肺证

证候：咳嗽日久，痰多色白，喉间痰鸣，胸闷纳呆，神疲肢倦，大便溏薄，舌质淡，苔白腻，脉滑或指纹紫滞。

治法：燥湿化痰，肃肺止咳。

主方：二陈汤（《太平惠民和剂局方》）合三子养亲汤（《寿世保元》）加减。

常用药：陈皮、姜半夏、茯苓、炒白芥子、紫苏子、炒莱菔子、甘草。

加减：咳嗽重者加紫菀、款冬花、旋覆花降气止咳；胸闷不适，咳痰不爽者加枳壳、桔梗宽胸化痰；痰白清稀，舌苔白滑者加干姜、细辛温肺化饮。

中成药：橘红痰咳液。

（3）痰热郁肺证

证候：久咳痰多，痰稠色黄难咳，大便干结，舌质红，苔黄腻，脉滑数或指纹紫滞。

治法：清肺化痰，肃肺止咳。

主方：清气化痰汤（《医方考》）加减。

常用药：胆南星、枳实、全瓜蒌、姜半夏、黄芩、苦杏仁、陈皮、茯苓。

加减：热甚者加炙麻黄、生石膏清宣肺气；痰甚者加浙贝母、天竺黄清化痰热。

中成药：桔贝合剂。

（4）肝火犯肺证

证候：咳嗽日久不愈，晨起及夜间明显，咽痒阵咳，情志变化时咳甚，胸胁胀痛，烦躁易怒，舌红，苔少，脉弦细。

治法：清肝泻肺，化痰止咳。

主方：黛蛤散（《中国药典》2000年版）合泻白散（《小儿药证直诀》）加减。

常用药：青黛、海蛤壳、桑白皮、地骨皮、甘草。

加减：火热较盛，咳嗽频作，痰黄者，加枇杷叶、牡丹皮清热化痰；胸闷痰黏难咳者，加浙贝母、竹茹、瓜蒌、旋覆花清肺化痰；咽燥口干者，加沙参、麦冬、天花粉养阴生津润肺。

中成药：丹栀逍遥丸。

（5）肺脾气虚证

证候：咳嗽日久，咳声无力，痰白清稀，面白神疲，气短懒言，自汗恶风，反复感冒，纳少便溏，舌质淡，苔白，脉沉细。

治法：健脾补肺，培土生金。

主方：异功散（《小儿药证直诀》）合玉屏风散（《医方类聚》）加减。

常用药：太子参、炒白术、茯苓、陈皮、炙黄芪、防风、甘草。

加减：虚汗多者，加煅龙骨、煅牡蛎、糯稻根收敛止汗；大便不实者加怀山药、炒扁豆益气健脾；纳差者

加焦山楂、焦神曲开胃消食。

中成药：槐杞黄颗粒、玉屏风颗粒（口服液）。

（6）阴虚肺燥证

证候：咳嗽日久，无痰或痰少而黏，口渴咽干，手足心热，舌质红，苔薄白，脉细数。

治法：养阴清热，润肺止咳。

主方：沙参麦冬汤（《温病条辨》）加减。

常用药：北沙参、麦冬、玉竹、天花粉、扁豆、桑白皮、甘草。

加减：久咳者，加百部、百合、枇杷叶、诃子敛肺润肺止咳；口干作渴者加石斛、乌梅生津止渴；汗多者加煅龙骨、煅牡蛎、酸枣仁、五味子收敛止汗。

中成药：养阴清肺口服液、黄龙止咳颗粒。

（二）其他疗法

1. 敷贴法 ①穴位贴剂止咳贴：常用于天突、肺俞、膻中等穴位，达到止咳宣肺、宽胸利气之效；②三伏天穴位敷贴：多由白芥子、甘遂、细辛、延胡索、冰片等中药组成，共研细末，用姜汁调成稠膏状，贴敷于肺俞、心俞、膈俞或脾俞、肾俞、膏肓俞等穴位，用于湿咳、寒咳证；③敷背散：由大黄、芒硝等药味组成，敷于背部腧穴，可促进局部炎症吸收，多治于痰热郁肺证。

2. 拔罐疗法 一般用于3岁以上儿童，常用穴位有风门、大椎、肺俞、膏肓。

3. 推拿疗法 常用穴位是揉迎香、补脾经、补肾经、运八卦、揉二马、推三关、擦膻中、擦肺俞、搓摩胁肋等。

4. 耳穴压豆法 取风溪、肺、气管、肾、三焦、皮质下等耳穴，耳郭常规消毒，将粘有王不留行籽的药用胶布贴敷于所选穴位上，用拇指和示指对压王不留行籽，手法由轻到重，以患儿能够承受为宜，每次按压至耳部发热。

五、预防调护

（1）注意气候变化，防止感冒。

（2）避免刺激咽喉部的食物和其他因素，如过多哭闹、喊叫、烟尘刺激。

（3）控制生冷瓜果和辛辣香燥的食物。

（4）经常变换体位及拍背部，以促进痰液排出。

第四节　肺炎喘嗽

肺炎喘嗽是以发热、咳嗽、气促、鼻煽、痰鸣为主要临床特征的肺系疾病。西医学的肺炎以上述症状为主要临床表现者可参考本病论治。

本病一年四季均可发生，多见于冬春季节；任何年龄均可患病，年龄越小，发病率越高。肺炎喘嗽的预后与年龄大小、体质强弱、受邪轻重及护理适当与否有密切的关系。早期、及时治疗，预后良好；年龄幼小，体质虚弱者常反复发作，迁延难愈；病情较重者容易合并心阳虚衰及邪陷心肝等严重变证，甚至危及生命。

一、病因病机

本病的发病原因，外因责之于感受风邪，内因责之于肺脏娇嫩。罹患他病影响及肺亦可发生本病。

风邪由皮毛或口鼻而入犯肺。风邪束表闭肺，卫阳郁遏，肺失宣降，可见发热、恶寒、咳嗽等症；风为百病之长，常夹杂其他邪气致病，故有风寒闭肺与风热闭肺的不同证候。由于小儿体质特点，临床以风热闭肺常见，风寒闭肺者较少或为之短暂。若邪在肺卫不解，化热入里，炼液成痰，痰热互结，闭阻肺络，肺气郁闭，则见发热、咳嗽、气促、鼻煽、痰鸣等。若毒热之邪郁闭于肺，肺热壅盛，灼津耗液，可见高热、咳剧、烦躁、喘促等。肺与大肠相表里，肺失肃降，大肠之气不得下行，则出现腹胀、便秘等腑实证候。若邪热炽盛，内陷厥阴，引动肝风，则出现高热、神昏、抽搐等邪陷厥阴之变证；气为血之帅，若肺气郁闭，影响及心，致血行不畅，脉道涩滞，则出现唇甲紫绀、舌有瘀斑等气滞血瘀证候，甚或心失所养，心气不足，心阳虚衰，而出现面白肢冷，呼吸急促，心烦不安，右胁下痞块增大，脉微欲绝等重危之象。病情严重者，可出现内闭外脱。

至病后期，邪气渐退，正气耗伤，因邪热耗伤肺阴，可见阴虚肺热之证；因于素体虚弱，或久咳伤肺，肺病及脾者，则见肺脾气虚之证。

总之，肺炎喘嗽的病变部位主要在肺脾，亦可内窜心肝。痰热既是病理产物，也是重要的致病因素，其病理机制主要是肺气郁闭。

二、临床诊断

（一）诊断要点

（1）起病较急，有发热、咳嗽、气急、鼻煽、痰鸣等症。

（2）病情严重时，常见喘促不安，烦躁不宁，面色苍白，口唇青紫发绀，或高热不退。

（3）新生儿患肺炎常以不乳、精神委靡、口吐白沫等症状为主，而无上述典型表现。

（4）肺部听诊可闻及固定的中细湿啰音。

（5）X 线检查可见小片状、斑片状阴影，或见不均匀的大片阴影。

（6）实验室检查：①血常规检查，细菌感染引起的肺炎，白细胞总数较高，中性粒细胞增多；若由病毒引起，白细胞总数大多正常或降低。②病原学检查，细菌培养、病毒分离和鉴别，可获得相应的病原学诊断，病原特异性抗原或抗体检测有助于早期诊断。

（二）鉴别诊断

1. 咳嗽　以咳嗽为主症，可见发热，但无气喘、鼻煽。肺部听诊可闻及干啰音或不固定的粗湿啰音。

2. 哮喘　以咳嗽气喘，喉间痰鸣，呼气延长，反复发作为主症，常不发热。肺部听诊以哮鸣音为主。

三、辨证要点

辨常证、变证：常证者，根据病程阶段，病初辨风寒与风热，根据症状、咽红与否及舌脉辨识；极期辨热重、痰重，根据发热高低、喉间痰鸣之轻重、呼吸喘急之程度辨别；后期辨气伤与阴伤，根据感邪的性质、症状、舌脉等进行辨别。

若出现神昏、抽搐或呼吸不利、喘促、唇甲紫绀、胁下痞块增大等证候时属于变证。

四、治疗

以宣肺开闭，化痰平喘为基本治则。若痰多壅盛者，宜降气涤痰；喘憋严重者，治以平喘利气；气滞血瘀者，佐以活血化瘀；壮热炽盛、大便秘结者佐以通腑泻热。出现变证者，或温补心阳，或开窍息风，随证施治。病久肺脾气虚者，宜健脾补肺以扶正为主；阴虚肺燥，余邪留恋，宜养阴润肺化痰，兼清解余邪。

（一）分证论治

1. 常证

（1）风寒闭肺证

证候：恶寒发热，无汗不渴，咳嗽气促，痰稀色白，舌质淡红，苔薄白，脉浮紧。

治法：辛温宣肺，化痰降逆。

主方：三拗汤（《太平惠民和剂局方》）合葱豉汤（《肘后备急方》）加减。

常用药：麻黄、苦杏仁、甘草、荆芥、淡豆豉、前胡、紫苏叶、桔梗、防风。

加减：痰多白黏，苔白腻者，加陈皮、半夏、莱菔子化痰止咳。若寒邪外束，肺有伏热，兼见发热、烦躁者，改用大青龙汤加减（《伤寒论》麻黄、石膏、杏仁、甘草、桂枝、大枣、生姜）表里双解。

中成药：三拗片、通宣理肺口服液（颗粒）、定喘止咳糖浆。

（2）风热闭肺证

证候：发热重，恶寒轻，咳嗽，痰稠色黄，呼吸急促，咽红，舌质红，苔薄白或薄黄，脉浮数，指纹青紫。

治法：辛凉宣肺，降逆化痰。

主方：银翘散（《温病条辨》）合麻杏石甘汤（《伤寒论》）加减。

常用药：麻黄、苦杏仁、生石膏、甘草、金银花、连翘、薄荷、桔梗、牛蒡子。

加减：壮热烦渴者倍用生石膏，加知母清肺泄热；喘息痰鸣者加葶苈子、浙贝母化痰平喘；咽喉红肿疼痛者加射干、蝉蜕清热利咽；口渴者加天花粉、芦根清热生津。

中成药：小儿肺热咳喘口服液、小儿咳喘灵泡腾片（颗粒剂）、金振口服液。

（3）痰热闭肺证

证候：壮热烦躁，喉间痰鸣，痰稠色黄，气促喘憋，鼻煽，或口唇青紫，舌质红，苔黄腻，脉滑数。

治法：清热涤痰，宣肺降逆。

主方：五虎汤（《医宗金鉴》）合葶苈大枣泻肺汤（《金匮要略》）加减。

常用药：麻黄、苦杏仁、生石膏、甘草、儿茶、桑白皮、葶苈子、紫苏子、前胡、黄芩、虎杖。

加减：痰重者加猴枣清热消痰；热甚便干者加大黄、玄明粉清热通腑；痰多者加天竺黄、胆南星清化痰热；唇紫者加丹参、赤芍活血化瘀。

中成药：小儿清热利肺口服液、小儿肺热咳喘口服液、小儿热咳口服液、小儿麻甘颗粒。

（4）毒热闭肺证

证候：高热持续，咳嗽剧烈，气急鼻煽，甚至喘憋，涕泪俱无，鼻孔干燥如煤烟，面赤唇红，烦躁口渴，溲赤便秘，舌质红而干，苔黄而糙，脉滑数。

治法：清热解毒，泻肺开闭。

主方：黄连解毒汤（《肘后备急方》合三拗汤《太平惠民和剂局方》）加减。

常用药：麻黄、苦杏仁、枳壳、黄连、黄芩、栀子、生石膏、知母。

加减：热毒重者加虎杖、蒲公英、重楼清热解毒；便秘腹胀者加大黄、玄明粉通腑泻热；口干鼻燥，涕泪俱无者，加芦根、玄参、麦冬润肺生津；咳重者加浙贝母、款冬花宣肺止咳；烦躁不宁者加淡竹叶、钩藤清心宁神。

中成药：痰热清注射液、喜炎平注射液、炎琥宁注射液。

（5）阴虚肺热证

证候：病程较长，低热盗汗，咳嗽少痰或无痰，口干口渴，面色潮红，舌质红，苔少或花剥，脉细数，指纹紫。

治法：养阴清热，润肺化痰。

主方：沙参麦冬汤（《温病条辨》）加减。

常用药：沙参、麦冬、玉竹、天花粉、桑白皮、款冬花、白扁豆、甘草。

加减：低热不退者加青蒿、地骨皮清虚热；久咳痰黏者加芦根、百部润肺止咳；食少纳差者加山楂、谷芽、石斛消食导滞。

中成药：养阴清肺口服液、槐杞黄颗粒。

（6）肺脾气虚证

证候：低热起伏不定，面色少华，咳嗽无力，痰多，神疲倦怠，动则汗出，纳差便溏，舌质淡，苔薄白或腻，脉细弱无力，指纹淡红。

治法：健脾益气，化痰止咳。

主方：人参五味子汤（《幼幼集成》）加减。

常用药：党参、白术、茯苓、五味子、麦冬、陈皮、半夏、紫菀、甘草。

加减：咳嗽痰多者加莱菔子、瓜蒌皮化痰止咳；大便稀溏者加山药、苍术健脾化湿；食欲不振，腹部胀满者加山楂、六神曲、木香理气醒脾开胃；汗多易感者加黄芪、防风、浮小麦固表止汗。

中成药：玉屏风颗粒（口服液）、童康片。

2. 变证

（1）心阳虚衰证

证候：突然呼吸急促，烦躁不安，面色苍白，口唇发绀，四肢厥冷，胁下痞块，舌质紫暗，苔白，脉微急促。

治法：益气温阳，救逆固脱。

主方：参附龙牡救逆汤（经验方）加减。

常用药：人参、附子、龙骨、牡蛎、白芍、甘草。

加减：若气促，脉数，口唇发绀，四肢不温者，佐加人参大补元气；神疲乏力，唇红舌红，少苔者，加生脉散（《医学启源》人参、麦冬、五味子）益气养阴；胁下痞块，口唇发绀者，加丹参、川芎、红花活血化瘀。

气阳虚衰者亦可用独参汤或参附汤少量频服以救急，还可用参附注射液静脉滴注。若气阴两竭，可加用生脉注射液静脉滴注。

（2）邪陷厥阴证

证候：壮热不退，四肢抽搐，神昏谵语，颈项强直，两目上视，舌质红，苔黄，脉数。

治法：平肝息风，清心开窍。

主方：羚角钩藤汤（《重订通俗伤寒论》）合牛黄清心丸（《痘疹世医心法》）加减。

常用药：羚羊角、钩藤、茯神、生地黄、栀子、黄芩、菊花、浙贝母、白芍、甘草。

加减：壮热不退者加生石膏、水牛角清热凉血；四肢抽搐者加珍珠母、僵蚕、全蝎熄风止痉；高热神昏者合紫雪散（丹）清热开窍；神昏痰多者加胆南星、郁金、天竺黄清热化痰开窍；大便干结者加生大黄清热通腑。

（二）其他疗法

1. 敷贴疗法 大黄粉、芒硝粉，按 4∶1 比例配伍，以清水调成糊状，将上药调好均匀平摊于敷料上，敷在背部肩胛间区及肺部听诊湿啰音密集处。根据不同年龄选择敷药时间，每日 1 次，7 天一疗程，用于肺炎喘嗽风热闭肺证、痰热闭肺证。

2. 拔罐疗法 取穴肩胛骨，每次 5～10 分钟，每日 1 次，5 天一疗程，治疗肺炎后期湿啰音不消失者，一般双侧拔罐；若湿啰音明显局限于单侧，可单独在患侧拔罐。

五、预防调护

（1）保持室内清洁，空气流通，湿度适中，避免空气干燥，有利于痰液咳出。

（2）保持呼吸道通畅，经常拍背翻身，有助于排痰。

（3）给予富有营养的清淡食品，补充足够的水分。

（4）加强皮肤及口腔护理，汗多者要及时更换衣服。

（5）密切观察病情，防止发生变证。

第五节 哮 喘

小儿哮喘是一种以反复发作，喘促气急，喉间痰鸣，呼气延长，严重者不能平卧，甚至呼吸困难，口唇青紫为主要特征的肺系疾病。本病相当于西医学的支气管哮喘。

本病一年四季都可发生，尤以冬春及气候骤变时多见，常在清晨与夜间发作。发病年龄以 1～6 岁为多见，经规范治疗和调护，多数可逐渐痊愈。但若失于防治，喘息持续，难以缓解，可遗患终身。

一、病因病机

哮喘的发病，内因责之于肺、脾、肾不足，痰饮内伏，以及先天禀赋遗传因素；感受外邪、接触异物、饮食不慎、情志失调及劳倦过度等，是哮喘的诱发因素。

1. 内因

（1）正虚痰伏：素体肺、脾、肾不足，导致津液调节失常，水湿停聚，则聚湿生痰，痰饮内伏，形成哮喘反复发作的夙根。

（2）禀赋因素：小儿哮喘多与先天禀赋相关，既往常有奶癣、瘾疹、鼻鼽等病史，常有家族史。

2. 诱发因素

（1）外感六淫：气候突变，感受外邪，肺卫失宣，肺气上逆，触动伏痰，痰气交阻于气道，则发为哮喘。小儿时期的感冒常是引起哮喘发作的主要原因。

（2）接触异物：如吸入花粉、螨、灰尘、烟尘、煤气、油漆、异味、动物毛屑、杀虫粉、棉花籽等。这些异物可由气道或肌肤而入，均犯于肺，触动伏痰，导致肺气上逆，发生哮喘。

（3）饮食不慎：如过食生冷酸咸常使肺脾受损，即“形寒饮冷则伤肺”；如过食肥甘，也常积热蒸痰，使肺气壅塞不利，每能诱发哮喘。

（4）劳倦所伤：哮喘每于过劳或游玩过度而发。劳倦过度耗伤正气，或汗出当风，触冒外邪，引动伏痰，肺气不利而发为哮喘。

（5）情志失调：小儿暴受惊恐，情绪紧张，过度悲伤，所欲不遂，气郁不舒，则气机不畅，气逆于上，引动伏痰，发为哮喘。

以上各种诱因可单独引发哮喘，亦可几种因素相合致病。

本病主要则之于痰饮内伏，遇诱因而发。发作时，则痰随气升，气因痰阻，相互搏结，阻塞气道，宣肃失常，而出现呼吸困难，气喘哮鸣。发作期以邪实为主，表现为痰邪壅肺，形成喉中哮鸣，呼吸急促。由于病因不同，体质差异，病机演变有寒、热之分；若哮喘持续发作，经日持久，或反复多次发作，正气亏虚者，痰壅气喘，动则尤甚，可出现邪实正虚证。缓解期以正虚为主。哮喘反复发作，肺气耗散，久而不复，母病及子，子病又可及母，肺脾气虚，停湿生痰，痰浊上阻，呼吸不利，故本病往往为时发时止，反复不已。另有少数患儿素体阴虚，或者肺热伤阴、过食温热之品伤阴，则致肺肾阴虚，同样可以使哮喘反复发作。

总之，哮喘由素体肺、脾、肾不足，导致痰饮内伏，隐伏于肺，成为哮喘之夙根。诱因引发，痰气交阻，阻塞气道，反复不已。由于本病伏痰难去，外邪难防，发物难明，尤其是素体肺、脾、肾不足的体质状态难于调理，致使哮喘缠绵，难以根治。

二、临床诊断

（一）诊断要点

（1）多有婴儿期湿疹等过敏性疾病史，家族哮喘史。发作多与某些诱发因素有关，如感受外邪、接触致敏物质等。

（2）气喘哮鸣反复发作。发作之前多有喷嚏、咳嗽等先兆症状。发作时喘促、气急、哮鸣、咳嗽，甚者不能平卧、烦躁不安、口唇青紫。

（3）发作时两肺可闻及哮鸣音，以呼气时明显，呼气相延长。如继发感染，可闻及中细湿啰音。

（4）血常规检查可见嗜酸粒细胞增高，血清 IgE 增高，肺功能检查气道阻力增加，或支气管激发试验阳性、支气管舒张试验阳性。

（二）鉴别诊断

1. 咳嗽　以咳嗽为主要症状，无明显喘促，肺部听诊两肺呼吸音粗糙，或有少量散在干啰音。

2. 肺炎喘嗽　以发热、咳嗽、痰壅、喘促、鼻煽为主要临床特征，常继发于感冒或其他疾病之后，无突发突止的特点及反复发作的病史。肺部听诊有细湿啰音。

三、辨证要点

1. 发作期辨寒热虚实　哮喘发作痰白清稀或泡沫痰，伴形寒肢冷，或伴风寒表证者，多属寒证；哮喘发作痰黄质稠难咳，伴心烦便秘，面赤唇红者，多属热证；哮作喘咳痰涌，声高息粗，或新病初起者，多属实证；哮喘久发不止，咳喘息微，气短难续者，多属虚实夹杂。

2. 缓解期辨脏腑　自汗出，反复感冒，痰多、便溏，属肺脾气虚；食少便溏，动则气短，面白肢冷，则属脾肾阳虚；面色潮红，消瘦气短，干咳少痰，舌红少苔，脉细数，属肺肾阴虚。

四、治疗

应坚持长期、规范、个体化的治疗原则，按发作期和缓解期分别施治。发作期当攻邪以治其标，分辨寒热虚实而随证施治。若虚实兼见、寒热并存者，治疗时又应兼顾。缓解期当扶正以治其本，以补肺固表，补脾益肾为主，调整脏腑功能，去除生痰之因。

（一）分证论治

1. 发作期

（1）寒性哮喘

证候：咳嗽气促，喉间哮鸣，咳痰清稀，鼻流清涕，鼻塞喷嚏，面色淡白，舌质淡红，苔白，

脉浮紧，指纹红。

治法：温肺散寒，化痰定喘。

主方：小青龙汤（《伤寒论》）加减。

常用药：麻黄、桂枝、细辛、干姜、半夏、五味子、白芍、甘草。

加减：咳嗽甚者加紫菀、款冬花化痰止咳；哮吼甚者加射干、地龙祛痰解痉；喘促甚者加代赭石降逆平喘。若表寒不甚，寒饮阻肺者，可用射干麻黄汤加减（《金匮要略》射干、麻黄、生姜、细辛、紫菀、款冬花、半夏、五味子、大枣）宣肺祛痰，下气止咳。

中成药：小青龙口服液、桂龙咳喘宁颗粒、止咳丸。

（2）热性哮喘

证候：咳嗽喘促，声高息涌，喉间痰吼哮鸣，咳痰黄稠，发热面红，烦躁口渴，大便干结，小便黄少，舌质红，苔黄或黄腻，脉滑数，指纹紫。

治法：清肺化痰，降气平喘。

主方：麻杏甘石汤（《伤寒论》）合苏葶丸（《医宗金鉴》）加减。

常用药：麻黄、生石膏、苦杏仁、桑白皮、葶苈子、紫苏子、射干、瓜蒌、甘草。

加减：喘急者加地龙、僵蚕清热解痉；痰多者加胆南星、竹沥涤痰平喘；咳甚者加百部、款冬花豁痰降气；热重者加栀子、黄芩清热解毒；便秘者加瓜蒌子、大黄降逆能腑。若表证不著，喘息咳嗽，痰鸣，痰色微黄者，可选用定喘汤加减（《摄生众妙方》麻黄、杏仁、桑白皮、黄芩、半夏、苏子、款冬花、白果、甘草）宣降肺气，清热化痰。

中成药：小儿清热利肺口服液、小儿肺热咳喘口服液、鹭鸶咳丸。

（3）寒热错杂证

证候：喘促气急，咳嗽哮鸣，鼻塞清涕，咳痰黏稠色黄，口渴，小便黄赤，大便干结，咽红，舌质红，苔薄白或薄黄。

治法：散寒清热，降气平喘。

主方：大青龙汤（《伤寒论》）加减。

常用药：麻黄、桂枝、白芍、细辛、五味子、半夏、生石膏、黄芩、葶苈子、紫苏子。

加减：热重者加栀子、桑白皮、虎杖清肺热；咳嗽重者加前胡、款冬花止咳平喘；喘促甚者加射干、地龙降逆平喘；痰热重者加黛蛤散、竹沥清热化痰。

中成药：儿童清肺口服液。

（4）虚实夹杂证

证候：病程较长，哮喘持续不已，喘促胸闷，动则喘甚，咳嗽痰多，喉中痰吼，面色少华，畏寒肢冷，神疲纳呆，小便清长，舌质淡，苔薄白或白腻，脉细弱，指纹淡滞。

治法：泻肺平喘，补肾纳气。

主方：射干麻黄汤（《金匮要略》）合都气丸（《症因脉治》）加减。

常用药：射干、蜜麻黄、半夏、五味子、细辛、款冬花、熟地黄、山茱萸、山药、补骨脂。

加减：动则气喘者加紫石英、诃子摄纳补肾；畏寒肢冷者加附子、淫羊藿温肾散寒；畏寒腹满者加椒目、厚朴温中除满；发热咳痰黄稠者加黄芩、冬瓜子、金荞麦清泄肺热。

中成药：苏子降气丸。

2. 缓解期

（1）肺脾气虚证

证候：面白少华，气短自汗，咳嗽无力，神疲懒言，形瘦纳差，大便溏薄，易于感冒，舌质淡，苔薄白，脉细，指纹淡。

治法：补肺固表，健脾益气。

主方：玉屏风散（《医方类聚》）合人参五味子汤（《幼幼集成》）加减。

常用药：黄芪、党参、茯苓、白术、半夏、五味子、防风、炙甘草。

加减：气虚甚者加太子参、黄精益气养阴；汗出多者加煅龙骨、煅牡蛎、糯稻根固涩止汗；食纳减少者加山楂开胃消食；便溏者加山药、白扁豆益气键脾。

中成药：玉屏风口服液（颗粒）、蛤蚧定喘丸。

（2）脾肾阳虚证

证候：面色苍白，形寒肢冷，动则喘咳，气短心悸，脚软无力，腹胀纳差，大便溏薄，小便清长，舌质淡，苔薄白，脉细弱，指纹淡。

治法：温补脾肾，纳气培元。

主方：金匮肾气丸（《金匮要略》）加减。

常用药：附子、肉桂、山茱萸、熟地黄、山药、淫羊藿、茯苓、白术、核桃仁、五味子。

加减：虚喘明显者加蛤蚧、冬虫夏草补肾纳气；咳甚者加款冬花、紫菀止咳化痰；夜尿多者加益智仁、菟丝子、补骨脂补肾固摄。

中成药：固本咳喘片。

（3）肺肾阴虚证

证候：面色潮红，夜间盗汗，消瘦气短，手足心热，干咳少痰，喘促乏力，舌质红，苔花剥，脉细数，指纹淡红。

治法：补肾敛肺，养阴纳气。

主方：麦味地黄丸（《寿世保元》）加减。

常用药：麦冬、五味子、熟地黄、山茱萸、山药、枸杞子、百合、沙参、紫河车、牡丹皮。

加减：阴虚盗汗者加知母、黄柏育阴清热；呛咳不爽者加百部、款冬花润肺止咳；潮热者加鳖甲、地骨皮清虚热。

中成药：黄龙止咳颗粒、六味地黄丸。

（二）其他疗法

1. 针灸疗法

（1）体针：取肺俞、大椎、风门、定喘。外感配合谷，咳嗽痰多者，配膻中、丰隆。发作期每日 1 次，喘平后隔日 1 次，10 次一疗程。取大椎、肺俞、足三里、肾俞、关元、脾俞。每次取 3～4 穴，针刺加灸，隔日 1 次。在好发季节前作预防性治疗。

（2）耳针：选喘点、内分泌、交感、肺、肾，用于哮喘发作期。

2. 外治疗法　白芥子、延胡索、甘遂、细辛，共研细末，加生姜汁调膏，分别贴在肺俞、心俞、膈俞、膻中穴，适用于哮喘缓解期。每年夏季三伏及冬季三九贴敷，疗效尤佳。

五、预防调护

（1）居室宜空气流通，保证适宜温度及湿度，阳光充足。避免受凉，防止感冒，在气候多变时，注意预防呼吸道感染。积极治疗和清除感染病灶。

（2）饮食宜清淡而富有营养，忌食生冷、油腻、辛辣、过酸过甜及虾蟹等。避免接触过敏原，如花粉、含添加剂的食物等；避免各种诱发因素，如被动吸烟、漆味，饮用冰冷饮料等。

（3）避免剧烈运动、过劳及精神情绪方面的刺激。

（4）发作时注意观察呼吸、脉象等变化。

第六节　反复呼吸道感染

一年内发生上、下呼吸道感染的次数，超出正常范围即称为反复呼吸道感染。上呼吸道感染包括鼻炎、咽炎、扁桃体炎；下呼吸道感染为支气管炎、毛细支气管炎及肺炎等疾病。

本病多见于6个月～6岁的小儿，其中1～3岁的幼儿发病率最高。冬春气温变化剧烈时患病人数较多，夏天有自然缓解的趋势。若反复感染日久不愈，可影响小儿的生长发育与身心健康。古代医籍中称本病为“自汗易感”，近年来通常称该小儿为“易感儿”或“复感儿”。

一、病因病机

本病病因包括禀赋不足、喂养不当、调护失宜、素禀体热等。病机责之于虚实两端：虚为正气不足，卫外不固；实为邪热内伏，遇感乃发。

1. 禀赋不足，体质柔弱　如父母体弱多病或妊娠时患病，或早产、多胎、胎气孱弱，生后腠理疏松，肌肤娇嫩，不耐四时邪气，感邪即病。

2. 喂养不当，脾胃受损　母乳不足或人工喂养、辅食添加不当或偏食、厌食，饮食精微摄取不足，脾胃虚弱，土不生金，肺脾气虚，易遭外邪侵袭；或恣食生冷寒凉、肥甘厚腻之品，伤其脾胃，损伤正气，致外邪易侵。

3. 调护失宜，不耐寒热　患儿缺乏户外活动，日照不足，肌肤柔弱，卫外不固，一旦气候突变，感冒随即发生。

4. 素禀体热，遇感乃发　平素嗜食肥甘厚腻、辛辣炙煿之品致肺胃蕴热或胃肠积热，或热病后余邪未清，亦有久居湿地，湿热内蕴者。患儿素体热盛，一旦外邪侵袭，新感易受，留邪内发。

总之，本病的发病有虚实之分：虚者主要责之于肺、脾、肾之气阴亏损，致使正气不足，卫外不固，加之喂养不当、调护失宜，一旦六淫之邪侵袭即可发病。实者主要责之于肺胃，为平素嗜食辛辣肥甘厚腻或热病余邪未清，邪热留伏于肺胃，或积于胃肠，若遇外邪侵袭，则易见外寒内热之证。若反复呼吸道感染久病不愈，正气愈损，患儿抵抗力更加下降，则易变生他病。

二、临床诊断

（一）诊断要点

根据年龄、潜在的原因及部位不同，将反复呼吸道感染分为反复上呼吸道感染和反复下呼吸道感染，后者又可分为反复气管支气管炎和反复肺炎。根据2007年中华医学会儿科学分会呼吸学组制订的判断条件，见表2-1。

表2-1　反复呼吸道感染判断条件

年龄（岁）	反复上呼吸道感染（次/年）	反复下呼吸道感染（次/年）	
		反复气管支气管炎	反复肺炎
0～2	7	3	2
2^{+}～5	6	2	2
5^{+}～14	5	2	2

注：①两次感染间隔时间至少7天以上。②若上呼吸道感染次数不够，可以将上、下呼吸道感染次数相加，反之则不能。但若反复感染是以下呼吸道为主，则应定义为反复下呼吸道感染。③确定次数需连续观察1年。④反复肺炎是指1年内反复患肺炎2次，肺炎需由肺部体征和影像学证实，两次肺炎诊断期间肺炎体征和影像学改变应完全消失。

（二）鉴别诊断

变应性鼻炎：即过敏性鼻炎，临床以反复发作的鼻塞、喷嚏、流涕为主要特征，与感冒相似，可伴鼻、眼痒等过敏现象。与接触过敏原有关，患儿常有过敏体质及家族史，用抗过敏药可控制症状。

三、辨证要点

1. 辨虚实 若患儿形体瘦弱，常见多汗、气短、倦怠、乏力、纳差、生长发育迟缓等症者，多属虚证；若体质壮实，平素嗜食肥甘厚腻，常见咽微红、口臭或口舌易生疮、大便偏干者，多属实证。

2. 辨脏腑 正虚者，以肺、脾、肾之气阴虚损为主。若自汗、气弱、气短懒言者多为肺虚；面黄少华、厌食少食、倦怠乏力者多属脾虚；生长发育迟缓、骨骼不坚甚至畸形者常为肾虚。偏气虚者面色苍白，气短懒言，语声低微，舌淡嫩，边有齿痕，脉细无力。偏阴虚者，手足心热或低热，盗汗，咽干，舌红，少苔，脉细数。邪实者，以肺胃实热证居多，常见咽微红，口臭或口舌易生疮，大便干等症状；若口臭、便干、腹胀、苔厚者多属胃肠积热。

四、治疗

本病以虚证为主，故治疗以补虚为要；若属实证者，以清泻肺胃为主。

（一）分证论治

（1）肺脾气虚证

证候：反复外感，气短，多汗，唇口色淡，面黄少华，纳呆食少，大便不调，舌质淡红，脉细无力，指纹淡。

治法：健脾补肺。

主方：玉屏风散（《医方类聚》）加味。

常用药：黄芪、白术、防风、党参、山药、煅牡蛎、陈皮。

加减：汗多者加五味子、浮小麦固表止汗；纳呆食少者加鸡内金、焦山楂开胃消食：大便溏者加薏苡仁、茯苓健脾化湿。

中成药：玉屏风颗粒（口服液、胶囊）、童康片、芪斛楂颗粒、复芪止汗颗粒。

（2）气阴两虚证

证候：反复外感，手足心热，或低热，盗汗，口干，神疲乏力，纳呆食少，大便偏干，舌质红，苔少或花剥，脉细无力，指纹淡红。

治法：益气养阴。

主方：生脉散（《医学启源》）加味。

常用药：太子参、麦冬、五味子、白术、茯苓、牡蛎、鸡内金。

加减：偏气虚者加黄芪补气固表；纳呆者加砂仁、谷芽开胃消食；汗多者加浮小麦、糯稻根固表止汗；口干者加天花粉、石斛清热生津；手足心灼热或低热者加地骨皮、牡丹皮清透虚热；大便偏干者加柏子仁、瓜蒌子润肠通便。

中成药：槐杞黄颗粒、虚汗停颗粒等。

（3）肺胃实热证

证候：反复外感，咽微红，口臭、口舌易生疮，汗多而黏，夜寐欠安，大便干，舌质红，苔黄，脉滑数。

治法：清泻肺胃。

主方：凉膈散（《太平惠民和剂局方》）加减。

常用药：连翘、淡豆豉、黄芩、牛蒡子、薄荷、生石膏、大黄、淡竹叶、芦根、甘草。

加减：咽微红者加胖大海、金果榄清热利咽；扁桃体肿大者加赤芍、玄参利咽活血消肿；口舌生疮者加栀子、通草清心火；舌苔厚者加焦山楂、鸡内金开胃消食。

中成药：清降片。

（二）其他疗法

1. 推拿疗法 掐商阳，揉太阳，揉耳后高骨，推攒竹，推坎宫，推三关，配合捏脊疗法，每日1次，每周治疗5日，疗程1个月。

2. 穴位贴敷 以清代医家张璐白芥子散（白芥子、延胡索、甘遂、细辛）为基础方，加生姜汁调膏，分别摊在7块直径为2cm的油纸上，贴敷双侧肺俞、膏肓、定喘及天突或膻中穴，时间2～4小时，如局部有烧灼感，可提前取下。

3. 中药香佩 选用苍术、肉桂、防风、冰片、薄荷脑等中药配置成的香袋在冬春季节或呼吸道感染流行季节进行佩戴。6个月～2岁小儿日间可将香袋固定于身上，2～14岁儿童日间可将香袋固定于胸前（近膻中穴），夜间不佩戴，建议将香袋置于枕边。香袋内药物的更换频率为5～10日，可连续佩戴香袋1～3个月，并根据疾病流行情况适当调整。

五、预防调护

（1）感冒流行期间不去公共场所。注意环境及个人卫生，室内空气要流通，经常户外活动，随时更换衣服，逐渐适应气候变化，避免过冷过热。

（2）出汗较多时，用干毛巾擦干，勿吹风着凉，洗澡时尤应注意。

（3）养成良好的生活习惯，保证充足的睡眠。

（4）积极防治各种慢性病，如维生素D缺乏性佝偻病、营养不良、贫血等。

（5）按时预防接种，增强机体抗病能力。

第三章 脾系病证

第一节 鹅口疮

鹅口疮是以口腔、舌上满布白屑为主要临床特征的一种口腔疾病。因其状如鹅口，故称鹅口疮；因其色白如雪片，故又名雪口。

本病一年四季均可发生，多见于初生儿、营养不良及泄泻儿、长期使用抗生素或类固醇激素的患儿。初生儿多由产道感染或因哺乳时乳头不洁及乳具污染所致。现代研究表明，本病系感染白色念珠菌所致。轻证预后良好，少数重证白屑可蔓延至鼻腔、咽喉及气道，影响呼吸，甚或危及生命。

一、病因病机

鹅口疮的发病，可由胎热内蕴，口腔不洁，感受秽毒之邪所致。其主要病变在心脾，因舌为心之苗，口为脾之窍，脾脉络于舌，若感受秽毒之邪，循经上炎，则发为口舌白屑之症。本病首见于《诸病源候论•鹅口疮》“小儿初生白屑起，乃至舌上生疮，如鹅口里，世谓之鹅口”。《外科正宗•鹅口疮》说：“鹅口疮皆心脾二经胎热上攻，致满口皆生白斑雪片，甚则咽间叠叠肿起，致难乳哺，多生啼叫。”

1. 心脾积热 可因孕妇素体积热，胎热内蕴遗患胎儿，或因出生后不注意口腔清洁，黏膜破损，为秽毒之邪所侵。秽毒积热蕴于心脾，熏灼口舌，故出现鹅口疮实证证候。

2. 虚火上炎 多由胎禀不足，肾阴亏虚；也有因病后失调，久病体虚，或久泻久利，津液大伤，脾虚及肾，气阴内耗。阴虚水不制火，虚火循经上炎，而致发生鹅口疮虚证证候。

二、临床诊断

（一）诊断要点

（1）多见于新生儿，营养不良及泄泻婴幼儿，或长期使用抗生素、激素的患儿。

（2）舌上、颊内、牙龈或上颚散布白屑，可融合成片不易拭去。如强行剥落后，可见充血、糜烂创面。重者可向咽喉处蔓延，影响吸奶与呼吸，偶可累及食管、肠道、气管等。

（3）根据发病年龄、病史及口腔乳凝块样白膜，多可确诊。诊断困难者，可取少许白膜涂片，加10%氢氧化钠溶液1滴，在显微镜下见到白色念珠菌孢子和菌丝即可确诊。

（二）鉴别诊断

1. 白喉 是一种传染病。白喉假膜多起于扁桃体，渐次蔓延于咽或鼻腔等处，其色灰白，不易擦去，若强力擦去，每致出血。多有发热、喉痛、疲乏等症状，若治疗不及时可因喉梗阻呼吸困难而危及生命。

2. 残留奶块 其状与鹅口疮相似，但以温开水或棉签轻拭，即可除去奶块。

三、辨证要点

辨虚实：主要根据病程长短、白屑多少，结合全身症状，辨别其虚实。实证一般病程短，口腔白屑堆积，周围焮红，疼痛哭闹，尿赤便秘；虚证多病程较长，口腔白屑较少，周围不红，疼痛不著，大便稀溏，食欲不振，或形体瘦弱等。

四、治疗

根据虚实辨证，实则清泄心脾积热；虚则滋肾养阴降火。本病在口腔局部，外治与内服治疗同样重要，轻者仅予外治法即可。

（一）分证论治

（1）心脾积热证

证候：口腔满布白屑，周围黏膜焮红，烦躁不安或啼哭，口干口臭或口渴，呛奶或呕吐，纳呆，或伴发热、面赤，唇红，大便干结，小便黄赤，舌红，苔薄黄或腻，脉滑数，指纹紫滞。

治法：清心泻脾，泻火清疮。

主方：清热泻脾散（《医宗金鉴》）加减。

常用药：黄连、栀子、黄芩、石膏、生地黄、竹叶、灯心草、甘草。

加减：大便秘结者，加大黄通腑泄热；口干喜饮者，加石斛、玉竹养阴生津。湿热重，舌红苔黄厚腻者，加藿香、佩兰、滑石清热化湿。

中成药：黄栀花口服液、健儿清解液、小儿化毒散。

（2）虚火上炎证

证候：口腔内白屑散在，周围黏膜红晕不著，形体瘦弱，颧红盗汗，手足心热，口干不渴，舌红苔少，脉细，指纹淡紫。

治法：滋阴降火，泻火清疮。

主方：知柏地黄丸（《医宗金鉴》）加减。

常用药：知母、黄柏、熟地黄、山茱萸、山药、茯苓、牡丹皮、泽泻。

加减：食欲不振者，加乌梅、木瓜、生麦芽滋养脾胃；便秘者，加火麻仁润肠通腑。久病反复，虚火上炎，少佐肉桂以引火归元。

中成药：知柏地黄丸。

（二）其他疗法

1. 药物外治

（1）心脾积热证：冰硼散、青黛散、珠黄散，选用一种。每次适量，涂敷患处，每日3次。或选用西瓜霜，每次适量，喷、吹或敷于患处，每日3次；重证者兼内服，1～2g，每日3次。

（2）虚火上炎证：锡类散，每次适量，涂敷患处，每日2次。亦可选用吴茱萸适量，捣碎，调敷涌泉穴，临睡前固定，翌日晨起除去，每日1次，3次为一疗程。

2. 西医疗法

（1）2%碳酸氢钠溶液于哺乳前后清洗口腔。

（2）制霉菌素甘油涂患处，每日3～4次。

（3）适当服用维生素 B_2 和维生素C。

五、预防调护

（1）孕妇注意个人卫生，患阴道霉菌病者要及时治愈。

（2）注意口腔清洁，婴儿奶具要消毒。

（3）避免过烫、过硬或刺激性食物，防止损伤口腔黏膜。

（4）注意患儿营养，积极治疗原发病。使用抗生素或肾上腺皮质激素者，尽可能暂停使用。

（5）母乳喂养时，应用冷开水清洗乳头，喂奶后给服少量温开水，清洁婴儿口腔。

（6）用银花甘草水轻轻搽洗患儿口腔，每日 3 次。

（7）保持大便通畅，大便干结者，适当食用水果及麻油。

（8）注意观察口腔黏膜白屑变化，如发现患儿吞咽或呼吸困难，应立即处理。

第二节 口 疮

口疮以两颊、齿龈、舌体、上颚等处出现黄白色溃疡，疼痛流涎，或伴发热、周身不适为特征。若满口靡烂，色红疼痛者，称为口糜；溃疡发生在口唇两侧者，称为燕口疮。口疮之名，最早见于《素问·气交变大论》“岁金不及，炎火乃行，生气乃用，长气专胜，庶物以茂，燥烁以行……民病口疮，甚则心痛”，指出口疮发病与火热之邪上攻有关。本病属于西医学口炎范畴，包括溃疡性口腔炎、疱疹性口腔炎、口角炎等。

本病一年四季均可发病。发病年龄以 2～4 岁为多见。一般预后良好，若体质虚弱，则口疮可反复出现，迁延难愈。

一、病因病机

小儿口疮发生的原因有内因和外因之分，内因责之于素体积热或阴虚，外因责之于感受外邪。其发病与风热乘脾、心脾积热上熏，或阴虚火旺上攻口舌有关。因脾开窍于口、舌为心之苗、肾脉连舌本、胃经络齿龈，故本病病位在心、脾胃、肾，病机关键是火邪灼伤口舌。

1. 风热乘脾 外感风热邪毒，由口鼻及肌表侵入，首先犯于肺卫，继则内侵脾胃，脾开窍于口，火热循经上炎，熏灼口舌牙龈，故口腔黏膜破溃，形成口疮。

2. 心脾积热 婴儿胎禀有热，护养过温或喂养不当，恣食辛辣炙煿，蕴而生热，热郁化火，火蕴心脾，循经上炎；或由口腔不洁和破损，秽毒内侵，内热与外邪相合，均可致邪热积于心脾，循经上炎而致口舌生疮。

3. 虚火上炎 素体虚弱，气阴两虚；或久病久泻，病后体虚，阴液亏耗，久而肾阴不足，水不制火，虚火上炎，熏灼口舌而生疮。

二、临床诊断

（一）诊断要点

（1）有喂养不当，过食炙煿，或外感发热的病史。

（2）齿龈、舌体、两颊、上颚等处出现黄白色溃疡点，大小不等，甚则满口糜腐，疼痛流涎，可伴发热或颌下淋巴结肿大、疼痛。

（二）鉴别诊断

1. 鹅口疮 是由白色念珠菌引起的口腔黏膜疾病，多发生于初生儿或久病体弱或过用抗生素的婴幼儿。以口腔及舌上、齿龈等处满布白屑，周围有红晕为特点。一般无疼痛及流涎。

2. 手足口病 是由病毒感染引起的时行疾病，多见于 4 岁以下小儿，夏秋季节流行。以发热，口腔黏膜疱疹、溃疡，伴手、足、臀部皮肤斑丘疹、疱疹为特征，疼痛拒食。

三、辨证要点

1. 辨虚实 凡起病急，病程短，口腔溃烂及疼痛较重，局部有灼热感，口臭流涎，或伴发热、烦躁，哭闹拒食等症状者，多为实证；起病缓，病程长，反复发作，口腔溃烂及疼痛较轻者，或伴低热，颧红盗汗，或神疲、面白、纳呆、便溏等症状者，多为虚证。

2. 辨脏腑 实证病位多在心脾，虚证病位多在肾。若口疮见于舌上、舌边溃烂，并伴有烦躁哭闹、夜眠不安、尿短赤者，多属心；若口疮发生于口颊部、上颚、齿龈、口角，以溃烂为主，并伴有口臭、流涎、大便秘结者，多属脾胃；若口疮周围颜色淡红，稀疏散发，疼痛较轻，迁延不愈，并伴有颧红体倦，虚烦不寐者，多属肾。

四、治疗

口疮的治疗，实证治以清热解毒，泻心脾积热；虚证治以滋阴降火，引火归原。本病可同时使用口腔局部外治法，轻证者单用外治法即可见效，重症者则应以内治法为主，配合外治法治疗。

（一）分证论治

（1）风热乘脾证

证候：口腔溃疡较多，或满口糜烂，周围焮红，灼热疼痛，流涎拒食，烦躁多啼，口臭，大便秘结，小便短赤，发热恶风，或咽红肿痛，舌质红，苔薄黄，脉浮数，指纹浮紫。

治法：疏风散火，清热解毒。

主方：银翘散（《温病条辨》）加减。

常用药：金银花、连翘、板蓝根、薄荷、牛蒡子、竹叶、芦根、甘草。

加减：发热不退者，加柴胡、栀子清热泻火；咽喉红肿疼痛者，加贯众、射干解毒利咽；疮面色黄糜烂者，加黄连、薏苡仁清热利湿；口臭便秘者，加生大黄、槟榔通腑泻火。

中成药：蒲地蓝消炎口服液、小儿豉翘清热颗粒、小儿咽扁颗粒。

（2）心火上炎证

证候：口腔溃疡或糜烂，以舌边尖为多，红肿灼热，疼痛较重，心烦不宁，叫扰啼哭，面赤唇红，口干欲饮，进食困难，小便短黄，舌边尖红，苔薄黄，脉细数，指纹紫滞。

治法：清心凉血，泻火解毒。

主方：泻心导赤散（《医宗金鉴》）加减。

常用药：黄连、生地黄、竹叶、通草、甘草。

加减：尿少者，加车前子、六一散利尿泄热；口渴甚者，加天花粉、芦根清热生津；大便秘结者，加生大黄、枳实通腑泻火；热毒重者，加黄芩、栀子清热解毒。

中成药：小儿化毒散。

（3）脾胃积热证

证候：颊内、上颚、唇角、齿龈等处黏膜出现破损溃烂，色白或黄，呈圆形或椭圆形，溃疡较深，大小不一，有的融合成片，甚则满口糜烂，边缘鲜红，灼热疼痛，饮食困难，口臭，涎多黏稠，可兼发热，面赤唇红，烦闹不安，小便短赤，大便秘结，舌质红，舌苔黄，脉数，指纹紫滞。

治法：清胃解毒，通腑泻火。

主方：凉膈散（《太平惠民和剂局方》）加减。

常用药：黄芩、连翘、栀子、生大黄、芒硝、竹叶、薄荷、甘草。

加减：口干渴者，加天花粉、芦根清热生津；烦躁者，加石膏、郁金清热除烦；口臭涎多，舌苔厚腻，湿热重者，加石菖蒲、滑石、佩兰清化湿热；溃疡满布黄色渗出物者，加金银花、蒲公英清热解毒；黏膜红赤、疼痛重者，加地黄、牡丹皮凉血护阴；食积内停，脘腹胀满者，加焦山楂、炒麦芽、枳实理气运脾。

中成药：健儿清解液、黄栀花口服液、小儿导赤丸。

（4）虚火上炎证

证候：口腔溃烂，稀散色淡，无疼痛或微痛，反复发作或迁延不愈，神疲颧红，手足心热，口干不渴，舌质红，舌苔少或花剥，脉细数，指纹淡紫。

治法：滋阴降火，解毒清疮。

主方：六味地黄丸（《小儿药证直诀》）加减。

常用药：熟地黄、山茱萸、山药、茯苓、牡丹皮、泽泻、肉桂。

加减：热病伤阴，口干者，加麦冬、玄参、乌梅养阴生津；低热或五心烦热者，加地骨皮、白薇清热除烦；颧红盗汗，骨蒸潮热者，加知母、黄柏养阴清火；若脾肾阳虚，大便溏薄，可用理中汤加肉桂温补脾肾，引火归原；经久不愈，溃烂久不收口者，酌加儿茶、五倍子收敛生肌。

中成药：锡类散（外用）、六味地黄丸、知柏地黄丸。

（二）其他疗法

1. 药物外治

（1）风热乘脾证：青黛散、西瓜霜含片、冰硼散、双料喉风散适量涂敷患处，每日 3 次。

（2）心火上炎证：冰硼散适量涂敷患处，每日 3 次。

（3）脾胃积热证：口腔炎喷雾剂，每次向口腔内挤喷药液适量，每日 3～4 次。

（4）虚火上炎证：吴茱萸 15～30g，捣碎，醋调敷涌泉穴，临睡前固定，翌晨去除，每日 1 次，3 次为一疗程。

2. 推拿疗法

（1）风热乘脾证：推天椎骨，揉天突，清胃，清板门。发热者加退六腑，水底捞月，揉二扇门。

（2）心火上炎证：清心平肝，清天河水，清小肠，捣小天心。

（3）脾胃积热证：清胃，清板门，退六腑，清大肠，清天河水。腹胀者加分腹阴阳、摩腹；便秘者加推下七节骨。

（4）虚火上炎证：补肾，揉二马，分手阴阳，清天河水，推涌泉穴。

五、预防调护

（1）注意饮食卫生，保持口腔清洁，注意口腔外周皮肤卫生，保持皮肤干燥。

（2）注意休息，多饮水，多食新鲜蔬菜和水果，饮食宜清淡，温度适宜，忌食辛辣刺激、粗硬食品。

（3）清洁小儿口腔时，动作宜轻柔，避免损伤口腔黏膜。

（4）适当加强身体锻炼，增强体质，避免感染。

第三节　胃 脘 痛

胃脘痛是小儿时期常见的脾系疾病之一，临床以胃脘部疼痛为主要症状，可伴有腹胀、恶心呕吐、厌食、泛酸等症。胃脘痛的记载首见于《素问·五常政大论》。西医学的急慢性胃炎、胃及十二指肠溃疡、胃黏膜脱垂、胃痉挛、胃神经官能症、十二指肠炎、胰腺炎等与本病相似。

本病一年四季均可发病，尤以学龄儿童多见。本病预后大多良好，仅少数患儿因失治误治，病情迁延，损伤胃络而致呕血、便血，甚至胃穿孔等。

一、病因病机

小儿脾胃薄弱，经脉未盛，易为各种病邪所侵扰。胃脘痛的致病因素有内因和外因之分，外因主要为感受外邪，其中以风寒外感最为常见。内因主要为饮食不节、情志失调、脾胃虚弱。

本病的病位主要在胃，与脾、肝两脏密切相关。病机关键为胃失和降，气机壅滞。胃主受纳腐熟水谷，以和降为顺；脾主水谷精微运化转输，以上升为常。两者同居腹内，以膜相连，一脏一腑，互为表里，共主升降，故胃病多涉于脾，脾病也可及于胃。肝属木，为刚脏，喜条达，主疏泄，其与胃是木土乘克的关系，故上述原因，皆能引起胃之受纳腐熟功能失常，胃失和降，而发生疼痛。

1. 寒凝气滞　小儿寒温不知自调，若护理不当，衣被单薄，腹部为风冷寒气所侵，客于胃肠之间，寒性收引，气机不利；或过食冷饮、生冷瓜果，寒邪凝聚于胃，寒为阴邪，易伤阳气，久则中阳不振，气机凝滞，则胃气失和，而致胃脘作痛。

2. 饮食积滞　小儿脾常不足，乳食不知自节，若喂养不当或饮食不节，或暴饮暴食，饮食过量，损伤脾胃，致食积不化，停滞胃脘，胃络受阻，气机不通，食滞气壅，发为胃脘痛。

3. 湿热中阻　脾喜燥而恶湿，若过食肥甘辛辣油炸之品或高热量的食物，或夏秋季节冒暑受湿，暑湿秽浊之气内犯脾胃，致湿热阻滞中焦，灼扰胃腑，则脘闷灼痛。

4. 肝胃不和　小儿肝常有余，神气怯弱，易受惊吓。若情志违和，忧思恼怒，暴受惊恐，则气郁伤肝，肝木失于疏泄，横逆乘脾犯胃，致脾胃纳运受制，气机阻滞而引起胃脘胀痛。日久还可导致瘀血内停，壅塞胃络，而致胃脘反复疼痛。

5. 脾胃虚寒　小儿脾胃薄弱，若先天禀赋不足，或后天调护失宜，脾阳素虚；或寒湿内停，脾阳受损，或过用寒凉药物，损伤脾阳，致阳气不振，胃络失于温养，气机不畅，则胃脘隐隐作痛。

6. 胃阴不足　胃喜润恶燥。小儿阴常不足，若患儿素体胃阴不足，或热病伤阴，胃阴受损，或经常食用辛辣炙烤食物消烁胃阴，均可导致胃阴虚脉络失于濡养，则致胃脘隐隐作痛。

二、临床诊断

（一）诊断要点

（1）发病常与饮食不节、情志不畅、感受寒邪等有关。

（2）以胃脘部疼痛为主症。

（3）常伴痞闷或胀满、嗳气、泛酸、嘈杂、恶心呕吐等症。

（4）辅助检查：上消化道钡餐X线检查、纤维胃镜及组织病理活检等，可见胃、十二指肠黏膜炎症、溃疡等病变。胃黏膜组织切片染色与培养、尿素酶试验、血清抗幽门螺旋杆菌（Hp）抗体检测、核素（同位素 ^{13}C）标记尿素呼吸试验可进行Hp检测。大便或呕吐物潜血试验阳性者，提示并发消化道出血。B 超、肝功能、胆道 X 线造影有助于鉴别诊断。

（二）鉴别诊断

1. 腹痛 胃脘痛与腹痛的鉴别，主要是病位不同。胃脘痛痛在胃脘部位。腹痛病位在胃脘以下、脐之四旁，或耻骨以上整个腹部，包括大腹痛、脐腹痛、小腹痛和少腹痛。胃腑位于腹中，与肠相连，常常胃痛影响及腹，或腹痛牵连于胃，两者病因病机亦有类似之处，临床上往往两者兼见，故又有心腹痛之称，加之儿童常不能正确表达疼痛的部位，所以要详细检查，根据具体证候孰轻孰重仔细辨证，进行诊断和鉴别诊断。

2. 心痛 在古代文献中，常将胃脘痛与心痛混称，其实两者既有部位之别，且疼痛的性质、程度与疾病的预后也大不相同。心痛在小儿发生较少，其病位在胸中，疼痛急且如刀割，痛彻胸背，发时心悸、憋闷，患者常有濒死感，一般病情较重，特别是“真心痛”，其疼痛持续不已者，每每“夕发旦死，旦发夕死”。

3. 常见胃脘痛疾病鉴别 慢性胃炎胃脘痛易反复发作、无规律性，经常出现于进食过程中或餐后，胃镜检查可见黏膜广泛充血、水肿、糜烂、出血，Hp 检出率较高。胃及十二指肠溃疡病之胃脘痛呈空腹痛或饥饿样疼痛，进食后缓解，常伴有消化道出血，胃镜检查可见胃或十二指肠溃疡，可有 Hp 感染。功能性消化不良出现胃脘痛往往无规律性，常伴有早饱、嗳气、食欲不振等不适症状，不少患儿同时可伴有失眠、焦虑、抑郁、头痛、注意力不集中等症状。

三、辨证要点

八纲辨证为纲，根据起病的缓急、病程的久暂、胃痛的性质及伴随的症状，以辨别寒热、虚实、阴虚阳虚。凡胃痛暴作，起病急、病程短者，多为实证，常因外感寒邪或饮食伤胃所致；凡胃痛渐发，起病缓、病程长者，多为虚证，常因肝胃不和、或脾胃虚寒、或胃阴不足所致。胃脘痛暴作，疼痛剧烈而拒按，喜暖恶凉者，为寒证实痛；胃脘隐痛，喜温喜按，遇冷加剧者，为寒证虚痛；胃脘烧灼样疼痛，痛势急迫，喜凉者，为热证实痛；胃脘隐隐灼痛，痛势徐缓，喜按者，为热证虚痛。

胃脘痛治疗过程中要注意病情的发展和轻重程度，其轻证往往患儿体质好，疼痛轻，病程短，精神尚好，一般饮食调理、局部热熨按摩，或稍加治疗即愈。重证多有胃脘痛反复发作病史，患儿体质差，发作疼痛剧烈，伴有胃肠道症状，病情严重者常伴有呕血、便血等出血症状，甚至出现胃穿孔、虚脱之候，应及时抢救，必要时手术治疗。

四、治疗

本病治疗，以理气和胃为基本治疗原则，待气血冲和，纳运复常，则疼痛自除。具体治法：邪盛者以祛邪为急，或散寒祛邪，或清热利湿，或疏肝理气，或消食导滞，当随证治之。正虚者以扶正为先，属脾胃虚寒者，治以温中补虚为主；属胃阴不足者，治以养阴益胃为主。虚实夹杂者，则当祛邪扶正并举。若胃痛反复迁延不愈者，病久必兼瘀，治疗应注重活血化瘀。同时，本病还常结合其他疗法，如中药成药、针灸疗法等，必要时可中西医结合治疗。

（一）分证论治

（1）寒凝气滞证

证候：胃痛暴作，疼痛剧烈，以绞痛为主，畏寒喜暖，得温痛减，遇寒痛甚，口不渴，喜热饮，舌质淡，苔白，脉弦紧或弦迟，指纹淡红。

治法：温中散寒，理气止痛。

主方：良附丸（《良方集腋》）加减。

常用药：高良姜、吴茱萸、干姜、香附、陈皮。

加减：若寒重，或胃脘突然拘急掣痛拒按，甚则隆起如拳状者，可加丁香、桂枝理气温通；气滞重者，加木香、枳壳理气行滞；若兼见胸脘痞闷不食、嗳气呕吐等寒夹食滞症状者，可加枳壳、焦六神曲、鸡内金、半夏以消食导滞，温胃降逆；若胃寒较轻者，可局部温熨，或服生姜红糖汤散寒止痛。

中成药：藿香正气口服液、良附丸。

（2）饮食积滞证

证候：胃脘胀痛，拒按，嗳腐吞酸，或呕吐不消化食物，吐后痛减，不思饮食，大便不爽，舌苔厚腻，脉滑，指纹紫滞。

治法：消食导滞，行气止痛。

主方：保和丸（《丹溪心法》）加减。

常用药：焦山楂、焦六神曲、炒麦芽、莱菔子、半夏、陈皮、茯苓、连翘。

加减：若脘腹胀甚者，加枳实、厚朴、槟榔行气消滞；食积化热者，加黄芩、黄连清热泻火；恶心呕吐者，加藿香、紫苏梗、生姜降逆止呕。

中成药：保和丸、健儿消食口服液、四磨汤口服液。

（3）湿热中阻证

证候：痛势急迫，胃脘灼热拒按，嘈杂，口干口苦，口渴不欲饮，小便黄，大便不畅，舌质红，苔黄腻，脉滑数，指纹紫滞。

治法：清热利湿，调中行气。

主方：清中汤（《医宗金鉴》）加减。

常用药：黄连、栀子、茯苓、半夏、白豆蔻、陈皮、甘草。

加减：热重者加黄芩、蒲公英清热解毒；恶心呕吐者加橘皮、竹茹降逆止呕；大便秘结者加生大黄泻下通便；气滞腹胀者加厚朴、枳实行气消胀；纳呆少食者加焦六神曲、炒谷芽、炒麦芽消食助运；呕血黑便者，加茜草根、蒲黄炭、紫草凉血止血。

中成药：三九胃泰颗粒、胃苓丸、枳实导滞丸。

（4）肝胃不和证

证候：胃脘胀满，攻撑作痛，痛连两胁，嗳气频作，得嗳气或矢气则舒，每因情绪变化而痛作，舌苔薄白，脉弦，指纹紫滞。

治法：疏肝理气，和胃止痛。

主方：柴胡疏肝散（《景岳全书》）加减。

常用药：柴胡、白芍、川芎、香附、陈皮、枳壳、甘草。

加减：若胃胀重者加青皮、郁金、木香助理气解郁之功；痛甚者加川楝子、延胡索理气止痛；嗳气频作者加半夏、旋覆花降气解郁；吐酸吞酸，嗳气酸臭者，加黄连、吴茱萸、乌贼骨清肝和胃制酸；脾胃虚弱者，加党参、茯苓、白术补脾益胃。

中成药：柴胡疏肝丸、胃苏颗粒、气滞胃痛颗粒。

（5）脾胃虚寒证

证候：胃痛隐隐，喜暖喜按，空腹痛甚，得食则减，时呕清水，纳少，神疲，手足欠温，大便溏薄，舌质淡，边有齿痕，舌苔薄白，脉沉缓，指纹淡。

治法：温中补虚，缓急止痛。

主方：黄芪建中汤（《金匮要略》）加减。

常用药：黄芪、桂枝、饴糖、白芍、甘草、生姜、大枣。

加减：泛吐清水者加干姜、半夏、茯苓、陈皮温胃化饮；泛酸，嗳气酸臭者，去饴糖，加黄连、吴茱萸、乌贼骨清肝温胃制酸。

中成药：香砂养胃丸、黄芪建中丸、附子理中丸。

（6）胃阴不足证

证候：胃脘隐隐灼痛，空腹时加重，烦渴思饮，口燥咽干，食少，大便干，舌红少苔或剥苔，脉细数，指纹淡紫。

治法：养阴益胃，缓急止痛。

主方：益胃汤（《温病条辨》）合芍药甘草汤（《伤寒论》）加减。

常用药：北沙参、麦冬、地黄、玉竹、白芍、甘草。

加减：若胃阴亏损较甚者，加石斛、天花粉养胃生津；兼饮食停滞者，加焦六神曲、焦山楂消食和胃；胃脘痛甚者加香橼皮、佛手理气和胃止痛；嘈杂反酸者，加黄连、吴茱萸、煅瓦楞抑肝和胃制酸；若胃热偏盛，烦渴引饮者，加石膏、知母、芦根清胃泄热；脘痛日久肝肾阴虚者，加山茱萸、玄参滋补肝肾。

中成药：知柏地黄丸、参梅养胃冲剂。

（二）其他疗法

1. 敷贴疗法 寒凝气滞证：选用丁桂儿脐贴，贴敷脐部，每日 1 次。

2. 推拿疗法

（1）饮食积滞证：清脾胃，顺运八卦，推四横纹，清板门，清大肠。

（2）湿热中阻证：顺运八卦，清胃，退六腑，推四横纹。

（3）脾胃虚寒证：揉外劳宫，补脾，顺运八卦。

3. 针灸疗法 取穴：膈俞、脾俞、上脘、建里、肝俞、胃俞、中脘、下脘、足三里。配穴：脾胃虚弱者加章门；肝胃不和者加期门；胃阴不足者加三阴交；胸闷、恶心者加内关；食滞者加解溪。采用常规针刺，施平补平泻法，留针 30 分钟，中间行针 2 次，每日 1 次，10 天为一疗程。

4. 拔罐疗法 3 岁以上的小儿可选用。寒凝气滞证：取大椎、上脘、天柱、中脘、胃俞穴。

五、预防调护

（1）教育和劝慰患儿消除紧张或忧郁情绪，生活有规律，定时进食。避免过度疲劳。

（2）避免粗糙、过冷、过热和刺激性食物饮料，饮食适量，不要过饱或过饥。

（3）饮食根据病情而定，发病期进流质、软食。

（4）消化性溃疡大出血时禁食，缓解期进易消化的饮食。使患儿保持心情舒畅，环境宜安静。认真细致地观察患儿，注意病情变化，防止大出血的发生。

第四节 泄 泻

泄泻是以大便稀溏或如水样，大便次数增多为特征的一种小儿常见疾病。“泄”与“泻”具有不同的含义，大便稀溏而势缓称为泄，大便如水而直下称为泻，正如《幼科发挥·泄泻》所说：“而泄泻二字，亦当辨之。泄者，谓水谷之物泄出也；泻者，谓胃肠之气下陷也。” 西医学称本病为腹泻，按病因分为感染性腹泻（病毒、细菌、真菌、寄生虫感染所致）和非感染性腹泻（食饵性腹泻、症状性腹泻、过敏性腹泻及其他腹泻）两类；按病程分为急性腹泻（病程<2周）、迁延性腹泻（病程2周～2个月）和慢性腹泻（病程>2个月）。

本病一年四季均可发生，尤以夏秋季节多见。发病年龄以2岁以下小儿为主，1岁以内最高。本病治疗得当，预后良好；重者下泄过度，易见气阴两伤，甚至阴竭阳脱；久泻迁延不愈者，则易转为疳证。

一、病因病机

小儿泄泻的病因主要有感受外邪、伤于饮食、脾胃虚弱、脾肾阳虚，其病变在脾胃。小儿脾常不足，若脾胃受损，则胃不能腐熟水谷，脾不能运化精微，以致清浊不分，合污下降，致成泄泻。

1. 感受外邪 小儿脏腑娇嫩，藩篱不密，卫外不固，加之冷暖不知自调，易为外邪所袭，外感风、寒、暑、热诸邪常与湿邪相合而致泻。脾喜燥而恶湿，湿困脾阳，运化失职，湿盛则作泻。由于时令气候不同，长夏多湿，故外感泄泻以夏秋多见，其中又以湿热泻最常见，风寒致泻则四季皆可发生。

2. 伤于饮食 小儿脾常不足，运化力弱，饮食不知自节，若调护失宜，乳哺不当，饮食失节或不洁，过食生冷瓜果或难以消化之食物，皆能损伤脾胃，发生泄泻。

3. 脾胃虚弱 小儿素体脾虚，或久病迁延不愈，脾胃虚弱，胃弱则腐熟无能，脾虚则运化失职，水谷不化，精微不布，脾失升清，水湿水谷合污而下，而成泄泻。

4. 脾肾阳虚 先天禀赋不足，久病久泻，脾虚及肾，肾阳不足，失于温煦，阴寒内盛，水谷不化，并走肠间，而致澄澈清冷、洞泄不止。

由于小儿具有“稚阴稚阳”的生理特点和“易虚易实，易寒易热”的病理特点，患泄泻后较成人更易发生变证。重证泄泻患儿，泻下过度，易于伤阴耗气，出现气阴两伤，甚至阴伤及阳，导致阴竭阳脱的危重变证。若久泻不止，脾气虚弱，土虚木乘而致慢惊风；脾失健运，气血生化乏源，不能荣养脏腑肌肤，久则可致疳证。

二、临床诊断

（一）诊断要点

（1）有乳食不节、饮食不洁，或感受时邪病史。

（2）大便次数增多，粪质清稀。

（3）重证泄泻，可见小便短少、高热、烦渴、神萎、皮肤干瘪、囟门凹陷、目眶下陷、啼哭无泪、口唇樱红、呼吸深长、腹胀等症。

（二）鉴别诊断

1. 痢疾（细菌性痢疾） 急性起病，便次频多，大便稀薄，有黏冻脓血，腹痛，里急后重。大便常规检查见脓细胞（每高倍视野15个以上）、红细胞或吞噬细胞；大便培养有痢疾杆菌生长。

2. 轮状病毒肠炎 秋冬季节，好发于6～24个月婴幼儿，水样便，次频量多。病初1～2天常有发热、呕吐，随后出现腹泻，严重者并发脱水和酸中毒。粪便轮状病毒抗原快速检测呈阳性。

三、辨证要点

1. 辨常证 以八纲辨证为主，常证重在辨寒、热，虚、实，辨证时注意审查病因，大便的性状是辨证的重要依据，同时要注意观察精神、食欲、发热、口渴、小便量、腹痛、腹胀等。

风寒泻大便清稀多泡沫，臭气轻，腹痛重，伴外感风寒症状；湿热泻便次多，便下急迫，色黄褐，气秽臭，或见少许黏液，舌苔黄腻；伤食泻有伤食史，纳呆腹胀，大便稀溏夹白色乳凝块或未消化食物残渣，气味酸臭，腹痛则泻，泻后痛减；脾虚泻病程长，大便稀溏或烂糊，色淡不臭，多于食后作泻，时轻时重，进难消化食物泄泻加重，腹痛喜按；脾肾阳虚泻病程更长，大便澄澈清冷，完谷不化，阳虚内寒证象显著。

2. 辨变证 变证重在辨阴、阳。暴泻或泻下不止，精神不振，皮肤干燥，小便短赤，前囟、眼眶凹陷，唇红，舌红少津，脉细数为气阴两伤证，属重证；精神委靡，尿少或无，四肢厥冷，面色苍白或青灰，表情淡漠，脉细欲绝，为阴竭阳脱证，属危证。

四、治疗

泄泻的治疗，以运脾化湿为基本法则。运脾法包括调和脾胃、健脾益气、益胃生津；化湿法包括燥湿和胃、清热利湿、健脾化湿。实证以祛邪为主，根据不同的证候特点，分别给予祛风散寒、清热利湿、消食导滞。虚证以扶正为主，分别治以健脾益气、温补脾肾。同时配合小儿推拿、敷贴、热熨、针灸等外治法，注意纠正脱水。

（一）分证论治

1. 常证

（1）风寒泻

证候：大便清稀，夹有泡沫，臭气不甚，肠鸣腹痛，或伴恶寒发热，鼻流清涕，舌质淡，苔薄白，脉浮紧，指纹淡红。

治法：疏风散寒，化湿和中。

主方：藿香正气散（《太平惠民和剂局方》）加减。

常用药：藿香、苏叶、桔梗、大腹皮、白芷、半夏、陈皮、茯苓、苍术、车前子、生姜、甘草。

加减：大便质稀色淡，泡沫多者，加荆芥、防风炭散风止泻；腹痛甚，里寒重者，加干姜、桂枝温阳散寒；腹痛、腹胀者，加木香、砂仁、厚朴理气消胀；夹有食滞者，加焦山楂、鸡内金消食导滞；小便短少者，加泽泻、茯苓渗湿利尿。

中成药：小儿止泻贴（外用）、藿香正气口服液、纯阳正气丸。

（2）伤食泻

证候：大便稀溏，夹有乳凝块或食物残渣，气味酸臭，或如败卵，脘腹胀满，便前腹痛，泻后痛减，腹部胀痛拒按，嗳气酸馊，或有呕吐，不思乳食，夜卧不安，舌苔厚腻，或微黄，脉滑实，指纹滞。

治法：消食导滞，和中分利。

主方：保和丸（《丹溪心法》）合胃苓汤（《丹溪心法》）加减。

常用药：焦山楂、焦神曲、苍术、陈皮、厚朴、茯苓、猪苓、泽泻、白术。

加减：腹痛者，加木香、白芍理气止痛；呕吐者，加藿香、紫苏叶化湿止呕；泻下不爽，肛周红赤者，加葛根、黄芩清热燥湿。

中成药：保和丸。

（3）湿热泻

证候：大便水样，或如蛋花汤样，暴注下迫，泻下秽臭或夹少许黏液，发热烦闹，口渴喜饮，食欲不振，或伴呕恶，小便短黄，舌质红，苔黄腻，脉滑数，指纹紫。

治法：清肠解热，化湿止泻。

主方：葛根黄芩黄连汤（《伤寒论》）加减。

常用药：葛根、黄芩、黄连、滑石、白豆蔻、地锦草、车前子、甘草。

加减：发热口渴者，加生石膏、芦根清热生津；呕吐者，加藿香、佩兰、半夏化湿止呕；腹胀者，加厚朴、木香行气除胀；纳差者，加焦山楂、焦神曲消食和胃。

中成药：苍苓止泻口服液、葛根芩连微丸。

（4）脾虚泻

证候：大便稀溏，色淡不臭，多于食后作泻，病程较长，时轻时重，面色萎黄，形体消瘦，神疲倦怠，舌淡苔白，脉缓弱，指纹淡。

治法：健脾益气，渗湿止泻。

主方：七味白术散（《小儿药证直诀》）加减。

常用药：党参、白术、茯苓、甘草、藿香、木香、葛根、薏苡仁、砂仁。

加减：胃呆食少，舌苔厚腻者，加藿香、苍术醒脾化湿；腹胀者，加枳壳、厚朴宽中理气；大便夹不消化物者，加焦神曲、焦山楂消食化积；久泻不止，内无积滞者，加煨益智仁、肉豆蔻、石榴皮固涩止泻。

中成药：小儿腹泻宁泡腾颗粒、小儿泻速停颗粒。

（5）脾肾阳虚泻

证候：久泻不止，大便清稀，澄澈清冷，完谷不化，形寒肢冷，面白无华，精神委靡，睡时露睛，舌淡苔白，脉沉细，指纹色淡。

治法：温补脾肾，固涩止泻。

主方：附子理中汤（《太平惠民和剂局方》）合四神丸（《内科摘要》）加减。

常用药：附子、人参、白术、干姜、甘草、吴茱萸、补骨脂、肉豆蔻、五味子。

加减：脱肛者，加炙黄芪、升麻升举中阳；久泻无度者，加赤石脂、诃子、石榴皮涩肠止泻。

中成药：附子理中丸。

2. 变证

（1）气阴两伤证

证候：泻下无度，或迁延不愈，精神萎软或心烦不安，眼眶及前囟凹陷，皮肤干燥，啼哭无泪，口渴引饮，小便短少，甚至无尿，唇红而干，舌红少津，苔少或无苔，脉细数。

治法：健脾益气，酸甘敛阴。

方药：人参乌梅汤（《温病条辨》）加减。

常用药：太子参、乌梅、木瓜、山药、莲子、炙甘草。

加减：泻下不止者加赤石脂、诃子涩肠止泻；口渴引饮者加石斛、天花粉、芦根养阴生津止渴。

（2）阴竭阳脱证

证候：暴泻不止，便稀如水，次频量多，精神委靡，表情淡漠，面色青灰或苍白，哭声微弱，啼哭无泪，尿少或无，四肢厥冷，舌淡无津，脉沉细欲绝。

治法：挽阴回阳，救逆固脱。

方药：生脉散（《医学启源》）合参附龙牡救逆汤（经验方）加减。

常用药：人参、附子、龙骨、牡蛎、白芍、五味子、炙甘草。

中成药：参附注射液。

（二）其他疗法

1. 推拿疗法

（1）风寒泻：揉外劳宫、推三关、补脾经各 200～300 次，摩腹 3～5 分钟，揉龟尾 1～3 分钟，推上七节骨 100～200 次。

（2）伤食泻：补脾经、揉板门、清大肠、运内八卦各 200～300 次，揉天枢 1～3 分钟，摩腹 3～5 分钟，推上七节骨 100～200 次。

（3）湿热泻：清大肠、清脾经、清板门、清天河水各 200～300 次，揉天枢、揉龟尾各 1～3 分钟，推上七节骨 100～200 次。

（4）脾虚泻：补脾经、补大肠、推三关、运内八卦各 200～200 次，揉龟尾 1～3 分钟，捏脊 6 遍。

（5）脾肾阳虚泻：补肾经、补脾经、补大肠各 200～300 次，揉上马、揉龟尾 1～3 分钟，推上七节骨 100～200 次，捏脊 6 遍。

2. 贴敷疗法

（1）风寒泻：苍术、丁香、木香、肉桂、干姜各等份，共研细末备用。

（2）伤食泻：山楂、神曲、木香、陈皮、藿香、生姜、枳实各等份，研细末过筛备用。

（3）湿热泻：苍术、黄连、木香各等份，共研细末备用。

（4）脾虚泻、脾肾阳虚泻：丁香 2g，吴茱萸 30g，胡椒 30 粒，共研细末备用。

各证取药细末，用黄酒或麻油调和成药饼状，敷贴于患儿神阙穴，每日 1 次。

五、预防调护

（1）提倡母乳喂养，避免在夏季及小儿患病时断奶，遵守添加辅食的原则，合理喂养。

（2）注意饮食卫生，食品应新鲜、清洁，不吃变质食品，避免暴饮暴食。

（3）注意气候变化，及时增减衣物，避免腹部受凉。

（4）避免长期使用抗生素，防止菌群失调导致的腹泻。

（5）适当控制饮食，减轻胃肠负担，若伴频繁呕吐者，应暂时禁食，随着病情好转，逐渐增加饮食量。忌食油腻、生冷及不易消化的食物。

（6）保持皮肤清洁干燥，勤换尿布。每次大便后，要用温水清洗臀部，扑上爽身粉，防止发生红臀。

（7）注意观察大便次数与性状、精神状态、尿量等变化，防止脱水的发生。

第五节　便　秘

便秘是指大便干燥坚硬，排便次数减少，间隔时间延长，或虽有便意频频而大便排出困难的一种病证。儿童便秘常伴有腹胀、食欲不振等症状，或者可出现排便时肛门疼痛、肛裂、便血等现象。便秘包括器质性便秘与功能性便秘两大类。功能性便秘约占儿童便秘的 90%以上，属于本病范畴。

本病可发生在任何年龄，一年四季均可发生。近年来我国儿童便秘发病率呈逐步上升趋势，可能与目前儿童食谱和生活习惯改变有关，如食物中膳食纤维摄入过低、运动量不足等。本病一般预后良好，但长期便秘，迁延不愈者可引起脱肛、痔疮等疾病，甚至可影响患儿生长发育。

一、病因病机

小儿便秘的常见病因有饮食失调、情志失和、热病伤津及气血亏虚等因素。病位在大肠，与脾、肝、肺、肾关系密切。病机关键是大肠传导功能失常。

1. 饮食失调 小儿脾常不足，乳食不知自节，若喂养不当，或纵其所好，偏食、挑食，或过食辛辣炙煿肥甘之品，损伤脾胃，导致脾胃运化失常，食积中焦，积滞化热，蕴结肠腑，传导失常，而致便秘。

2. 热病伤津 温热病后，余邪留恋，或肺热下移大肠，或过用温燥药物，伤津耗液，致使肠腑少津失濡，大便干结难解，形成便秘。

3. 气机郁滞 小儿环境、生活习惯改变，或所欲不遂，情志不舒，肝气郁结；或久坐多卧，活动过少，气机不利，均可导致腑气郁滞不畅，肠腑传导功能失常，糟粕内停，不得下行，而致便秘。

4. 气血亏虚 若小儿先天禀赋不足，或后天调护失宜，或失血大汗等疾病影响，或药物克伐等因素，均可导致脏腑虚损，气血亏虚。气虚则肠腑传导无力，血虚则肠道失养干涩。或病久及肾，耗伤肾阴，肠失濡养，便干难行；阴损及阳，肾阳不足，温煦无权，大肠传运无力，大便难解。

二、临床诊断

（一）诊断要点

（1）有排便疼痛或困难史。
（2）大便干燥，或如羊屎状，或大便粗硬。
（3）排便间隔时间延长，每周排便≤2 次。
（4）大便间隔时间如常，有便意但排出困难。
（5）部分患儿左下腹部可触及粪块。

（二）鉴别诊断

1. 先天性巨结肠 小儿先天性肠道畸形，主要表现为胎粪排出延迟，顽固性腹胀便秘，可伴有呕吐、消瘦、生长发育落后等。肛门指诊有空虚感；钡剂灌肠 X 线检查显示近直肠-乙状结肠处狭窄，上段结肠异常扩大。

2. 小儿肠梗阻 主要表现为急性便秘，伴阵发性剧烈腹痛、腹胀及肠鸣音消失。小儿肠梗阻分为两类，一类为机械性肠梗阻，多由于肠闭锁、肠狭窄、肠粘连、肠肿瘤、肠套叠、肠扭转等原因所致；另一类为功能性肠梗阻，多由于消化不良、肠炎、腹膜炎、肺炎及腹部手术后等原因引起的肠麻痹所致。腹部 X 线检查可见肠管胀气和气液面等。

三、辨证要点

1. 辨虚实 实证多由乳食积滞、燥热内结和气机郁滞所致，粪质多干燥坚硬，常伴腹胀拒按、口臭纳呆、烦躁不安等症状；虚证多因气血亏虚，肠失濡养，传导无力所致，一般病程较长，粪质虽不甚干硬，但难以排出或排净，腹胀喜按，常伴神疲乏力、面白无华等症状。

2. 辨寒热 热证便秘多为面赤身热、口渴尿赤、喜凉恶热；寒证便秘多为面白肢凉、小便清长、喜温恶寒。

四、治疗

治疗原则为通便开秘，以下为主。实证以下法为主，常用清热导滞、润肠通便、疏肝理气等法；虚证以扶正为主，多用健脾益气、滋阴养血、润肠通便等法。运用通下之法，贵在审因，确有可下之证即下之，但需中病即止，不可过用大黄、芒硝等苦寒之品。本病除内服汤剂外，还常使用中成药、推拿、穴位贴敷等治疗方法。

（一）分证论治

（1）乳食积滞证

证候：大便干结，脘腹胀痛，不思饮食，或恶心呕吐，手足心热，睡眠不安，小便短黄，舌质红，苔黄腻，脉沉实或指纹紫滞。

治法：消积导滞，清热通便。

主方：枳实导滞丸（《内外伤辨惑论》）加减。

常用药：大黄、黄芩、黄连、茯苓、泽泻、白术、枳实、厚朴、神曲、炒莱菔子。

加减：腹胀痛者加木香、槟榔理气除胀；咳嗽，肺热移热大肠者，加知母、瓜蒌仁清肺止咳；恶心呕吐者，加藿香、竹茹和胃止呕。

中成药：枳实导滞丸、导赤丸、四磨汤口服液。

（2）燥热内结证

证候：大便干结，排出困难，甚至秘结不通，腹胀不适，或兼呕吐，口臭，面赤身热，舌红，苔黄燥，脉数有力或指纹紫滞。

治法：清腑泄热，润肠通便。

主方：麻子仁丸（《伤寒论》）加减。

常用药：火麻仁、大黄、枳实、厚朴、杏仁、白芍、郁李仁、瓜蒌子。

加减：口干舌燥者，加玄参、生地、麦冬养阴生津；口舌生疮者，加胡黄连、栀子清热泻火；大便干结坚硬者，加芒硝软坚散结。

中成药：麻仁丸、麻仁润肠丸。

（3）气机郁滞证

证候：大便秘结，腹胀胁痛，嗳气频作，舌质红，苔薄白，脉弦或指纹滞。

治法：疏肝理气，导滞通便。

主方：六磨汤（《证治准绳》）加减。

常用药：木香、乌药、大黄、槟榔、枳实、厚朴、郁金。

加减：气郁化火，口苦咽干者，加黄芩、栀子清肝泻火；腹胀腹痛者，加青皮、莱菔子行气化滞；恶心呕吐者，加旋覆花、半夏降逆和胃。

中成药：木香槟榔丸、丹栀逍遥丸。

（4）气血亏虚证

证候：大便干结，或并不干结，努挣乏力，难于排出，神疲乏力，面色少华，舌淡，苔薄白，脉虚无力或指纹淡红。

治法：健脾益气，润肠通便。

主方：黄芪汤（《太平惠民和剂局方》）合润肠丸（《沈氏尊生书》）加味。

常用药：黄芪、陈皮、火麻仁、熟地黄、郁李仁、当归、白术、蜂蜜。

加减：汗多气短者，加太子参、麦冬、五味子益气生津；脱肛者，黄芪倍量，加升麻、柴胡升阳举陷；血虚症状明显者，加何首乌、阿胶、桑椹滋阴补血；久病及肾，腹中冷痛，四肢欠温者，加制附子、干姜、肉苁蓉温阳通便。

中成药：通便灵、补中益气丸、桑椹膏。

（二）其他疗法

1. 推拿疗法

主穴：揉板门、清大肠、摩腹、推下七节骨各200～300次，捏脊6遍。

配穴：实证便秘加清胃经、退六腑；虚证便秘加补脾经、推三关。每日1次，7次为1个疗程。

2. 针灸疗法

（1）体针

主穴：天枢、大肠俞、足三里、上巨虚。

配穴：实证便秘加曲池、合谷、中脘；虚证便秘加脾俞、胃俞。中等刺激不留针。

操作：实证用泻法，虚证用补法。

（2）耳穴

主穴：便秘点、直肠下段、大肠。

配穴：实证便秘加肺、心；虚证便秘加脾、胃。

操作：用胶布粘王不留行籽贴按于穴位上，隔日1次，双耳轮换，每日按压3～5次，每次3～5分钟，以微感疼痛为度，10次为1个疗程。

3. 敷贴疗法　大黄2份，芦荟2份，芒硝1份，炒莱菔子1份，共研细末，每次取2g，用黄酒或植物油调成糊状，置于带防渗圈的无纺布胶贴中，敷于脐上，每日1贴，贴3～6小时后揭掉。此法多配合捏脊法应用，适用于实证便秘。

五、预防调护

（1）注意合理的饮食结构，婴儿应适时添加辅食，幼儿应养成多饮水，多吃蔬菜、水果的饮食习惯，鼓励进食粗粮。

（2）纠正不良饮食习惯，不偏食、挑食，少食辛辣煎炸肥甘之品，勿随意服用补品补药。

（3）增加运动量，避免少动久坐、久卧。

（4）加强排便训练，坚持良好的排便习惯。

第六节　厌　　食

厌食是指小儿较长时期食欲不振，食量减少，甚至厌恶进食的一种病证。本病病程一般在1个月以上，可发生于任何季节，但夏季暑湿当令之时，可使症状加重。各年龄儿童均可发病，以1～6岁为多见。患儿除食欲不振外，一般无其他明显不适，预后良好，但病程迁延不愈者，可使气血生化乏源，抗病能力下降，而易患其他病证，甚至影响小儿生长发育，转为疳证。现代医学中“神经性厌食”的病因、发病年龄等均与本病不同。

一、病因病机

本病多由喂养不当、先天不足、他病伤脾、情志失调引起。胃司受纳，脾主运化，脾胃调和，则能知饥欲食，食而知味；若脾胃不和，则胃不受纳，脾不运化，导致厌食。其病变脏腑主要在脾胃，病机关键为脾胃失健，纳化失和。

1. 喂养不当 小儿脾常不足，乳食不知自节。若婴儿期未按期添加辅食；或片面强调高营养饮食，过食肥甘厚味，损伤脾气；或偏食、挑食，贪吃零食，饥饱无度，均可导致脾胃不和，形成厌食。

2. 先天不足 胎禀不足，脾胃薄弱之儿，往往生后即表现不欲吮乳，若后天失于调养，则脾胃虚弱，长期乳食难以增进。

3. 他病伤脾 小儿患泄泻、肺炎、传染病等，病后未能及时调理；或过用苦寒药物损脾伤阳；或过用温燥之品耗伤胃阴；或夏伤暑湿，脾为湿困，均可使脾胃受纳运化失常，而致厌食。

4. 情志失调 小儿神气怯弱，易受惊恐。若失于调护，卒受惊吓，或环境变换，或思念压抑，或所欲不遂等，均可致情志抑郁，肝失调达，乘脾犯胃，形成厌食。

二、临床诊断

（一）诊断要点

（1）有喂养不当、病后失调、先天不足或情志失调史。

（2）食欲不振1个月以上，食量较前减少1/3~2/3以上，或食量明显少于同龄正常儿童。

（3）面色少华，形体偏瘦，但精神尚好，活动如常。

（4）除外其他外感、内伤慢性疾病。

（二）鉴别诊断

1. 积滞 是指乳食停聚中脘，积而不消，气滞不行。除食欲不振外，伴有脘腹胀满、嗳吐酸腐、大便酸臭等症，多有伤食史。而厌食患儿，不思饮食，食量少，但无腹胀、大便酸臭等症。

2. 疰夏 为季节性疾病，有“春夏剧，秋冬瘥”的发病特点。临床表现除食欲不振外，可见精神倦怠、大便不调、或有发热等症。

三、辨证要点

厌食的辨证，主要区别是以脾胃运化功能失健为主，还是以脾胃气阴不足为主。病程相对较短，仅表现纳呆食少，饮食稍多即感腹胀，无明显虚象者，为脾失健运证；病程长，食而不化，大便溏薄，并伴面色少华、乏力多汗、形体偏瘦等气虚征象者，为脾胃气虚证；若食少饮多，伴见口舌干燥，大便秘结，舌红少津，苔少或花剥等阴虚征象者，为脾胃阴虚证。

四、治疗

治疗原则为运脾开胃。脾失健运者，治以运脾和胃；脾胃气虚者，治以健脾益气；脾胃阴虚者，治以益胃养阴。若兼食积、湿滞，并酌情配伍消导、燥湿、理气之品。外治法治疗小儿厌食症疗效确切，各种外治法可以单独应用，或综合应用以提高临床疗效。

（一）分证论治

（1）脾失健运证

证候：食欲不振，甚则厌恶进食，偶尔多食或强迫进食后可致腹胀呕吐，常伴嗳气脘痞，舌淡红，苔薄白，脉尚有力。

治法：和脾助运。

主方：不换金正气散（《太平惠民和剂局方》）加减。

常用药：苍术、厚朴、陈皮、半夏、藿香、焦神曲、焦山楂、炒莱菔子。

加减：腹胀者，加木香、枳壳、厚朴理气宽中；嗳气恶心者，加砂仁、竹茹合胃降逆；暑湿困阻者加荷叶、扁豆花消暑化湿；大便偏稀者，加茯苓、薏苡仁健脾祛湿。

中成药：健胃消食口服液、健儿消食口服液。

（2）脾胃气虚证

证候：不思进食，口淡乏味，形体偏瘦，大便偏稀夹不消化食物，面色少华，神倦乏力，舌质淡，苔薄白，脉缓无力。

治法：健脾益气。

主方：异功散（《小儿药证直诀》）加味。

常用药：党参、白术、茯苓、陈皮、甘草、焦神曲、焦山楂、鸡内金。

加减：大便稀溏者，苍术易白术，加炮姜、肉豆蔻温运脾阳；腹胀者，加木香、焦槟榔；汗多易感冒者，加黄芪、防风、浮小麦益气固表敛汗；情志抑郁者，加柴胡、佛手解郁疏肝。

中成药：醒脾养儿颗粒、小儿香橘丸、启脾丸（口服液）。

（3）脾胃阴虚证

证候：不思进食，食少饮多，口舌干燥，形体偏瘦，小便短黄，大便干结，手足心热，舌红少津，苔少或剥脱，脉细数。

治法：益胃养阴。

主方：益胃汤（《温病条辨》）加减。

常用药：沙参、麦冬、玉竹、生地黄、石斛、乌梅、白芍、焦山楂、甘草。

加减：口渴喜饮者，加天花粉、芦根清热生津；大便干结者，加火麻仁、郁李仁润肠通便；夜寐不宁，手足心热者，加胡黄连、酸枣仁清热宁心安神。

中成药：儿宝颗粒。

（二）其他疗法

1. 推拿疗法

主穴：补脾土、运内八卦、清胃经、摩腹各 200～300 次，捏脊 6 遍。

配穴：脾失健运证加揉板门，掐揉掌横纹；脾胃气虚证加推上三关、揉足三里；脾胃阴虚证加分手阴阳，揉二马。

2. 针灸疗法

（1）体针

主穴：脾俞、足三里、三阴交。

配穴：脾失健运证加阴陵泉；脾胃气虚证加胃俞；脾胃阴虚证加中脘、内关。

以上各证型均用补法，中等刺激不留针，每日 1 次，10 次为 1 个疗程。

（2）刺四缝疗法：常规消毒后，用三棱针在四横纹穴位上快速点刺，挤压出黄色黏液或血少许，每周 2 次，用于厌食各证型。

（3）耳穴：取脾、胃、肾、神门、皮质下。用胶布粘王不留行籽贴按于穴位上，隔日 1 次，双耳轮换，10 次为 1 个疗程。每日按压 3～5 次，每次 3～5 分钟，以稍感疼痛为度，用于厌食各证型。

3. 敷贴疗法　焦神曲、焦山楂、焦麦芽、茯苓、白术、党参、丁香各等份研末，取 2g，用黄酒调成糊状，置于带防渗圈的无纺布胶贴中，敷于脐上，每日 1 贴，贴 3～6 小时后揭掉。此法多配合捏脊法应用，适用于厌食各证型。

五、预防调护

（1）掌握正确的喂养方法，饮食起居按时、有度，饭前勿食糖果饮料，夏季勿贪凉饮冷。根据不同年龄给予富含营养、易于消化、品种多样的食品。

（2）出现食欲不振时，要及时查明原因，采取针对性治疗措施。对病后胃气刚刚恢复者，要逐渐增加饮食，切勿暴饮暴食而致脾胃复伤。

（3）注意精神调护，培养良好的性格，教育孩子要循循善诱，切勿训斥打骂，变换生活环境要逐步适应，防止惊恐恼怒损伤。

（4）纠正不良饮食习惯，做到“乳贵有时，食贵有节”，不偏食、挑食，不强迫进食，饮食定时适量，荤素搭配，少食肥甘厚味、生冷坚硬等不易消化食物，鼓励多食蔬菜及粗粮。饭菜多样化，讲究色香味，以促进食欲。

（5）遵照“胃以喜为补”的原则，先从小儿喜欢的食物着手，来诱导开胃，暂时不要考虑营养价值，待其食欲增进后，再按营养的需要供给食物。

第七节 积　滞

积滞是指小儿喂养不当，内伤乳食，停聚中脘，积而不化，气滞不行所形成的一种脾胃病证。临床上以不思乳食，脘腹胀满，嗳腐呕吐，大便酸臭或大便秘结为特征，又名“食积”“食滞”“乳滞”等，相当于西医学的消化功能紊乱症。

本病一年四季均可发生，夏秋季节暑湿当令，发病率较高。小儿各种年龄皆可发病，尤以婴幼儿多见。禀赋不足，脾胃素虚，人工喂养及病后失调者更易患本病。一般预后良好，少数患儿可因积滞日久，迁延失治，进一步损伤脾胃，致气血生化乏源，营养及生长发育障碍，而转化为疳证。

一、病因病机

积滞常由喂养不当，乳食不节，伤及脾胃，或脾胃虚弱，复伤乳食，致脾胃运化功能失职，气机升降失调，乳食停滞不化，则成积滞。正如《证治准绳·幼科·宿食》所说：“小儿宿食不消者，胃纳水谷而脾化之，儿幼不知撙节，胃之所纳，脾气不足以胜之，故不消也。”

1. 乳食内积　小儿乳食不知自节，饥饱不知自调，若喂养不当，或过食肥腻生冷及难以消化的食物，皆可损伤脾胃，致使脾胃受纳运化功能失常，升降失调，乳食停滞，积而不消，留滞中脘，而成积滞。

2. 脾虚夹滞　小儿禀赋不足，脾胃素虚；或病后失调，脾气虚损；或过用苦寒攻伐之品，损伤脾胃，运化乏力，若乳食不当，易致乳食不消，停蓄中焦，形成虚中夹实的积滞。

二、临床诊断

（一）诊断要点

（1）有伤乳、伤食史。

（2）以不思乳食，脘腹胀满，嗳腐呕吐，大便酸臭或便秘为特征。

（3）可伴有烦躁不安，夜间哭闹，或低热、吐泻等症。

（4）便常规：可见不消化食物残渣、脂肪滴。

（二）鉴别诊断

厌食：以长期食欲不振，厌恶进食，食量减少为特征，一般无腹部胀满、嗳腐呕吐、大便酸臭等症，多为喂养不当，脾运失健所致。

三、辨证要点

1. 辨虚实 初病多实，积久则虚实夹杂。由脾胃虚弱所致者，初起即表现虚实夹杂证候。实证积滞，表现为脘腹胀满，疼痛拒按，伴食入即吐，嗳吐酸腐，大便干结；虚中夹实证，表现为食则饱胀，腹满喜按，大便稀溏或夹有不消化食物。

2. 辨寒热 若因过食肥甘辛辣之品，致不思乳食，脘腹胀满或疼痛，呕吐酸腐，伴有面赤唇红，大便秘结臭秽，手足心热，舌红，苔黄厚腻，此系热证；若素体阳虚，贪食生冷，或过用寒凉药物，致脘腹胀满，喜温喜按，面白唇淡，四肢欠温，朝食暮吐，或暮食朝吐，大便稀溏，舌淡，苔白腻，此系寒证。

四、治疗

本病治疗以消食导滞为基本法则。积滞化热者，佐以清解积热；偏寒者，佐以温阳助运；积滞较重，腹胀痛拒按，大便秘结者，当通腑泻下；虚实夹杂者，宜消补兼施。本病治疗，除内服药外，推拿及外治等疗法也常配合运用。

（一）分证论治

（1）乳食内积证

证候：不思乳食，或拒食，嗳腐酸馊或呕吐乳食，脘腹胀满疼痛拒按，大便酸臭，烦躁啼哭，夜眠不安，手足心热，或伴有低热，舌质红，苔白厚或黄厚腻，脉弦滑，指纹紫滞。

治法：消乳化食，和中导滞。

主方：乳积者，选消乳丸（《婴童百问》）加减；食积者，选保和丸（《丹溪心法》）加减。

常用药：消乳丸：香附、麦芽、谷芽、茯苓、砂仁、神曲、陈皮、甘草；保和丸：山楂、神曲、莱菔子、半夏、陈皮、茯苓、连翘。

加减：恶心呕吐者加旋覆花、生姜和胃降逆止呕；腹胀明显者加厚朴、枳实行气导滞除胀；大便干结者加大黄、芒硝通便导滞；手足心热，夜寐不安者，加胡黄连、栀子清热除烦。

中成药：小儿化食丸、保和丸、大山楂丸。

（2）脾虚夹滞证

证候：不思乳食，食则饱胀，面色萎黄，倦怠乏力，形体偏瘦，夜寐不安，腹满喜按，大便稀溏酸馊，夹有乳凝块或不消化食物残渣，舌质淡，苔白腻，脉细滑，指纹淡滞。

治法：健脾助运，消食化滞。

主方：健脾丸（《证治准绳》）加减。

常用药：人参、白术、茯苓、陈皮、山药、木香、砂仁、肉豆蔻、黄连、麦芽、山楂、神曲、甘草。

加减：腹痛喜按者加干姜、白芍温中缓急止痛；大便稀溏者加薏苡仁、苍术健脾化湿；舌苔白腻者加藿香、佩兰芳香醒脾化湿。

中成药：小儿健脾化积口服液、健胃消食口服。

（二）其他疗法

1. 外治法

（1）玄明粉 3g，胡椒粉 0.5g，研细粉拌匀，置于脐中，外盖纱布，胶布固定，每日换 1 次，用于乳食内积证。

（2）白术、焦三仙、鸡内金、丁香、肉桂按照 4∶3∶3∶3∶3 配药，共研细末，以麻油或黄酒调成稠糊状，敷于神阙穴，时间 4～8 小时，以患儿能够耐受为度，每日 1 次，10 次为 1 个疗程。用于食积腹胀痛者。

2. 推拿疗法

（1）乳食内积证：清胃经，清大肠，揉板门，运内八卦，摩腹，按揉足三里，推下七节骨，捏脊。

（2）脾虚夹滞：补脾经，揉板门，运内八卦，摩腹，分腹阴阳，按揉足三里，捏脊。

3. 针灸疗法

（1）体针：取足三里、中脘、梁门。乳食内积者加里内庭、天枢；积滞化热者加曲池、大椎；脾虚夹滞者加四缝、脾俞、胃俞。每次取 3～5 穴，中等刺激，不留针，实证用泻法为主，辅以补法，虚证用补法为主，辅以泻法。

（2）耳穴：取胃、大肠、神门、交感、脾。每次选 3～4 穴，用王不留行籽贴压，左右交替，每日按压 3～4 次。

五、预防调护

（1）合理喂养，乳食宜定时定量，按序添加辅食。

（2）饮食有节，养成良好的饮食习惯。避免暴饮暴食、过食肥甘油腻生冷、偏食零食及妄加滋补。

（3）伤食积滞患儿应暂时控制饮食，药物调理，积滞消除后，逐渐恢复正常饮食。

第八节　疳　证

疳证是由喂养不当或多种疾病影响，导致脾胃受损，气液耗伤而形成的一种小儿慢性病证。临床以形体消瘦，面色无华，毛发干枯，精神委靡或烦躁，饮食异常为特征。西医学称之为蛋白质-热量营养不良，常并发营养性贫血、佝偻病、多种维生素缺乏、各种感染等。

本病无明显季节性，好发于 5 岁以下小儿，起病多缓慢，病程迁延，若治疗恰当，大多数患儿可治愈；若病程迁延，易出现兼证，影响小儿生长发育。疳证在古代，与“痧、痘、惊”一起列为儿科四大要证。

一、病因病机

小儿生理特点“脾常不足”，若喂养不当，饮食不节，疾病影响，禀赋不足等，导致脾胃纳化失常，气血生化乏源，津液亏耗，肌肤、筋骨、经脉、脏腑失于濡养，日久则形成疳证。病位主要在脾胃，可涉及心、肝、肺、肾四脏。正如《小儿药证直诀·诸疳》所说：“疳皆脾胃病，亡津液之所作也。”

1. 喂养不当　包括乳食太过和乳食不及，是引起疳证最常见的病因。小儿乳食不知自节，若喂养不当，损伤脾胃，影响气血津液生化，形成疳证。

2. 疾病影响　多因小儿罹患大病或久病，长期吐泻，或反复外感，感染虫证，或失治、误治，用药不当，导致脾胃受损，而成疳证。此即《幼科铁镜·辨疳疾》所言：“疳者……或因吐久、泻久、痢久、疟久、热久、汗久、咳久、疮久，以致脾胃亏损，亡失津液而成也。”

3. 禀赋不足 早产，多胎，或孕母多病、药物损伤胎元，致先天胎禀不足，脾胃功能薄弱，纳化不健，水谷精微摄取不足，气血亏耗，形成疳证。

干疳及疳积重证阶段，因脾胃虚衰严重，生化乏源，气血亏耗，必影响他脏而产生各种兼证。若脾病及肝，肝开窍于目，肝失所养，肝血不足，不能上承于目，夜盲目翳，则成“眼疳”；若脾病及心，心开窍于舌，心火循经上炎，口舌生疮，则成“口疳”；脾病日久，脾虚不运，水湿泛滥，全身浮肿，则成“疳肿胀”。

二、临床诊断

（一）诊断要点

（1）有先天禀赋不足，喂养不当或病后失调等病史。

（2）形体消瘦，面色无华，毛发稀疏枯黄，饮食异常，大便干稀不调，或脘腹膨胀，烦躁易怒，或精神不振，或吮指磨牙。

（3）体重低于正常同年龄儿童平均值15%以上。

（4）实验室检查：贫血者，血红蛋白及红细胞减少；疳肿胀者，血清总蛋白大多在45g/L以下，血清白蛋白常在20g/L以下。

（二）鉴别诊断

1. 厌食 多由喂养不当，脾胃运化功能失调所致，以长期食欲不振，厌恶进食、食量减少为特征，无明显消瘦，精神尚好，预后良好。

2. 积滞 以不思乳食，食而不化，脘腹胀满，大便酸臭为特征，尚无明显形体消瘦、精神委靡等特征。但积滞与疳证关系密切，前人云“积为疳之母，有积不治，乃成疳证”。

三、辨证要点

1. 辨轻重 根据其严重程度不同，将疳证分为疳气、疳积和疳干。初起阶段仅表现为面黄发稀，食欲不振，形体略瘦，由脾胃失和引起，属病情轻浅之疳气；病情进展，表现为形体明显消瘦，肚腹膨隆，烦躁易怒，夜啼不宁，由脾虚夹积导致疳积；后期形体极度消瘦，貌似老人，厌恶进食，腹凹如舟，精神委靡者，为脾胃衰败，气血津液干涸之重证，称为干疳。

2. 辨兼证 兼证常在干疳及疳积重证阶段出现，可累及多个脏腑。症见口舌生疮，五心烦热，为脾病及心；夜盲目翳，畏光干涩，为脾病及肝；足踝及全身浮肿则为脾病及肾。

四、治疗

本病治疗以健脾益气为主。疳气以和为主；疳积以消为主，或消补兼施；干疳以补为主。出现兼证者，应结合主证，随症治之。同时要注意合理补充营养，纠正不良饮食习惯，积极治疗各种原发疾病。可配合推拿、中药贴敷、针灸等多种外治方法。

（一）分证论治

1. 常证

（1）疳气

证候：形体略瘦，面色萎黄少华，毛发稍稀，食欲不振，精神欠佳，易发脾气，大便或溏或干结，舌质淡，苔薄微腻，脉细，指纹淡紫。

治法：健脾助运，化湿和中。

主方：资生健脾丸（《先醒斋医学广笔记》）加减。

常用药：党参、白术、茯苓、扁豆、陈皮、山药、薏苡仁、莲子肉、泽泻、藿香、砂仁、白豆蔻、麦芽、神曲、山楂。

加减：急躁易怒，夜卧不宁者加胡黄连、钩藤抑木除烦；大便稀溏者加炮姜、肉豆蔻温运脾阳；大便干结者加火麻仁、决明子润肠通便。

中成药：儿康宁糖浆。

（2）疳积

证候：形体明显消瘦，面色萎黄，肚腹膨胀，毛发稀疏，精神烦躁，夜卧不宁，或吮指磨牙，或嗜食异物，大便酸臭，舌淡苔腻，脉沉细，指纹紫滞。

治法：健脾益气，消积导滞。

主方：肥儿丸（《医宗金鉴》）加减。

常用药：人参、白术、茯苓、神曲、山楂、麦芽、鸡内金、大腹皮、槟榔、黄连、胡黄连、甘草。

加减：腹胀明显者加枳实、厚朴理气宽中；大便秘结者加火麻仁、郁李仁润肠通便；烦躁不安，揉眉挖鼻者加牡蛎、莲子芯清热除烦，平肝抑木；口渴多饮者加石斛、玉竹滋阴养胃；恶心呕吐者加姜汁、半夏降逆止呕；肚腹青筋暴露者加丹参、生牡蛎活血软坚散结。治疗过程中需注意消积、驱虫药不可久用，应中病即止。

中成药：肥儿丸、小儿香橘丹、启脾丸、香砂枳术丸。

（3）干疳

证候：形体极度消瘦，皮肤干瘪起皱，貌似老人，毛发干枯，面色苍白，精神委靡，啼哭无力，腹凹如舟，杳不思食，大便稀溏或便秘，舌淡嫩，苔少，脉细弱。

治法：益气养血，温补脾肾。

主方：八珍汤（《正体类要》）加减。

常用药：人参、白术、茯苓、熟地黄、当归、白芍、川芎、黄芪、炒谷芽、甘草。

加减：四肢欠温者，加鹿角胶、淫羊藿温补肾阳；夜寐不安者加五味子、首乌藤宁心安神；舌干红，少苔者加石斛、乌梅生津敛阴。

中成药：十全大补丸（颗粒）、复方阿胶浆。

2. 兼证

（1）眼疳

证候：两目干涩，畏光羞明，眼角赤烂，甚则黑睛混浊，白睛生翳，夜间视物不清。

治法：养血柔肝，滋阴明目。

主方：石斛夜光丸（《原机启微》）加减。

常用药：石斛、人参、茯苓、麦冬、熟地黄、生地黄、菟丝子、枸杞子、五味子、决明子、青葙子、山药、枳壳。

中成药：石斛夜光丸、明目地黄丸。

（2）口疳

证候：口舌生疮，甚或满口糜烂，面红唇赤，烦躁哭闹，小便短黄，或吐舌、弄舌。

治法：清心泻火，滋阴生津。

主方：泻心导赤散（《医宗金鉴》）加减。

常用药：黄连、生地黄、川木通、甘草、栀子、灯心草、竹叶、麦冬、石斛、玉竹。

中成药：栀子金花丸。

（3）疳肿胀

证候：足踝浮肿，甚或颜面及全身浮肿，按之凹陷，四肢欠温，小便短少。

治法：健脾温阳，利水消肿。

主方：防己黄芪汤（《金匮要略》）合五苓散（《伤寒论》）加减。

常用药：防己、黄芪、白术、茯苓、猪苓、泽泻、桂枝、甘草。

中成药：金匮肾气丸。

（二）其他疗法

1. 推拿疗法

（1）疳气：补脾经，补肾经，运内八卦，揉板门，按揉足三里，每穴各200～300次，捏脊6遍。

（2）疳积：补脾经，清胃经、心经、肝经，捣小天心，摩腹，分推腹阴阳，每穴各 200～300次，捏脊6遍。

（3）干疳：补脾经，补肾经，运内八卦，揉二马，推三关，按揉足三里，每穴各200～300次，捏脊6遍。

2. 敷贴疗法

（1）杏仁10g，桃仁10g，栀子10g，芒硝10g，白胡椒7粒，葱白7根，共研末捣烂，加鸭蛋清1只，白酒3ml，调成饼糊，敷于脐部，每日1次，连用3～5天，用于疳气证、疳积证。

（2）当归、白术、桔梗、陈皮、玄明粉、大腹皮、莱菔子各6g，共研粗末，黄酒调和，外敷神阙，每日1次，7次为1个疗程，用于疳积腹胀者。

3. 针灸疗法

（1）体针

主穴：中脘、气海、足三里、三阴交。

配穴：脾俞、胃俞、痞根（奇穴，腰1旁开3.5寸）。

操作：补法为主，夹积者用平补平泻，中等刺激，不留针，针后可配合艾灸。每日1次，7次为1个疗程，用于疳气证、疳积轻证。

加减：烦躁不安，夜眠不宁者加神门、内关；脾虚夹积，脘腹胀满者加刺四缝；气血亏虚重者加关元；大便稀溏者加天枢、上巨虚。

（2）刺四缝疗法：四缝穴位于示指、中指、环指及小指第二指节横纹正中。用75%乙醇消毒后，避开静脉，用三棱针或粗毫针迅速刺入约1mm，刺后用手挤出黄白色黏液，每日1次，直到针刺后不再有黄白色黏液挤出为止，用于疳气、疳积。

（3）皮肤针法：选脾俞、胃俞、华佗夹脊穴（第7～12椎）用梅花针轻度扣打，每日1次，每次扣打20分钟，用于疳气、疳积。

五、预防调护

（1）提倡母乳喂养，合理添加辅食。

（2）饮食要营养均衡，易于消化，满足小儿生长发育的需要；纠正不良饮食习惯，防止偏食、挑食。

（3）合理安排小儿生活起居，保证充足睡眠时间，经常户外活动，呼吸新鲜空气，多晒太阳，增强体质。

（4）定期测量体重，如发现体重增长缓慢、不增或减轻，应尽快查明原因，及时予以纠正。

（5）病情较重的患儿要加强全身护理，防止褥疮、眼疳、口疳等并发症的发生。

第九节 贫　血

贫血按病因分类可分为红细胞或血红蛋白生成不足性贫血、溶血性贫血和失血性贫血三类，即营养性缺铁性贫血、营养性巨幼细胞性贫血、铁幼粒红细胞性贫血；溶血性贫血；出血性疾病。其中营养性缺铁性贫血是小儿贫血中最常见的一种类型，故本章节重点介绍营养性缺铁性贫血，其他类型的贫血应在明确病因诊断，并给予相应治疗的基础上，参考本节内容辨证论治。

营养性缺铁性贫血又名小细胞低色素性贫血，因体内储存铁缺乏，使血红蛋白合成减少所致，临床以皮肤黏膜苍白或苍黄、倦怠乏力、食欲不振、烦躁不安等为特征。一般轻度贫血除实验室检查异常外，临床常无明显症状；中度贫血可见面色萎黄或苍白，肢倦乏力，头晕耳鸣，心悸气短，烦躁不安等；重度贫血除上述症状外，尚见毛发枯黄，精神委靡，爪甲枯脆，腹泻纳呆，发育迟缓，胁下痞块，甚或震颤抽搐，额汗肢冷，吐衄便血等。本病属于中医学“血虚”“虚劳”等范畴。

本病多见于 6 个月～3 岁的婴幼儿。轻中度贫血一般预后良好，重度贫血或长期不愈者影响小儿的生长发育，且可使机体抗病能力下降，易罹患感染性疾病。

一、病因病机

先天禀赋不足是贫血的重要原因。胎儿的生长发育，全赖母体气血的供养，若孕母素体虚弱；或孕期失于调摄，饮食摄入不足或偏食、挑食；或疾病影响、药物克伐等，皆可影响胎儿的生长发育，致使胎儿精髓不足，气血内亏而发病。脾胃为后天之本，气血生化之源；心主血，既行血以维持全身各脏腑的正常功能活动，又参与血的生成，如《素问·阴阳应象大论》所说“心生血”；肾藏精，精为血之本；肝藏血，与肾同源，血充精足，则肾有所主，肝有所藏，精血可以相互转化。故脾肾心肝功能正常，则血液化生充足，皮肉筋骨、五脏六腑得以濡养。若先天禀赋不足，后天喂养不当或罹患他病而损伤上述脏腑功能，影响血液化生时，则可导致本病的发生。

1. 脾胃虚弱　小儿生机蓬勃，发育迅速，所需营养物质相对较多，但脾常不足，运化功能薄弱。若后天喂养不当，饮食不节，恣食肥甘生冷，饥饱无常，喂养失宜；或母乳不足，未能及时添加辅食；或长期偏食、少食、挑食等，多食伤胃，过饥则伤脾，而致脾胃功能受损，或罹患他病，或病后失调，或感染诸虫等，伤及脾胃，均可导致脾胃虚弱，化生无权，产生贫血。

2. 心脾两虚　脾生血，心主血，心血全赖脾气转输之水谷精微化生。贫血日久不愈，脾气虚弱，运化失职，水谷精微化生不足，气血生化乏源，不能奉心化赤而为血，致使心血亏虚，心血不足，肌肤、爪甲、毛发失荣，心失所养，神失所藏。心脾两虚，不能上充于脑，而有头晕眼花等症。

3. 肝肾阴虚　肾藏精，肝藏血，肝肾同源，精血互生，若病情久延，血不化精，精血亏虚，肝肾失养，可引发肝肾阴虚，精亏血耗，甚至精血两败。

4. 脾肾阳虚　气中有血，血中有气，气血相依，循环不已。贫血迁延日久，或突然大量失血，气随血脱，阴损及阳，导致脾肾阳虚，甚至阳气衰败而危及生命。

总之，缺铁性贫血是诸多因素造成的病理结果，血虚不荣是贫血的主要病理基础，病变脏腑主要在心、肝、脾、肾，其中尤以脾胃最为重要。病初起在脾胃，脾胃虚损，纳化不及，则气血无以化生。气血亏虚，脏腑失荣而疾病丛生。血不养心，心神失养，可出现心脾两虚证候；病情久延，血不化精，精血亏虚，肝肾失养，则出现肝肾阴虚证候；若阴损及阳，阳气衰微，火不暖土，则可呈现脾肾阳虚之候。贫血严重者，可因精血大衰，气随血脱，而出现厥脱险证之变。

二、临床诊断

（一）诊断要点

（1）病史：有明确的缺铁病史：如喂养不当，铁摄入量不足，吸收障碍，需要增多或慢性失血等。

（2）临床表现：发病缓慢，皮肤黏膜逐渐苍白或萎黄，以口唇、口腔黏膜及甲床最为明显，神疲乏力，食欲减退，或异食癖。年长儿有头晕等症状。部分患儿可有肝脾肿大。

（3）实验室检查：①贫血为小细胞低色素性，平均血红蛋白浓度（MCHC）<0.31，红细胞平均体积（MCV）<80fl，平均血红蛋白（MCH）<26pg；②3 月～6 岁血红蛋白<110g/L，6 岁以上血红蛋白<120g/L；③血清铁、总铁结合力、运铁蛋白饱和度、红细胞原卟啉、血清铁蛋白等异常。

（4）铁剂治疗有效：用铁剂治疗 6 周后，血红蛋白上升 20g/L 以上。

（5）病情分度：轻度：6 个月～6 岁血红蛋白 90～110g/L，6 岁以上血红蛋白 90～120g/L；中度：血红蛋白 60～90g/L；重度：血红蛋白 30～60g/L；极重度：血红蛋白<30g/L。新生儿血红蛋白 144～120g/L 为轻度，120～90g/L 为中度，90～60g/L 为重度，<60g/L 为极重度。

（二）鉴别诊断

1. 营养性巨幼红细胞性贫血 是由于缺乏维生素 B_{12} 和（或）叶酸所引起的一种大细胞性贫血，多见于单纯羊乳或母乳喂养，未及时添加辅食的婴幼儿。临床除贫血表现外，可出现烦躁不安、表情呆滞、嗜睡、反应迟钝、智力动作发育落后，甚则出现肢体头身震颤、肌无力等神经系统表现。末梢血中红细胞体积变大，MCV>94fl，MCH>32pg，红细胞的减少比血红蛋白的减少更为明显。骨髓象增生明显活跃，以红细胞系增生为主，各期幼红细胞均出现巨幼变。

2. 铁幼粒红细胞性贫血 主要因血红蛋白不能在幼红细胞线粒体内正常合成，致铁利用障碍而引起，可表现为小细胞低色素性贫血。但血清铁正常或增高，骨髓中可染出较多的铁粒幼红细胞，其中铁颗粒多而粗大，且绕核成环状，顽固性贫血，铁剂治疗无效。

三、辨证要点

本病的辨证应以气血阴阳辨证与脏腑辨证相结合。根据病史、临床表现及实验室检查等以明确病因、确定脏腑、分清轻重、识别气血阴阳等。由先天因素所致者，多有早产、多胎、孕母体虚病史；由喂养不当引起者，往往有喂养太过或摄入不足史。贫血症状的轻重与血红蛋白下降的速度有关，贫血发生缓慢者症状较轻，短期内血红蛋白迅速下降者，临床症状较重。本病总由心、肝、脾、肾四脏虚损所致，其中尤与脾胃关系最为密切。病在脾者除见面色萎黄或苍白外，常见食少纳呆、体倦乏力、大便不调等；病及心者，心悸怔忡，夜寐不安，气短懒言；病及肝者，两目干涩，爪甲枯脆，头晕目眩；病及肾者，腰膝酸软，发育迟缓，潮热盗汗，或肢冷畏寒。

四、治疗

本病治疗当以健脾开胃，益气养血为原则。盖脾胃为后天之本，气血生化之源，脾健胃和，纳食增多，化源充盈，则贫血自能改善和痊愈。临证时，尚需结合他脏虚损情况，灵活施以养心安神、滋养肝肾、温补脾肾等法。因补益药大都损脾碍胃，影响食欲，故组方用药时不可拘泥贫血而重用滋腻补血之品，总以补而不滞，补不碍胃为要。

诊疗时应尽量查明病因，同时或首先作病因治疗。中药与铁剂配合治疗时，中药不仅仅着眼于治疗本病，应同时注意铁剂治疗所常出现的消化道症状等不良反应。

（一）分证论治

（1）脾胃虚弱证

证候：面色萎黄，唇甲色淡，形体消瘦，神疲乏力，食欲不振，大便不调，舌质淡，苔薄白，脉细无力，指纹淡红。

治法：健运脾胃，益气生血。

主方：六君子汤（《世医得效方》）加减。

常用药：党参、白术、茯苓、黄芪、当归、大枣、陈皮、半夏、生姜、砂仁、炒麦芽。

加减：气虚重者，改党参为人参健脾益气；内有食积，腹胀嗳腐者加焦山楂、炒谷芽、鸡内金、枳实消食化积；口臭、手足心热，积滞化热者加胡黄连、连翘清解积热；便秘者加决明子、柏子仁、火麻仁润肠通便；便溏食物不化者加炮姜、山药、薏苡仁温中健脾止泻；腹胀者加槟榔、木香行气导滞；反复外感者合玉屏风散益气固表御邪。

中成药：健脾生血颗粒、生血丸。

（2）心脾两虚证

证候：面色萎黄，唇甲苍白，发黄稀疏，心悸怔忡，夜寐不安，气短懒言，头晕目眩，神疲纳呆，舌质淡，苔薄白，脉细弱，指纹淡红。

治法：补脾养心，益气生血。

主方：归脾汤（《正体类要》）加减。

常用药：黄芪、人参、白术、茯苓、当归、何首乌、龙眼肉、远志、酸枣仁、夜交藤、木香、焦六神曲、炒麦芽。

加减：血虚明显者加鸡血藤、白芍补血养血；纳呆者加焦山楂、鸡内金、陈皮开胃助运；便溏者，减少当归用量，加苍术、薏苡仁健脾渗湿；心悸夜眠不宁者加柏子仁、酸枣仁养心安神；脾虚肝旺，肢体震颤者加白芍、钩藤、磁石柔肝平肝潜阳；活动后多汗者加浮小麦、煅牡蛎固涩敛汗；下肢水肿者加赤小豆、薏苡仁、猪苓健脾利湿；气不摄血，衄血便血者加阿胶、地榆、仙鹤草养血止血。

中成药：养血饮口服液、归脾丸。

（3）肝肾阴虚证

证候：面色苍白，颧红盗汗，毛发干枯，指甲易脆，耳鸣目涩，腰膝酸软，发育迟缓，口舌干燥，肌肤不泽，甚或皮肤瘀斑，吐血衄血，舌质红，少苔或无苔，脉细数。

治法：滋养肝肾，益精生血。

主方：左归丸（《景岳全书》）加减。

常用药：龟甲、鹿角胶、菟丝子、怀牛膝、熟地黄、山药、山茱萸、枸杞子、阿胶、砂仁、焦山楂。

加减：潮热盗汗者加鳖甲、地骨皮、白薇养阴清热；久病精血大虚，智力发育迟缓者加紫河车、益智仁益精补血，滋肾开窍；眼目干涩者加石斛、夜明砂、羊肝补肝明目；神疲乏力者加黄芪、太子参益气扶正；四肢震颤者加沙苑子、白芍、钩藤、地龙养肝息风；心烦头晕目眩者加菊花、石决明平肝潜阳；胁下癥块者加鳖甲、丹参、莪术活血化瘀消癥。

中成药：小儿生血糖浆、大补元煎丸。

（4）脾肾阳虚证

证候：面色㿠白，口唇苍白，发黄稀少，精神委靡，畏寒肢冷，纳呆便溏，或完谷不化，消瘦

或浮肿，少气懒言，发育迟缓，舌淡胖嫩，苔白，脉沉细无力，指纹淡。

治法：温补脾肾，益阴养血。

主方：右归丸（《景岳全书》）加减。

常用药：熟地黄、山茱萸、枸杞子、菟丝子、仙茅、淫羊藿、补骨脂、鹿角片、山药、焦山楂。

加减：畏寒肢冷者加附子、肉桂温阳补肾；囟门晚闭者加龟甲、牡蛎、龙骨补肾壮骨；发黄稀少者加党参、当归补血生发；大便溏泄者，减熟地黄，加白术、炮姜、肉豆蔻健脾温阳，固涩止泻；下肢浮肿者加薏苡仁、茯苓、猪苓利湿消肿；出血者加炮姜炭、艾叶、仙鹤草温经散寒，收涩止血；少气懒言者加黄芪、党参甘温健脾益气。冷汗肢厥脉微，阳气欲脱者，急以参附龙牡救逆汤回阳救逆固脱。

中成药：归芪口服液。

（二）其他疗法

1. 推拿疗法

（1）脾胃虚弱：补脾经、推三关各 200～300 次，摩腹 3～5 分钟，按揉脾俞、胃俞、肾俞、足三里各 1～3 分钟，捏脊 6 遍。脾虚夹积者加揉板门 200～300 次。

（2）心脾两虚：补脾经、运内八卦各 200～300 次，捏脊 6 遍。

（3）肝肾阴虚：清肝经、揉二马、清天河水各 200～300 次，揉涌泉 1～3 分钟。

（4）脾肾阳虚：补肾经、补脾经、逆摩少腹各 200～300 次，揉上马 1～3 分钟，捏脊 6 遍。

2. 针灸疗法

（1）体针：取大椎、脾俞、胃俞、关元、足三里、气海、三阴交、肾俞、太溪。每次选 3～5 穴，用补法或平补平泻法，针后加艾灸。每日 1 次，10 次为 1 个疗程。

（2）耳穴压豆法：取胃、脾、肾、肝、皮质下、内分泌、肾上腺。每次选 4～5 穴，用王不留行籽胶布贴压，左右交替，3 日一换。

3. 西医治疗

（1）一般治疗：合理喂养，增加富含铁质、维生素 C 和蛋白质的食物。

（2）病因治疗：及时查明、祛除病因是治疗贫血的关键。如驱除钩虫、手术矫治肠道畸形、控制慢性失血及感染等。

（3）铁剂治疗：①口服铁剂，二价铁盐较易吸收，常用制剂有硫酸亚铁（含铁 20%）、富马酸亚铁（含铁 30%）、葡萄糖酸亚铁（含铁 11%）。口服铁剂以元素铁计，一般为 4～6mg/（kg·d），分 3 次口服，一次量不应超过元素铁 1.5～2mg/kg。最好于两餐之间服药，同时服用维生素 C 可使三价铁还原成二价铁，促进铁的吸收。服用铁剂期间不宜同时服用牛奶、茶、咖啡及抗酸药，以免影响铁的吸收。铁剂治疗有效者，网织红细胞升高于 5～7 天达高峰，2～3 周后降至正常。治疗 1～2 周后，血红蛋白相应增加，临床症状亦随之好转。通常于治疗 3～4 周后血红蛋白达到正常，但血红蛋白达正常水平后应继续服用铁剂 6～8 周再停药，以补足铁的储存量。治疗中最好测定血清铁蛋白，以避免铁过量。如口服 3 周仍无效，应考虑是否有诊断错误或其他影响疗效的原因。②注射铁剂：用于口服铁剂疗效不满意，或不能耐受，或有消化道疾病影响铁的吸收者。注射铁较容易发生不良反应，甚至可发生过敏性反应致死，故应慎用。

（4）输血治疗：对重证贫血，尤其是有心功能不全或并发严重感染者，可予输血，以尽快改善贫血状态。贫血越重，一次输血量应越小，速度亦应越慢，以免引起或加重心功能不全。对极重证患儿可用浓缩红细胞换血。

五、预防调护

（1）加强孕期、哺乳期母亲的营养和疾病防治，合理膳食，确保婴儿健康。

（2）提倡母乳喂养，及时添加营养丰富、富含铁剂的辅食，如肝、瘦肉、鱼、蛋黄、新鲜菜泥等。婴儿食品中可加入适量铁剂进行强化，早产儿、低体重儿宜于2个月左右即给予铁剂预防。

（3）养成良好的饮食习惯，合理配置膳食结构。纠正偏食、挑食、零食等不良习惯，防止脾胃损伤。以牛乳喂养者，须加热后服用，以减少因过敏引起的肠道出血。

（4）及时治疗各类传染病、消化道疾病、寄生虫病、出血性疾病等，谨慎用药，加强病期护理，以防止营养性贫血的发生。

（5）加强患儿生活调理，讲究卫生，注意休息，随气候变化及时增减衣服，避免各种感染。

（6）饮食宜富含营养，易于消化，多食含铁丰富且吸收率高的食品，饮食有节，避免饱食过餐。

（7）重证贫血患儿要加强护理，尽量卧床休息，减少活动，密切观察病情变化，早期发现虚脱、出血等危证，以及时抢救。

第四章 心肝病证

第一节 夜 啼

夜啼是指小儿白天能安然入睡，入夜出现啼哭不安，时哭时止，或每夜定时啼哭，甚则通宵达旦的病证。

啼哭是新生儿及婴儿的一种生理活动。在表达要求或者痛苦，如饥饿、惊恐、尿布潮湿、衣被过冷或过热时都可出现啼哭表现，此时若喂以乳食、安抚亲昵、更换潮湿尿布、调整衣被厚薄后，啼哭可很快停止，不属病态。

夜啼多见于新生儿及婴儿。本节主要论述婴儿夜间不明原因的反复啼哭。由于伤乳、发热或其他疾病引起的啼哭，应当审因论治，不属于本证范围。

一、病因病机

本病主要因脾寒、心热、惊恐所致。

1. 脾寒腹痛 由于孕母素体虚寒、恣食生冷，胎禀不足，脾寒内生。《保婴撮要·夜啼》云："夜属阴，阴盛则脾脏之寒愈盛，脾为至阴，喜温而恶寒，寒则腹中作痛，故曲腰而啼。"或因护理不当，腹部中寒，或用冷乳哺食，中阳不振，以致寒邪内侵，凝滞气机，不通则痛，因痛而啼。

2. 心火亢盛 若孕母脾气急躁，或平素恣食香燥炙热之品，或过服温热药物，蕴蓄之热遗于胎儿；出生之后将养过温，受火热之气熏灼，均令体内积热，心火上炎，心神不安而啼哭不止。《幼科发挥·心所生病》云："心属火则烦，多夜啼。"由于心火过亢，阴不能制阳，故夜间不寐而啼哭不宁；彻夜啼哭之后，阳气耗损而日间精神不振，故白天入寐；夜间心火复亢，故入夜又啼，周而复始，循环不已。

3. 惊恐作啼 心藏神而主惊，小儿神气怯弱，智慧未充，若见异常之物，或闻特异声响，常致惊恐。惊则伤神，恐则伤志，致使心神不宁，神志不安，寐中惊惕，因惊而啼。

总之，寒则痛而啼，热则烦而啼，惊则神不安而啼，是以寒、热、惊为本病之主要病因病机。

二、临床诊断

（一）诊断要点

（1）婴儿难以查明原因的入夜啼哭不安，时哭时止，或每夜定时啼哭，甚则通宵达旦，而白天如常。

（2）详细询问病史，仔细查体，必要时辅助实验室检查，排除外感发热、口疮、肠套叠、寒疝等疾病引起的啼哭。

（二）鉴别诊断

1. 不适引起啼哭 小儿夜间若喂食不足或过食、尿布潮湿未及时更换、环境及衣被过冷或过热、襁褓中夹有硬件异物等，均可引起婴儿不适而啼哭，采取相应措施后则婴儿啼哭即止。

2. 拗哭 部分婴儿因不良习惯而致夜间拗哭，如夜间开灯方寐、摇篮中摇摆方寐、怀抱方寐、边走边拍方寐的习惯等，注意纠正不良习惯后啼哭可以停止。

3. 维生素D缺乏性佝偻病 佝偻病初期多以非特异性神经症状为主，也可以表现为夜啼、烦躁不安等症状，但同时伴有多汗、囟门开大、发稀枕秃、出牙延迟等症状，有维生素D缺乏史。

三、辨证要点

辨证重在辨别轻重缓急，寒热虚实。确认夜啼无直接病因者，方可按脾寒、心热、惊恐辨治。虚实寒热要以哭声的强弱、持续时间、兼症的属性来辨别。哭声响亮而长为实，哭声低弱而短为虚；哭声绵长、时缓时急为寒，哭声清扬、延续不休为热；哭声惊怖、骤然发作为惊。婴儿夜啼以实证为多，虚证较少。辨证要与辨病相结合，不可将他病引起的啼哭误作夜啼，延误病情。

四、治疗

夜啼治疗，因脾寒气滞者，治以温脾行气；因心经积热者，治以清心泻火；因惊恐伤神者，治以镇惊安神。可同时配合小儿推拿、中药敷脐、热熨等外治疗法。新生儿脐部应保持干燥，防止感染，故新生儿及有脐部疾患的患儿不宜使用敷脐疗法，同时避免热熨、摩腹等刺激脐部皮肤的外治方法。

（一）分证论治

（1）脾寒气滞证

证候：啼哭时哭声低弱，时哭时止，睡喜蜷曲，腹喜摩按，四肢欠温，吮乳无力，胃纳欠佳，大便溏薄，小便较清，面色清白，唇色淡红，舌苔薄白，指纹多淡红。

治法：温脾散寒，行气止痛。

主方：乌药散（《小儿药证直诀》）合匀气散（《医宗金鉴》）加减。

常用药：乌药、高良姜、炮姜、砂仁、陈皮、木香、香附、白芍、桔梗、甘草。

加减：大便溏薄者加党参、白术、茯苓健脾益气；时有惊惕者加蝉蜕、钩藤祛风镇惊；哭声微弱，胎禀怯弱，形体羸瘦者，可酌用附子理中汤加减，以温壮元阳。

中成药：理中丸、丁桂儿脐贴。

（2）心经积热证

证候：啼哭时哭声较响，见灯尤甚，哭时面赤唇红，烦躁不宁，身腹俱暖，大便秘结，小便短赤，舌尖红，苔薄黄，指纹多紫。

治法：清心泻火，宁心安神。

主方：导赤散（《小儿药证直诀》）加减。

常用药：生地、竹叶、通草、甘草梢、灯心草。

加减：大便秘结而烦躁不安者，加生大黄以泻火除烦；腹部胀满而乳食不化者，加麦芽、莱菔子、焦山楂以消食导滞；热盛烦闹者加黄连、栀子以泻火除烦。

中成药：导赤丸、小儿夜啼颗粒。

（3）惊恐伤神证

证候：夜间突然啼哭，似见异物状，神情不安，时作惊惕，紧偎母怀，面色乍青乍白，哭声时高时低，时急时缓，舌苔正常，指纹色紫，脉数。

治法：定惊安神，补气养心。

主方：远志丸（《严氏济生方》）加减。

常用药：远志、石菖蒲、茯神、龙齿、人参、茯苓。

加减：睡中时时惊惕者，加钩藤、蝉蜕、菊花以息风镇惊；喉有痰鸣者，加僵蚕、郁金化痰安神。

中成药：琥珀抱龙丸。

（二）其他疗法

1. 外治疗法 将艾叶、干姜粉炒热，用纱布包裹，熨小腹部，从上至下，反复多次；或用丁香、肉桂、吴茱萸等量研细末，置于普通膏药上，贴于脐部，用于脾寒气滞证。

2. 针灸疗法

（1）艾灸：将艾条燃着后在神阙周围温灸，不触及皮肤，以皮肤潮红为度。每日1次，连灸7日，用于脾寒气滞证。

（2）针刺：取穴中冲，不留针，浅刺出血，用于心经积热证。

3. 推拿疗法

（1）脾寒气滞证：补脾经，运八卦，揉外劳宫，摩腹分推阴阳。

（2）心经积热证：清天河水，清心经，清小肠，捣小天心，揉内关。

（3）惊恐伤神证：清肝经，清天河水，捣小天心，掐揉五指节。

五、预防调护

（1）要注意防寒保暖，但也勿衣被过暖。

（2）孕妇及乳母不可过食寒凉及辛辣热性食物，勿受惊吓。

（3）不可将婴儿抱在怀中睡眠，不通宵开启灯具，养成良好的睡眠习惯。

（4）注意保持周围环境安静祥和，检查衣服被褥有无异物刺伤皮肤。

（5）婴儿无故啼哭不止，要注意寻找原因，如饥饿、过饱、闷热、寒冷、虫咬、尿布浸渍、衣被刺激等，除去引起啼哭的原因。

第二节 汗 证

汗证是指小儿在安静状态下，正常环境中，全身或局部出汗过多，甚则大汗淋漓的一种病证。

汗证多见于婴幼儿和学龄前期儿童，因小儿时期形气未充、腠理疏松，尤其平素体质虚弱者，则更易发生汗证。小儿汗证有盗汗与自汗之分，夜间入睡后汗出，醒后汗止者为盗汗；白天安静状态下，或稍作活动即汗出较多者为自汗。但小儿汗证往往自汗、盗汗并见，故在辨别其阴阳属性时还应考虑其他证候。婴幼儿睡后头部微有汗出，以及气候炎热、衣被过厚、剧烈活动、乳食过急等导致的汗出，均属生理现象，不为病态。至于因温热病引起的出汗，或属危重证阴竭阳脱、亡阳大汗者，不在本节讨论范围。

小儿汗证，多属西医学自主神经功能紊乱，而维生素D缺乏性佝偻病及结核感染，也常以多汗为主症，临证当注意鉴别，及时明确诊断，以免贻误治疗。

一、病因病机

汗是人体五液之一，是由阳气蒸化津液而来。《素问·阴阳别论》所说：“阳加于阴，谓之汗。”

心主血，汗为心之液，阳为卫气，阴为营血，阴平阳秘，营卫调和，则津液内敛；反之，若阴阳脏腑气血失调，营卫不和，卫阳不固，腠理开阖不利，则汗液外泄。小儿汗证的发生，多由体虚所致。其主要病因为禀赋不足。

1. 肺脾气虚 肺主皮毛，脾主肌肉，若先天禀赋不足，或后天脾胃失调，导致肺脾气虚，表虚不固，故可见自汗、盗汗。

2. 营卫失调 营行脉中，卫行脉外，若疾病影响，或病后护理不当，营卫不和，致营气不能内守而敛藏，卫气不能卫外而固密，则津液从皮毛外泄，发为汗证。《小儿卫生总微论方·诸汗论》云："小儿有遍身喜汗出者，此营卫虚也。"

3. 气阴亏虚 气属阳，血属阴。先天不足，后天失养的体弱小儿，气阴虚亏；或大病久病之后，气血亏损，气虚不能敛阴，阴亏虚火内炽，迫津外泄而为汗。

4. 湿热迫蒸 小儿脾常不足，若平素饮食甘肥厚腻，可致积滞内生，郁而生热。甘能助湿，肥能生热，蕴阻脾胃，湿热郁蒸，外泄肌表而致汗出。

二、临床诊断

（一）诊断要点

（1）小儿在安静状态下，正常环境中，全身或局部出汗过多，甚则大汗淋漓。

（2）寐则汗出，醒时汗止者称盗汗；不分寤寐而出汗者称自汗。

（3）排除维生素D缺乏性佝偻病、结核感染、风湿热、传染病等引起的出汗。

（二）鉴别诊断

1. 脱汗 发生于病情危笃之时，出现大汗淋漓，或汗出如油；伴有肢冷、脉微、呼吸底弱，甚至神志不清等。

2. 战汗 在恶寒发热时全身战栗，随之汗出淋漓，或但热不寒，或汗出身凉，过后再作，常出现在热病过程中。

3. 黄汗 汗色发黄，染衣着色如黄柏色，多见于黄疸及湿热内盛者。

此外，要与药物和中毒因素、急性感染性疾病、佝偻病活动期、营养不良，或因风湿热、结核病等传染病引起的出汗相鉴别。

三、辨证要点

小儿汗证主要辨虚实，虚证有肺卫不固、营卫失调、气阴亏虚证；实证多因湿热迫蒸所致。肺卫不固证以自汗为主，多见于头颈胸背部；营卫失调证自汗为主，遍身汗出而不温；气阴亏虚证以盗汗为主，多伴虚热征象；湿热迫蒸证则汗出肤热。自汗以气虚、阳虚为主；盗汗以阴虚、血虚为主。

四、治疗

汗证以虚为主，补虚是其基本治疗原则。除内服药外，尚可配合脐疗等外治疗法。

（一）分证论治

（1）肺卫不固证

证候：以自汗为主，或伴盗汗，以头部、肩背部汗出明显，动则尤甚，神疲乏力，面色少华，易感冒，舌淡，苔薄，脉细弱，指纹淡红。

治法：益气固表。

主方：玉屏风散（《丹溪心法》）合牡蛎散（《太平惠民和剂局方》）加减。

常用药：黄芪、白术、防风、煅牡蛎、浮小麦、麻黄根。

加减：脾胃虚弱，纳呆便溏者加山药、炒扁豆、砂仁健脾助运。

中成药：玉屏风颗粒（口服液）、童康片。

（2）营卫失调证

证候：以自汗为主，或伴盗汗，汗出遍身而不温，微寒怕风，或伴有低热，精神疲倦，胃纳不振，舌质淡红，苔薄白，脉缓，指纹浮红。

治法：调和营卫。

主方：黄芪桂枝五物汤（《金匮要略》）加减。

常用药：黄芪、桂枝、芍药、生姜、大枣、浮小麦、煅牡蛎。

加减：精神倦怠、面色少华者加党参、怀山药健脾益气；口渴、尿黄、虚烦不眠者加酸枣仁、石斛、柏子仁养心安神；汗出恶风，表证未解者，用桂枝汤祛风解表。

中成药：黄芪止汗冲剂。

（3）气阴亏虚证

证候：以盗汗为主，也常伴自汗，形体消瘦，汗出较多，神萎不振，心烦少寐，寐后汗多，或伴低热，口干，手足心灼热，哭声无力，口唇淡红，舌质淡，苔少或见剥苔，脉细弱或细数，指纹淡紫。

治法：益气养阴。

主方：生脉散（《内外伤辨惑论》）加减。

常用药：西洋参、麦冬、五味子、生黄芪、酸枣仁。

加减：精神困顿，食少不眠，不时汗出，面色无华者，为气阳偏虚，去麦冬，加白术、茯苓益气健脾固表；睡眠汗出，醒则汗止，口干心烦，容易惊醒，口唇淡红者，为心脾不足，脾虚血少，心失所养，可用归脾汤合龙骨、牡蛎、浮小麦补养心脾，益气养血，敛汗止汗；低热口干，手足心灼热者，加白芍、地骨皮、牡丹皮清其虚热。

中成药：生脉饮口服液、虚汗停颗粒。

（4）湿热迫蒸证

证候：自汗或盗汗，以头部或四肢为多，汗出肤热，汗渍色黄，口臭，口渴不欲饮，小便色黄，色质红，苔黄腻，脉滑数，指纹紫滞。

治法：清热泻脾。

主方：泻黄散（《小儿药证直诀》）加减。

常用药：石膏、栀子、防风、藿香、甘草、麻黄根、糯稻根。

加减：尿少色黄者，加滑石、车前草清利湿热；汗渍色黄者，加茵陈蒿、佩兰清化湿热；口臭口渴者，加胡黄连、丹皮清降胃火。

（二）其他疗法

1. 针灸治疗

（1）体针：以合谷、复溜为主穴。

肺卫不固证：加肺俞、大椎、列缺、足三里。

营卫失调证：加心俞、脾俞、曲池、大椎。

气阴亏虚证：加气海、太溪、阴郄、照海、足三里。

湿热迫蒸证：加曲池、外关、阴陵泉、委中。

（2）耳压疗法：取交感、皮质下、内分泌、神门、三焦、心、肝、肾，用王不留行籽压丸法，指压 3 分钟，每日 3 次，5 天为 1 个疗程。

2. 贴敷疗法

（1）用五倍子粉适量，温水或醋调成糊状，每晚临睡前敷脐中，用橡皮膏固定，用于盗汗。

（2）龙骨、牡蛎粉适量，每晚睡前外扑，用于自汗、盗汗。

五、预防调护

（1）进行适当的户外活动和体育锻炼，增强小儿体质。

（2）注意病后调理，避免直接吹风。

（3）注意个人卫生，勤换衣被，保持皮肤清洁和干燥，拭汗用柔软干毛巾或纱布擦干，勿用湿冷毛巾，以免受凉。

（4）汗出过多致津伤气耗者，应补充水分及容易消化而营养丰富的食物。勿食辛辣、煎炒、炙烤、肥甘厚味。

（5）室内温度湿度要调节适宜。

第三节　病毒性心肌炎

病毒性心肌炎是指病毒感染引起的局限性或弥漫性的心肌炎性病变。临床上以神疲乏力，面色苍白，心悸，气短，肢冷，多汗为主要表现。多见于 3～10 岁的儿童。本病常继发于感冒、麻疹、腮腺炎、腹泻等病毒感染性疾病之后，临床表现轻重不一，轻者可无明显的自觉症状，只有心电图改变，治疗和预后大多良好：重者症状明显，可发生心律失常、心脏扩大，少数有心力衰竭、心源性休克，甚至猝死。

一、病因病机

小儿形气未充，卫外不固，外感风热、湿热之邪，侵袭肺卫，蕴郁肠胃。邪毒由表入里，内传于心，导致心之气血阴阳受损，瘀血、痰浊内生，痰瘀互结，阻滞脉络发为本病。

1. 风热犯心　小儿肺脏娇嫩，卫外不固，风热邪毒从口鼻而入，首犯肺卫，故初起可见肺卫表证；邪毒由表入里，内损于心，致心脉痹阻，血行不畅，或邪热灼伤心之气阴，心脉失养，故可见心悸气短、胸闷乏力等症。

2. 湿热侵心　小儿脾常不足，湿热邪毒，蕴结脾胃，留滞不去，脾胃运化受纳失常，升降失司，故可见恶心呕吐、腹痛泄泻等症；湿热邪毒上侵于心，壅滞心脉，故可见心悸、乏力、胸闷等症。

3. 正气亏虚　本病久延不愈，或失治误治，耗伤心之气阴，心气不足，血行无力，则气血瘀滞；心阴耗伤，心脉失养，阴不制阳，可致心悸不宁；若小儿素体阳虚，感邪日久，可损伤心阳，易致心阳不足证，病情严重者可致心阳暴脱等危象。

4. 痰瘀阻络　病情迁延，伤及肺脾，肺失通调，脾失健运，水湿内停，可致痰浊内生，痰瘀互结，阻滞脉络，出现心悸、胸闷、心痛等症。

总之，本病以外感风热、湿热邪毒为发病主因，瘀血、痰浊为病理产物，气阴亏虚是最主要的病机特点，病程中或邪实正虚，或以虚为主，或虚中夹实，病机演变多端，要随证辨识，更要警惕

发生心阳暴脱之变证。

二、临床诊断

（一）诊断要点

1. 临床诊断依据

（1）心功能不全、心源性休克、心脑综合征。

（2）心脏扩大：X线、超声心动图检查具有表现之一。

（3）心电图的改变：Ⅰ、Ⅱ、aVF、V_5导联中2个或2个以上ST-T改变持续4天以上，以及其他严重心律失常。

（4）肌酸激酶同工酶（CK-MB）升高，心肌肌钙蛋白阳性。

2. 病原学诊断依据

（1）确诊指标：心内膜、心肌、心包（活检、病理）或心包穿刺液检查分离到病毒，或用病毒核酸探针查到病毒核酸，或特异性病毒抗体阳性。

（2）参考依据：粪便、咽拭子或血液中分离到病毒，且恢复期血清同型抗体滴度较第一份血清升高或降低4倍以上；病程早期患儿血中特异性IgM抗体阳性；用病毒核酸探针自患儿血中查到病毒核酸。

3. 确诊依据

（1）具有临床诊断依据2项，发病同时或发病前1～3周有病毒感染者，可临床诊断为病毒性心肌炎。

（2）同时具备病毒学诊断依据之一，可确诊为病毒性心肌炎。具备病原学参考依据之一，可临床诊断为病毒性心肌炎。

（3）凡不具备确诊依据者，疑似病毒性心肌炎，应给予必要的治疗和随诊，并依病情变化确诊或除外。

（4）应除外风湿性心肌炎、中毒性心肌炎、先天性心脏病、结缔组织病及代谢性疾病的心肌损害、甲状腺功能亢进症、原发性心肌病、原发性心内膜弹力纤维增生症、先天性房室传导阻滞、心脏自主神经功能异常、β受体功能亢进及药物引起的心电图改变。

4. 分期

（1）急性期：新发病确诊为病毒性心肌炎，病程在半年以内。

（2）迁延期：临床症状反复出现，临床检查指标迁延不愈，病程半年以上。

（3）慢性期：进行性心脏扩大，反复心力衰竭或心律失常，病情时轻时重，病程在1年以上。

（二）鉴别诊断

1. 风湿性心肌炎　多见于学龄期儿童，有前驱感染史，除心肌损害外，病变常累及心包和心内膜，临床有发热、大关节肿痛、环形红斑和皮下小结，体检心脏增大，窦性心动过速，心前区可听到收缩期反流性杂音。心电图可出现Ⅰ度房室传导阻滞，抗链球菌溶血素“O”增高，咽拭子培养A族链球菌生长，病原学检测有助于鉴别。

2. 先天性心脏病　多出生后即发现器质性心脏杂音，生长发育迟缓，超声心动图可提示心脏结构的异常。

三、辨证要点

本病主要是辨别虚实，实证多为发病初期，病程短，表现为发热、咳嗽、胸闷胸痛、心悸气短、舌红、苔黄；虚证多为疾病恢复期或慢性期，病程长，可见心悸气短、神疲乏力、面白多汗、舌淡少苔。

四、治疗

本病以宁心通脉为基本治法。初期以祛邪为主，风热犯心者，治以疏风清热，解毒宁心；湿热侵心者，治以清热化湿，宁心通脉。后期以扶正、养心通脉为主，气阴两虚者，治以益气养阴，宁心复脉；痰热阻络者，治以豁痰活血，化瘀通脉；心阳虚弱者，治以益气回阳，救逆固脱。

（一）分证论治

（1）风热犯心证

证候：发热或低热延绵，或不发热，鼻塞流涕，咽红肿痛，咳嗽有痰，或腹痛腹泻，肌痛肢楚，短气心悸，胸闷胸痛，舌红苔薄，脉细数或结代。

治法：疏风清热，解毒宁心。

主方：银翘散（《温病条辨》）加减。

常用药：金银花、连翘、薄荷、淡豆豉、板蓝根、贯众、虎杖、玄参、太子参、麦冬。

加减：邪毒炽盛者加黄芩、生石膏、栀子清热泻火；胸闷胸痛者加丹参、红花活血散瘀；心悸、脉结代者加五味子、柏子仁养心安神；腹痛腹泻者加木香、扁豆、车前子行气化湿止泻。

中成药：银翘解毒丸。

（2）湿热侵心证

证候：寒热起伏，全身肌肉酸痛，恶心呕吐，腹痛腹泻，心慌胸闷，肢体乏力，舌红，苔黄腻，脉濡数或结代。

治法：清热化湿，宁心通脉。

主方：葛根黄芩黄连汤（《伤寒论》）加减。

常用药：葛根、黄连、山豆根、板蓝根、苦参、黄芩、陈皮、石菖蒲、郁金。

加减：胸闷气憋者加瓜蒌、薤白、甘松理气宽胸；肢体酸痛者加独活、羌活祛湿通络；心慌、脉结代者加丹参、柏子仁、龙骨宁心安神。

中成药：甘露消毒丸、葛根芩连微丸。

（3）气阴两虚证

证候：心悸不宁，活动后尤甚，少气懒言，神疲倦怠，头晕目眩，烦热口渴，夜寐不安，舌光红少苔，脉细数或促或结代。

治法：益气养阴，宁心复脉。

主方：炙甘草汤（《伤寒论》）合生脉散（《医学启源》）加减。

常用药：炙甘草、党参、桂枝、生地、阿胶、火麻仁、麦冬、五味子、酸枣仁、丹参。

加减：心脉不整者加磁石、鹿衔草以镇心安神；便秘常可诱发或加重心律不齐，故大便偏干时，应重用火麻仁，加瓜蒌仁、柏子仁、桑椹等养血润肠。

中成药：生脉饮口服液、黄芪生脉饮。

（4）心阳虚弱证

证候：心悸怔忡，神疲乏力，畏寒肢冷，面色苍白，头晕多汗，甚则肢体浮肿，呼吸急促，舌质淡胖或淡紫，脉细无力或结代。

治法：益气回阳，救逆固脱。

主方：桂枝甘草龙骨牡蛎汤（《伤寒论》）加减。

常用药：桂枝、炙甘草、龙骨、牡蛎、丹参、黄芪、五味子。

加减：气虚者加党参（或人参）、黄芪以补元气；肢肿者加猪苓、防己利水消肿；悸动喘息者加葶苈子、苏子、白芥子以泻肺气。若出现四肢厥冷、大汗淋漓、脉微欲绝等心阳暴脱之证，应急投参附龙牡救逆汤以回阳救逆。

中成药：参脉注射液、参附注射液。

（5）痰瘀阻络证

证候：心悸不宁，胸闷憋气，心前区痛如针刺，面色晦暗，唇甲青紫，舌质紫暗，或舌边尖有瘀点，脉结代。

治法：豁痰活血，化瘀通络。

主方：瓜蒌薤白半夏汤（《金匮要略》）合失笑散（《太平惠民合剂局方》）加减。

常用药：瓜蒌、薤白、法半夏、丹参、檀香、砂仁、竹茹、红花、郁金。

加减：心前区痛甚者加蒲黄、五灵脂祛瘀定痛；胸闷憋气者加瓜蒌、甘松行气宽胸；肝脾肿大者加郁金、降香、莪术行气化瘀消积。

中成药：复方丹参片。

（二）其他疗法

1. 针灸疗法

（1）体针：主穴取心俞、巨阙、间使、神门、血海。配穴取大陵、膏肓、丰隆、内关。用补法，得气后留针 30 分钟，隔日 1 次。

（2）耳针：取心、交感、神门、皮质下，隔日 1 次。或用王不留行籽压穴，用橡皮膏固定，每日按压 2～3 次。

2. 危重证西医治疗原则　重证患儿在急性期可静脉滴注大剂量维生素 C，每次 2～5g，并用能量合剂（三磷腺苷、辅酶 A、维生素 C 等，溶于 10%葡萄糖注射液中）静脉滴注，每日 1 次。对危重患儿，可用地塞米松或氢化可的松静脉滴注。出现心力衰竭时，可用强心剂如地高辛或去乙酰毛花苷，剂量为常规量的 1/2～2/3，以免洋地黄中毒。严重心律失常，选用普罗帕酮、美西律等抗心律失常药。

五、预防调护

（1）平素增强体质，积极预防呼吸道或肠道病毒感染。

（2）避免过度疲劳，不宜做剧烈运动。

（3）急性期应卧床休息，一般需 3～6 周，重者宜卧床 6 个月～1 年。待体温稳定 3～4 周后，心力衰竭控制，心律失常好转，心电图改变好转时，可逐渐增加活动量。

（4）饮食宜清淡和富有营养，忌食过于甘肥厚腻及辛辣之品，不饮浓茶。

（5）密切观察患儿病情变化，一旦发现患儿心率明显增快或减慢、严重心律失常、呼吸急促、面色青紫，应立即采取抢救措施。

第四节　注意力缺陷多动障碍

注意力缺陷多动障碍，又称轻微脑功能障碍综合征，是一种较常见的儿童时期行为障碍性疾病，以注意力不集中，自我控制能力差，动作过多，情绪不稳，冲动任性，伴有学习困难，但智力正常或基本正常为主要临床特征。本病男孩多于女孩，为（4～9）：1，多见于学龄期儿童。本病发病与遗传、环境、产伤等有一定关系。本病预后较好，绝大多数患儿到青春期逐渐好转而痊愈，少数人注意力不集中、性格异常可持续存在。

本病在古代医籍中未见专门记载，根据其临床表现，可归属于“躁动”“健忘”“失聪”等病证范畴。

一、病因病机

本病的病因主要有先天禀赋不足，或产后护养不当，外伤，病后失养，忧思、惊恐过度等。阴阳失调及心肝脾肾四脏功能失常为本病的主要发病机制。阴阳失衡，五脏功能失调，而致情志失常。本病以虚证为主，主要是肝肾阴虚和心脾两虚，疾病过程中也可有痰浊、湿热、瘀血等实证出现。

1. 先天不足，肝肾阴虚 父母体质较差，肾气不足，或妊娠期间孕妇精神调养失宜等，致使胎儿先天禀赋不足，肝肾亏虚，水不涵木，肝阳亢盛，则表现为多动难静，神思涣散。

2. 后天失养，心脾两虚 产伤及其他外伤，或病后失养，导致脏腑虚损，心气不足，心失所养而致心神失守，则精神涣散，注意力不集中；小儿脾常不足，若脾虚失养，则健忘，言语冒失。心脾无所养，则心神不定，脾意不藏，反复无常不能自制。

3. 过食肥甘，痰火内扰 小儿喜食肥甘厚味之品，致痰湿内停，或偏食辛辣香燥之物，导致痰火内生，扰动心神，则见狂躁不安，冲动任性，而见本病。

二、临床诊断

（一）诊断要点

（1）症状：注意力涣散，上课时思想不集中，坐立不安，喜欢做小动作，活动过度，情绪不稳，冲动任性，动作笨拙，学习成绩差，但智力正常。

（2）年龄：多见于学龄期儿童，男性多于女性。

（3）检查：翻手试验、指鼻试验、指-指试验阳性。

（4）多于 7 岁前起病，病程持续 6 个月以上。

（5）根据美国精神病学会出版的《精神障碍诊断和统计手册》第 4 版的诊断标准，将本病分为三型：多动为主型、注意力分散为主型和混合型（表 4-1）。

（二）鉴别诊断

1. 精神发育迟缓 也有动作过多现象，但突出的是智力低下，情绪反应与年龄不符，动作笨拙等。

2. 儿童焦虑症 常由各种精神刺激引起。小儿表现坐立不安，注意力集中困难，脾气暴躁和冲动等，但突出症状是焦虑。如仔细了解，可见这些情绪反应有明显的心理社会因素，并与外界环境有密切联系。

3. 抽动-秽语综合征 也有多动表现，如眨眼、弄眉、耸肩、弄舌等，但常见头部、躯干、上下肢肌肉不自主抽动，且抽动的同时口内发出异常叫声或咒骂的秽语。

4. 孤独症 也可有多动、冲动和注意障碍症状，但该病突出表现为社交障碍与语言功能障碍。

三、辨证要点

1. 辨脏腑 病在心者，夜眠多梦，心烦不宁，注意力不集中，情绪不稳定；病在肝者，易于冲动，好动难静，容易发怒，常不能自控；病在脾者，多兴趣多变，做事有头无尾，记忆力差；病在肾者，脑失精明，学习成绩低下，记忆力欠佳，或有遗尿、腰酸乏力等。

2. 辨阴阳 阴静不足，则注意力不集中，自我控制差，情绪不稳，神思涣散；阳动过亢，则动作过多，冲动任性，急躁易怒。

四、治疗

本病以平衡阴阳为主要治疗原则。肝肾阴虚者，治以滋阴潜阳；心脾两虚者，治以补心益脾；痰火内扰者，治以涤痰泻火。本病病程较长，且治疗过程中容易受到外界因素影响导致病情反复，故需要较长时间的药物治疗，也可配合针灸、心理疏导等综合疗法。

（一）分证论治

（1）肝肾阴虚证

证候：多动易怒，冲动任性，难于自控，神思涣散，注意力不集中，难以静坐，或有记忆力欠佳、学习成绩低下，或有五心烦热、面赤、大便秘结，舌质红，舌苔薄，脉弦或弦数。

治法：滋养肝肾，平肝潜阳。

主方：杞菊地黄丸（《医级》）加减。

常用药：熟地、山茱萸、山药、枸杞子、菊花、牡丹皮、白蒺藜、生龙齿、远志、龟甲。

加减：暴躁多动，哭闹毁物者加龙胆草、栀子、青黛平肝泻火；不寐健忘者加酸枣仁、柏子仁、益智仁安神益智；夜寐盗汗者加浮小麦、龙骨、牡蛎敛汗固涩；大便秘结者加火麻仁润肠通便。

中成药：静灵口服液、杞菊地黄丸、小儿智力糖浆。

（2）心脾两虚证

证候：神思涣散，多动不安，动作笨拙，情绪不稳，头晕健忘，思维缓慢，面色萎黄，神疲乏力，记忆力差，多梦少寐，食欲不振，大便溏泻，舌淡苔白，脉细弱。

治法：养心安神，健脾益气。

主方：归脾汤（《正体类要》）合甘麦大枣汤（《金匮要略》）加减。

常用药：炙甘草、党参、白术、黄芪、当归、大枣、龙眼肉、淮小麦、茯神、酸枣仁、远志。

加减：思想不集中者加益智仁、龙骨养心敛神；夜寐不安者加五味子、夜交藤养血安神；记忆力差，动作笨拙，舌苔厚腻者，加半夏、陈皮、石菖蒲化痰开窍。

中成药：人参归脾丸、柏子养心丸。

（3）痰火内扰证

证候：狂躁不宁，任性多动，易于激动，胸闷脘痞，喉间痰多，夜寐不安，口苦纳呆，小便黄赤，大便秘结，舌质红，苔黄腻，脉滑数。

治法：清热泻火，化痰宁心。

主方：黄连温胆汤（《六因条辨》）加减。

常用药：半夏、陈皮、枳实、茯苓、胆南星、天竺黄、竹茹、黄连、丹皮、连翘、石菖蒲、郁金、珍珠母。

加减：食欲不振，胸闷恶心者加莱菔子、谷麦芽、苏梗行气消积助运；大便秘结者加礞石、玄明粉、生大黄泻火通便；面色晦暗，舌有瘀斑，脉涩，有产伤及外伤史者，加桃仁、红花、川芎活血散瘀。

中成药：丹栀逍遥丸、脑震宁颗粒。

（二）其他疗法

1. 针灸疗法

（1）体针：主穴取内关、太冲、大椎、曲池。配穴：注意力不集中者配百会、四神聪、大陵；活动过多者配安神、安眠、心俞；情绪不稳，烦躁不宁者配神庭、膻中、照海。用泻法，不加灸，每日或隔日 1 次，10 次为 1 个疗程。

（2）耳针：主穴取肾。配穴取皮质下、脑干、兴奋点。随症加减穴：健忘多梦者加心；食欲不振者加脾；急躁易怒者加肝。

2. 推拿疗法 补脾经，揉内关、神门，按揉百会，摩腹，按揉足三里，揉心俞、肾俞、命门，捏脊，擦督脉、膀胱经第一侧线。

五、预防调护

（1）孕妇应保持心情愉快，营养均衡，禁烟酒，慎用药物，避免早产、难产及新生儿窒息。

（2）注意防止小儿脑外伤、中毒及中枢神经系统感染。

（3）关心体谅患儿，对其行为及学习进行耐心的帮助与训练，要循序渐进，不责骂不体罚，稍有进步，给予表扬和鼓励。

（4）训练患儿有规律地生活，起床、吃饭、学习等都要形成规律，不要过于迁就。加强管理及时疏导，防止攻击性、破坏性及危险性行为发生。

（5）保证患儿营养，补充蛋白质、水果及新鲜蔬菜，避免食用有兴奋性和刺激性的饮料和食物。

表 4-1　注意力缺陷多动障碍的诊断标准

A.（1）或（2）
（1）注意分散：以下症状≥6 条，持续 6 个月以上且达到与发育阶段不相适应和不一致的程度
1）常常不注意细节问题，或经常在作业、动作或其他活动中犯一些粗心大意的错误
2）在完成任务或游戏中难以保持注意集中
3）别人和他说话时常似听非听
4）常不能按别人的指示完成作业、家务或工作（不是由于违抗行为或未能理解所致）
5）常难以组织工作和游戏
6）常逃避、讨厌或不愿做要求保持注意集中的工作（如学校作业或家庭作业）
7）常常丢失学习和活动要用的物品（如玩具、学校指定的作业、铅笔、书本或工具）
8）常容易受外界刺激而分散注意力
9）日常活动中容易忘事
（2）多动/冲动：以下症状≥6 条，持续 6 个月以上且达到与发育阶段不相适应和不一致的程度
1）常常手或脚不停地动或在座位上不停地扭动
2）在课堂上或其他要求保持坐位的环境中常离开座位
3）常在不适当的情况下乱跑或乱爬
4）常难以安静地玩耍或从事闲暇活动
5）经常不停地忙像是被迫地活动过分
6）经常话多
7）常常别人问话未完就抢着回答
8）经常难以按顺序排队等待
9）常打断或干扰别人的活动（如插话或干扰别人的游戏）

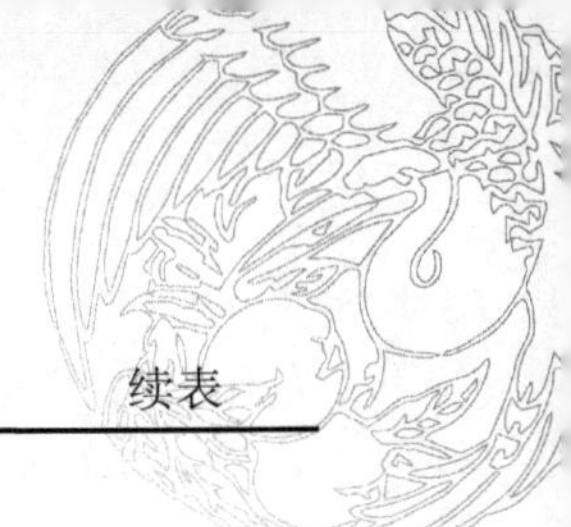

续表

B.7 岁前就有一些造成损害的多动/冲动或注意力障碍症状
C.一些症状造成的损害出现在两种或两种以上的环境中（如在学校、工作单位或家庭）
D.必须有明确的社会功能、学习功能或职业功能损害的临床证据
E.排除广泛性发育障碍、精神分裂症、心理障碍或其他精神疾病（如情感障碍、焦虑症、人格障碍等）引起的多动

注：仅符合 A（1）则为多动为主型，仅符合 A（2）则为注意力分散为主型，既符合 A（1）又符合 A（2）为混合型。

第五节　抽动障碍

抽动障碍是一种起病于儿童和青少年时期、具有明显遗传倾向的神经精神性障碍。其临床特征为慢性、波动性、多发性运动肌快速抽搐，并伴有不自主发声和语言障碍。本病起病于 18 岁以内，多在 2～12 岁，病程持续时间长，可自行缓解或加重。本病男孩发病率约为女孩的 3 倍。

本病以肢体抽搐及喉中发出怪声或口出秽语为主要临床表现，可归属于中医慢惊风、抽搐等范畴。

一、病因病机

抽动障碍的病因是多方面的，与先天禀赋不足、饮食所伤、感受外邪、情志失调及学习紧张等因素有关，多由五志过极、风痰内蕴而引发。本病病位主要在肝，与心、脾、肾密切相关。

1. 气郁化火　肝主疏泄，性喜条达，若情志失调，五脏失和，则气机不畅，郁久化火，引动肝风，上扰清窍，表现为皱眉眨眼、张口歪嘴、摇头耸肩、口出异声秽语。气郁化火，耗伤阴精，肝血不足，筋脉失养，虚风内动，故伸头缩脑、肢体颤动。

2. 痰热扰动　小儿情志不悦，肝气不舒，肝郁化火，炼液为痰；或肝旺克脾，脾失健运，水湿停聚而成痰，痰热互结，壅塞胸中，热以扰心，痰以蒙心，神无所安，则心烦易怒、喉发怪声。

3. 阴虚风动　素体真阴不足，或热病伤阴，或肝病及肾，肾阴虚亏，水不涵木，虚风内动，故头摇肢搐。阴虚则火旺，木火刑金，肺阴受损，故喉发异声。

4. 脾虚肝亢　小儿禀赋不足或后天失养，或饮食不节，损伤脾胃，脾气虚弱，土虚木亢，虚风内动，而见抽搐无力，时发时止，时轻时重。

二、临床诊断

（一）诊断要点

抽动障碍的诊断标准，一般采用美国精神病学会出版的《精神神经病诊断统计手册》第 4 版，一般分为短暂性抽动障碍、慢性运动性或发声性抽动障碍及多发性抽动症三个类型。

（1）短暂性抽动障碍：①一种或多种运动性和（或）发声性抽动，表现为突然的、快速的、反复性的、非节律性的及刻板的动作或发声；②每天发作多次，持续至少 4 周，但不超过 12 个月；③上述症状引起明显不安，影响社交、就业等领域的活动；④发病于 18 岁前；⑤上述症状不是由某些药物（如兴奋剂）或内科疾病（如亨廷顿舞蹈病或病毒感染后脑炎）引起的；⑥不符合慢性运动性或发声性抽动障碍或多发性抽动症的诊断指标。

（2）慢性运动性或发声性抽动障碍：①一种或多种运动性、发声性抽动，表现为突然的、快速的、反复性的、非节律性的、刻板的动作或发声，在病程中不同时出现；②每天发作多次，可每天发作或有间歇，病程超过 1 年，在此期间抽动的间歇持续不超过 3 个月；③上述症状引起明显的不安，影响社交、就业和其他重要领域的活动；④发病于 18 岁前；⑤上述症状不是由某些药物（如兴奋剂）或内科疾病（如亨廷顿舞蹈病或病毒感染后脑炎）引起的；⑥有上述抽动或发声，但不符合多发性抽动症的诊断。

（3）多发性抽动症：①具有多种运动性抽动及一种或多种发声性抽动，有时不一定在同一时间出现，所指的抽动为突然的、快速的、反复性的、非节律性的、刻板的动作或发声；②抽动每天发作多次，通常为阵作，病情持续或间断发作已超过 1 年，抽动间歇期连续不超过 3 个月；③上述症状引起明显的不安，显著影响社交、就业和其他重要领域的活动；④发病于 18 岁前；⑤上述症状不是由某些药物（如兴奋剂）或内科疾病（如亨廷顿舞蹈病或病毒感染后脑炎）引起的。

（二）鉴别诊断

1. 风湿性舞蹈病 6 岁以后多见，女孩居多，是风湿热的主要表现之一。表现为四肢较大幅度的、无目的、不规则的舞蹈样动作，生活经常不能自理，常伴肌力及肌张力减低，并可有风湿热的其他症状，无发声抽动或秽语症状。

2. 肌阵挛 是癫痫中的一个类型，往往是一组肌群突然抽动，患儿可表现为突然的前倾和后倒，肢体或屈或伸。发作时伴意识障碍，脑电图异常。

3. 注意力缺陷多动障碍 以注意力不集中，动作过多，自我控制力差，冲动任性，伴有学习困难，但智力正常为主要临床特征，多有家族史，部分患儿也可与抽动障碍合并发生。

三、辨证要点

本病以八纲辨证为主，重在辨阴阳虚实。其标为风火痰湿，其本在肝脾肾三脏，尤与肝的关系最为密切。病初多为肝阳上亢，属实证；脾虚痰聚者，为虚实夹杂；病久阴虚风动者，属虚证。

四、治疗

本病治疗以息风止动为基本原则。实证以清肝泻火，息风镇惊为主；虚证以滋阴潜阳，柔肝息风为要；虚实夹杂治疗需要标本兼顾，攻补兼施。本病具有慢性、波动性的特点，易于反复，故需要较长时间的药物治疗，也可配合针灸等方法综合治疗。

（一）分证论治

（1）气郁化火证

证候：烦躁易怒，挤眉眨眼，张口歪嘴，摇头耸肩，发作频繁，抽动有力，口出异声秽语，大便秘结，小便短赤，舌红苔黄，脉弦数。

治法：清肝泻火，息风镇惊。

主方：清肝达郁汤（《重订通俗伤寒论》）加减。

常用药：栀子、菊花、丹皮、柴胡、薄荷、青橘叶、钩藤、白芍、蝉蜕、琥珀、茯苓、甘草。

加减：肝火旺者，加龙胆草清泻肝火；大便秘结者，加槟榔、瓜蒌仁顺气导滞；喜怒不定，喉中有痰者，加浙贝母、竹茹清化痰热。

中成药：泻青丸、当归龙荟丸。

（2）痰热扰动证

证候：头颈、四肢肌肉抽动，快而有力，喉中发声，时伴秽语，烦躁口渴，睡眠不安，大便秘结，小便短黄，舌质红，苔黄腻，脉弦滑或滑数。

治法：清热化痰，息风止抽。

主方：黄连温胆汤（《六因条辨》）加减。

常用药：黄连、半夏、陈皮、竹茹、枳实、茯苓、天竺黄、僵蚕、礞石、石菖蒲、远志。

加减：眨眼频繁者加青葙子、密蒙花；秽语频出者加蝉蜕、锦灯笼；腹胀纳呆者加厚朴、莱菔子；烦躁胸闷者加连翘、淡竹叶、瓜蒌皮。

中成药：礞石滚痰丸。

（3）阴虚风动证

证候：挤眉眨眼，耸肩摇头，肢体震颤，性情急躁，形体消瘦，两颧潮红，五心烦热，睡眠不宁，大便干结，舌质红绛，舌苔少或花剥，脉细数或弦细无力。

治法：滋阴潜阳，柔肝息风。

主方：大定风珠（《温病条辨》）加减。

常用药：龟板、鳖甲、生牡蛎、生地、阿胶、鸡子黄、麦冬、麻仁、白芍、甘草。

加减：抽动明显者加全蝎、蜈蚣；喉发异声者加青果、玄参；心神不定、惊悸不安者，加茯神、钩藤、炒枣仁养心安神；血虚失养者，加何首乌、玉竹、沙苑子、天麻养血柔肝。

中成药：杞菊地黄丸、九味熄风颗粒。

（4）脾虚肝亢证

证候：抽动无力，时发时止，时轻时重，挤眉弄眼，腹部抽动，喉出怪声，精神倦怠，面色萎黄，食欲不振，大便不调，舌质淡，苔薄白或白腻，脉弦细。

治法：抑木扶土，调和肝脾。

主方：缓肝理脾汤（《医宗金鉴》）加减。

常用药：党参、白术、茯苓、山药、白芍、柴胡、当归、陈皮、酸枣仁、甘草。

加减：肝气亢盛者加钩藤、生龙骨以平抑肝阳；手足蠕动频繁者加蜈蚣、伸筋草以通经活络；食欲不振者加谷芽、焦山楂、鸡内金以健脾助运；睡眠不安者加柏子仁、珍珠母以养心安神。

中成药：菖麻熄风片。

（二）其他疗法

1. 体针

基本处方：太冲、风池、百会、印堂、四白、地仓、人中。

加减：气郁化火者，加行间、神门泻肝火，宁心神；脾虚痰聚者，加内关、丰隆、足三里健脾化湿祛痰；阴虚风动者，加肝俞、肾俞、太溪滋养肝肾，息风潜阳。

2. 耳针　取穴皮质下、神门、心、肝、脾、肾。每次选 3～4 穴，耳穴埋针或用王不留行籽贴压，每日按 2～3 次，每次 5 分钟，每周 2 次。

3. 头针　取穴顶颞前斜线、额中线、顶中线、颞前线。毫针刺入后，接电针治疗仪，通电 20 分钟，每日 1 次。

五、预防调护

（1）注意合理的教养，重视儿童的心理状态，培养良好的生活习惯。

（2）饮食宜清淡而富于营养，忌过食辛辣炙煿或兴奋性、刺激性的饮料。

（3）关怀和爱护患儿，多予安慰与鼓励，不在精神上施加压力，不责骂或体罚。

（4）注意休息，不看紧张、惊险刺激的影视节目，不宜长时间看电视、玩电脑和游戏机。

第六节 惊　风

惊风是小儿时期常见的一种急重病证，临床以抽搐、昏迷为主要症状。惊风是一个证候，可见于多种疾病之中。

本病一年四季均可发生，以1～5岁的儿童发病率最高。抽搐时的主要表现，可归纳为搐、搦、颤、掣、反、引、窜、视，古人称之为惊风八候。

惊风一般分为急惊风、慢惊风两大类。凡起病急暴，属阳属实者，称急惊风；凡病势缓慢，属阴属虚者，称慢惊风；慢惊风中若出现纯阴无阳的危重证候，称为慢脾风。西医学称惊风为小儿惊厥。

急 惊 风

急惊风痰、热、惊、风四证具备，临床以高热、抽风、昏迷为主要表现，多由外感时邪、内蕴湿热和暴受惊恐而引发。

一、病因病机

1. 外感风热　小儿肌肤薄弱，卫外不固，易于感受外邪。若寒温不调，气候骤变，外感风热之邪从肌表或口鼻而入，易于传变，郁而化热，热极生风，或热盛化火，炼液为痰，痰盛动风。

2. 感受疫毒　小儿感受四时温热、暑热疫毒，不能及时清解，邪气炽盛，引动肝风，内陷厥阴，或误食污秽或毒物，湿热疫毒蕴结肠腑，内陷心肝，扰乱神明均可发为惊风。

3. 暴受惊恐　小儿元气未充，神气怯弱，若猝见异物，乍闻异声，或不慎跌仆，暴受惊恐，惊则气乱，恐则气下，使心神失守，痰升风动，发为惊风。

二、临床诊断

（一）诊断要点

（1）多见于3岁以下婴幼儿，5岁以上则逐渐减少。

（2）以发热，四肢抽搐，神志昏迷为主要临床表现。

（3）常有感受风热、疫毒之邪或暴受惊恐病史。

（4）有明显的原发疾病，如感冒、肺炎喘嗽、疫毒痢、流行性腮腺炎、流行性乙型脑炎等。中枢神经系统感染者，神经系统检查病理反射阳性。

（5）必要时可做大便常规、大便细菌培养、血培养、血电解质、脑脊液、脑电图、脑CT、脑MRI等检查以协助诊断。

（二）鉴别诊断

痫证：以突然昏仆，口吐涎沫，肢体抽搐，移时自醒为特点，一般不发热，年长儿较为多见，多具有家族史，脑电图检查可见癫痫波型。

三、辨证要点

1. 辨轻重　惊风发作次数少（仅1次），持续时间较短（5分钟以内），发作后无神志、感觉、运动障碍者，为轻证；若惊风发作次数较多（2 次以上），或抽搐时间较长，发作后神志不清者为重证。

2. 辨病邪 外感风热者，多发于冬春两季，常见于 3 岁以下小儿，多伴风热表证；暑热疫毒者多见于夏季，可见邪气炽盛，气营两燔证候，多发于流行性乙型脑炎；温热疫毒亦好发于冬春，多有麻疹、流行性腮腺炎等疫病接触史，表现为高热烦躁、邪陷心肝之证；湿热疫毒多发于夏秋，多见于中毒性痢疾，病邪阻滞肠腑，可见呕吐腹痛、神昏抽搐；因于惊恐者，多有惊吓病史，可见惊恐不安、胆怯易惊等临床表现。

四、治疗

急惊风的治疗以清热、豁痰、镇惊、息风为基本原则。在审证之时应注意痰、热、惊、风的不同点，如痰有痰火、痰浊；热有表热、里热；风有外风、内风；惊有实证、虚证。在治疗时应注意清心涤痰、豁痰开窍的区别；解肌透表、苦寒泻热的差异；疏风、息风的不同；平肝镇惊、养血安神的区分。治疗中既要重视止惊的治疗，又需要针对原发病的处理，分清标本缓急，病证结合施治。

（一）分证论治

（1）风热动风证

证候：起病急骤，发热，鼻塞，流涕，咽赤，头痛，身痛，咳嗽神昏，抽搐，舌质红，苔薄黄，脉浮数。

治法：疏风清热，息风镇惊。

主方：银翘散（《温病条辨》）加减。

常用药：金银花、连翘、薄荷、荆芥穗、牛蒡子、防风、蝉蜕、钩藤、僵蚕。

加减：高热不退者加生石膏、羚羊角粉清热息风；喉间痰鸣者，加天竺黄、胆南星清化痰热；咽喉肿痛、便秘者，加大黄、黄芩清热泻火；神昏抽搐重者加水牛角、全蝎、蜈蚣止痉。

成药：小儿回春散、珠珀猴枣散。

（2）气营两燔证

证候：起病急骤，持续高热，神昏谵语，反复抽搐，头项强痛，呕吐，嗜睡，或皮肤出疹发斑，口渴便秘，舌质红或绛，苔黄，脉弦数。

治法：清气凉营，息风开窍。

主方：清瘟败毒饮（《疫疹一得》）加减。

常用药：生石膏、生地黄、黄连、黄芩、栀子、知母、水牛角、赤芍、玄参、连翘、牡丹皮、羚羊角、石决明、钩藤、僵蚕。

加减：皮肤瘀斑者加大青叶、紫草化斑解毒；神志昏迷者加石菖蒲、郁金息风开窍；大便秘结者加生大黄、玄明粉通腑泄热；呕吐者加姜半夏、竹茹降逆止呕。

中成药：紫雪散（丹）。

（3）邪陷心肝证

证候：高热不退，神昏，烦躁口渴，手足躁动，四肢抽搐，头痛呕吐，舌质红，脉弦数。

治法：清心开窍，平肝息风。

主方：羚角钩藤汤（《通俗伤寒论》）加减。

常用药：羚羊角、钩藤、僵蚕、栀子、菊花、石菖蒲、白芍、川贝母、郁金、龙骨、竹茹、黄芩。

加减：抽搐频繁者加全蝎、蜈蚣通络止痉；便干者加生大黄、芦荟通腑泄热；头痛剧烈者加石决明、龙胆草平肝降火。

中成药：安宫牛黄丸。

（4）湿热疫毒证

证候：持续高热，频繁抽风，昏迷，谵语烦躁，呕吐腹痛，大便黏冻或夹脓血，舌质红，苔黄腻，脉滑数。

治法：清热化湿，解毒息风。

主方：黄连解毒汤（《肘后备急方》）合白头翁汤（《伤寒论》）加减。

常用药：黄芩、黄连、黄柏、栀子、赤芍、白头翁、秦皮、钩藤、石决明。

加减：舌苔厚腻，大便不爽者加生大黄、厚朴；大便脓血重者加生大黄、地锦草水煎灌肠以清肠泄毒；频繁抽风者加紫雪散（丹）；呕吐腹痛者加玉枢丹。

中成药：葛根芩连口服液、安宫牛黄丸。

（5）惊恐惊风证

证候：平素胆小易惊，暴受惊恐后出现惊惕不安，身体战栗，突然抽搐，惊跳惊叫，神志不清，大便色青，脉乱不齐，指纹紫滞。

治法：镇惊安神，平肝息风。

主方：琥珀抱龙丸（《活幼心书》）加减。

常用药：琥珀、朱砂、金箔、胆南星、天竺黄、当归、茯苓、怀山药、甘草、石菖蒲、远志、钩藤。

加减：呕吐者加竹茹、姜半夏降逆止呕；夜寐肢体颤动，惊啼不安者，加磁石；神疲乏力，唇甲色淡，加黄芪、当归、炒枣仁益气养血安神。

中成药：琥珀抱龙丸。

（二）其他疗法

1. 针灸疗法

（1）体针：惊厥者取穴人中、合谷、内关、太冲、涌泉、百会、印堂；高热者取穴曲池、大椎，十宣点刺放血；痰鸣者取穴丰隆、足三里；牙关紧闭者取穴下关、颊车。

（2）耳针：取穴神门、皮质下，强刺激。

2. 推拿疗法

（1）高热者推三关，退六腑，清天河水。

（2）昏迷者捻耳垂，掐委中。

（3）抽痉者掐天庭，掐人中，拿曲池，拿肩井。

（4）急惊风欲作时拿大敦穴，拿解溪穴。

（5）惊厥身向前曲者，掐委中穴；身向后仰者，掐膝眼穴。

（6）牙关不利，神昏窍闭者掐合谷穴。

3. 西医处理 惊厥发作时应尽快控制发作，同时积极寻找原发感染，确定发热的原因，退热和抗感染同时进行。

（1）退热：物理降温可用头枕冰袋，温湿毛巾擦身，乙醇擦浴。药物降温可用布洛芬或对乙酰氨基酚。

（2）止惊：数分钟内抽搐不止，用以下药物任何一种，10～15 分钟后仍不止者可轮换另一种。药物依次为地西泮（安定，0.3～0.5mg/kg，静脉缓慢注射，注意防止呼吸抑制）、10%水合氯醛（40～60mg/kg，保留灌肠）、苯巴比妥（8～10mg/kg，肌内注射）。注意勿在短时间内用多种或连续多次用同一种药物。

（3）降低颅内压：20%甘露醇（1～2g/kg）静脉滴注。

（4）纠正呼吸衰竭：洛贝林、尼可刹米等肌内注射或静脉滴注。

（5）其他：依据相关病因治疗。

五、预防调护

（1）平时加强体育锻炼，提高抗病能力。

（2）避免时邪感染，居室要保证空气流通，清洁卫生。注意饮食卫生，不吃腐败及变质食物。

（3）按时预防接种，避免跌仆惊骇。

（4）有高热惊厥史患儿，在外感发热初起时，要及时降温，服用止痉药物。

（5）抽搐发作时，切勿强直按压，以防骨折。应将患儿平放，头侧位，并用纱布包裹压舌板，放于上、下牙齿间，以防咬伤舌体。

（6）保持呼吸道通畅。痰涎壅盛者，随时吸痰，同时注意给氧。

（7）随时观察患儿面色、呼吸及脉搏情况，防止突然变化。

慢 惊 风

慢惊风来势缓慢，抽搐无力，时作时止，反复难愈，常伴昏迷、瘫痪等症。

一、病因病机

1. 脾胃虚弱 由于暴吐暴泻，或他病妄用汗、下之法，导致中焦受损，脾胃虚弱，气血生化乏源，经脉失养，或脾虚肝旺，肝亢化风，而致慢惊之证。

2. 脾肾阳衰 若胎禀不足，脾胃素虚，复因吐泻日久，或误服寒凉，伐伤阳气，以致脾阳衰微，阴寒内盛，不能温煦筋脉，而致时时搐动之慢脾风证。

3. 阴虚风动 急惊风迁延失治，或温热病后期，阴液亏耗，肝肾精血不足，阴虚内热，灼烁筋脉，以致虚风内动而成慢惊。

总之，慢惊风患儿体质多羸弱，素有脾胃虚弱或脾肾阳虚，而致脾虚肝亢或虚极生风。病位在肝、脾、肾，性质以虚为主，也可见虚中夹实之证。

二、临床诊断

（一）诊断要点

（1）具有反复呕吐、长期泄泻、急惊风、解颅、佝偻病、初生不啼等病史。

（2）多起病缓慢，病程较长。症见面色苍白，嗜睡无神，抽搐无力，时作时止，或两手颤动，筋惕肉瞤，脉细无力。

（3）根据患儿的临床表现，结合血液生化、脑电图、脑脊液、头颅 CT 等检查，以明确诊断原发病。

（二）鉴别诊断

急惊风：两者均可见惊风四证、八候表现。但急惊风多起病急骤，病程短，病性属热属阳属实，可与本病相鉴别。

三、辨证要点

慢惊风病程较长，起病缓慢，神昏、抽搐症状相对较轻，有时仅见手指蠕动。首辨虚实，继辨脏腑、阴阳，而本病辨证多属虚证。脾胃虚弱者，症见精神委靡，嗜睡露睛，不欲饮食，大便稀溏，抽搐无力，时作时止；脾肾阳衰者，症见神萎昏睡，面白无华，四肢厥冷，手足震颤；肝肾阴虚者，则见低热虚烦，手足心热，抽搐时轻时重，舌绛少津。

四、治疗

慢惊风由虚生风，治疗应补虚治本为主，临床常用治法有温中健脾、温阳逐寒、育阴潜阳、柔肝息风等，若属虚中夹实，宜攻补兼施，标本兼治。

（一）分证论治

（1）脾虚肝亢证

证候：面色萎黄，形神疲惫，嗜睡露睛，四肢不温，阵阵抽搐，大便清稀水样或带绿色，舌质淡，苔白，脉沉弱。

治法：温中健脾，缓肝理脾。

主方：缓肝理脾汤（《医宗金鉴》）加减。

常用药：人参、茯苓、白芍、白术、陈皮、山药、扁豆、干姜、钩藤、肉桂、甘草。

加减：抽搐频发者，加天麻、蜈蚣息风止痉；腹泻日久者，加山楂炭、葛根温中止泻；纳呆食少者，加焦神曲、焦山楂、砂仁开胃消食；四肢不温，大便稀溏者，改用附子理中汤温中散寒，健脾益气。

中成药：附子理中丸。

（2）脾肾阳衰证

证候：面色苍白或灰滞，精神萎顿，沉睡昏迷，口鼻气凉，额汗不温，四肢厥冷，手足蠕动震颤，溲清便溏，舌质淡，苔白，脉沉细。

治法：温补脾肾，回阳救逆。

主方：固真汤（《证治准绳》）加减。

常用药：黄芪、人参、陈皮、白术、木香、白芍、茯苓、诃子、肉豆蔻、丁香、山药、炮姜、甘草。

加减：汗多者加龙骨、牡蛎、五味子收敛止汗；恶心呕吐者，加吴茱萸、胡椒、半夏温中降逆止呕。

中成药：无比山药丸。

（3）阴虚动风证

证候：面色潮红，身热消瘦，手足心热，肢体拘挛或强直，时或抽搐，虚烦疲惫，大便干结，舌绛少津，苔光剥，脉细数。

治法：育阴潜阳，滋水涵木。

主方：大定风珠（《温病条辨》）加减。

常用药：鸡子黄、阿胶、地黄、麦冬、白芍、龟甲、鳖甲、牡蛎、麻仁、五味子、甘草。

加减：抽搐不止者，加天麻、乌梢蛇息风止痉；筋脉拘急，屈伸不利者，加黄芪、党参、鸡血藤、桑枝益气养血通络。

中成药：知柏地黄丸。

（二）其他疗法

1. 体针

基本处方：百会、印堂、气海、足三里。

加减：脾虚肝旺证加脾俞、太冲健脾缓肝；脾肾阳虚证加脾俞、肾俞、关元温补肾阳；阴虚风动证加太溪、太冲、风池滋阴潜阳，息风定惊；抽搐时加阳陵泉、本神定惊止抽；腹泻不止者重灸天枢、章门温补脾胃；呕吐者加内关、中脘宽胸止呕。

2. 耳针 取交感、神门、皮质下、心、肝、脾，毫针中刺激或王不留行籽贴压。

五、预防调护

（1）加强锻炼，增强体质，提高抗病能力。

（2）积极治疗原发病，防止惊风反复发作。

（3）保持病室安静，减少刺激，保证患儿安静休息。

（4）长期卧床患儿，常改变体位，勤擦洗，多按摩，防止发生褥疮。昏迷、抽搐患儿，常吸痰，保持呼吸道畅通。

第七节　痫　　证

痫证，亦称“癫痫”，俗称“羊痫风”“羊吊风”，是以猝然昏仆，强直抽搐，两目上视，口吐涎沫，喉中鸣叫，片刻即醒，醒后一如常人为特征的发作性疾病。本病在我国的发病率为 0.3%～0.6%，多数在 10 岁以前起病。

痫证之病名首见于《五十二病方》，其症状和发病在历代中医文献中皆有论述。如《诸病源候论》指出“痫者，小儿病也。其发之状，或口眼相引而目睛上摇，或手足瘈疭，或背脊强直，或颈项反折”。《医学纲目·癫痫》说：“癫痫者，痰邪逆上也。”

西医按病因将癫痫分为原发性和继发性两大类。原发性癫痫，又称特发性或隐源性癫痫，多见于幼儿及青少年时期，与遗传因素有关；继发性癫痫，多见于脑先天性疾病、颅脑外伤、脑部感染、脑血管病、颅内肿瘤、脑缺氧等。

一、病因病机

痫证的病因颇为复杂，主要责之于先天因素、顽痰内伏、暴受惊恐、惊风频发、颅脑外伤等。病位在心、肝、脾、肾。痰、瘀为其主要病理因素。肾为先天之本，脾为后天之本，先天禀赋不足，元阴亏乏，后天调摄失宜，脾失运化，均可造成气机不利，津液运行不畅，日久痰浊内生，若复受于惊，惊则气乱，痰随气上，上蒙心窍则神昏，横窜经络引动肝风而抽搐。

1. 顽痰阻窍 禀赋不足，或调摄不当，导致脾失健运，聚湿生痰，痰浊内生，痰阻经络，上逆窍道，脏腑气机升降失常，阴阳不相顺接，清阳被蒙，因而作痫。

2. 暴受惊恐 惊恐之因有先天、后天之分，先天之惊多指胎中受惊，胎儿在母腹之中，动静莫不随母，若母惊于外，则胎感于内，势必影响胎儿，生后若有所犯，则引发痫证。后天之惊与其生理特点有关，小儿神气怯弱，元气未充，尤多痰邪内伏，若乍见异物，猝闻异声，或不慎跌仆，暴受惊恐，可致气机逆乱，痰随气逆，蒙蔽清窍，阻滞经络，而发为痫证。

3. 惊后成痫 惊风反复发作，风邪与伏痰相搏，进而阻塞心窍，扰乱神明，横窜经络，因而时发时止，形成癫痫。《证治准绳·幼科》曾有“惊风三发便成痫”之论，三发是指惊风多次发作不愈，迁延可致癫痫。

4. 血滞心窍 产时手术损伤，或其他颅脑外伤，均可使血络受损，血溢脉外，瘀血停积，血滞心窍，精神失主，昏乱不识人，筋脉失养，一时抽搐顿作，发为癫痫。此外，先天元阴不足，肝失所养，克脾伤心，生后不久亦可发生癫痫。

总之，上述因素可导致心、肝、脾、肾等脏腑功能失调，痰随气逆，痰瘀阻窍，内乱神明，外闭经络所致。

二、临床诊断

（一）诊断要点

（1）主症：①猝然仆倒，不省人事；②四肢抽搐，项背强直；③口吐涎沫，牙关紧闭；④目睛上视；⑤瞳仁散大，对光反射迟钝或消失。

（2）反复发作，可自行缓解。

（3）急性起病，经救治多可恢复，若日久频发，则可并发健忘、痴呆等症。

（4）病发前常有先兆症状，发病可有诱因。

（5）脑电图表现异常。

主症中有①、②、⑤，并具备（2）、（3）两项条件者，结合先兆、诱因、脑电图等方面的特点，即可确定诊断。

（二）鉴别诊断

1. 晕厥　常见于年长儿，多有晕厥家族史。因一过性脑血流灌注不足及脑缺氧而引起，发作时先有出汗、面色苍白，继之意识障碍，全身肌张力丧失，严重者可见惊厥发作，持续数分钟很快恢复，无发作后嗜睡及神经系统体征，脑电图正常或有非特异性慢波。

2. 屏气发作　多见于 6～18 个月的小儿。发作多有诱因，如恐惧、生气等。发作时先大哭，随之呼吸暂停，重者意识丧失、躯体强直或抽动，持续 1～3 分钟缓解。发作期及发作间期脑电图无癫痫波形，临床无需药物治疗。

3. 多发性抽动症　需与癫痫肌阵挛发作鉴别。抽动症常为单侧肌群抽动，动作幅度较小，并可能伴发声性抽动。患者能有意识地暂时控制其发作，睡眠中消失，情绪紧张又导致发作加重，脑电图正常。

三、辨证要点

1. 辨轻重　发作时间较短，抽搐轻微，或仅有眨眼、点头、咬牙者为轻；意识丧失，抽搐时间长，或反复频繁发作难以控制，抽搐剧烈者为重。

2. 辨性质　发病前常有惊吓史，发作时多伴惊叫、恐惧等精神症状为惊痫；发病多由外感发热诱发，发作时抽搐明显，或伴有发热等症为风痫；发作以神识异常为主，常有失神、摔倒、手中持物坠落等为痰痫；有明显的头部外伤史，头痛部位固定为瘀血痫。

癫痫的辨证以病位为主，区分脾虚痰盛证与脾肾两虚证。

四、治疗

痫证的治疗宜分标本虚实，实证以治标为主，着重豁痰化瘀，息风定痫；虚证以治本为重，宜健脾化痰，补益脾肾。癫痫发作基本控制后，可将抗癫痫中药汤剂改为丸剂、散剂或糖浆剂，服用较为方便，易于长期用药。

（一）分证论治

（1）惊痫

证候：起病前常有惊吓史，发作时惊叫，吐舌，急啼，神志恍惚，面色时红时白，惊惕不安，如人将捕之状，四肢抽搐，夜卧不宁，舌淡红，苔白，脉弦滑，乍大乍小，指纹色青。

治法：镇惊安神。

主方：镇惊丸加减（《医宗金鉴》）加减。

常用药：茯神、枣仁、远志、朱砂、珍珠、石菖蒲、半夏、胆南星、钩藤、天麻、水牛角、牛黄、黄连、甘草。

加减：抽搐发作频繁者加蜈蚣、全蝎、僵蚕、白芍柔肝息风；夜间哭闹者加磁石、琥珀粉镇惊安神；头痛者加菊花、石决明清肝泻火。

朱砂用量需慎重，一般以每日 0.5～1g（冲服）为宜，服药时间应控制在 1 个月之内，否则易致汞中毒。

中成药：医痫丸、琥珀抱龙丸。

（2）痰痫

证候：发作时痰涎壅盛，喉间痰鸣，神志恍惚，状如痴呆，或为失神，瞪目直视，或仆倒于地，手足抽搐不甚明显，肢体麻木、疼痛，骤发骤止，舌苔白腻，脉滑。

治法：涤痰开窍。

主方：涤痰汤（《济生方》）加减。

常用药：石菖蒲、胆南星、陈皮、清半夏、茯苓、青礞石、枳壳、沉香、川芎、朱砂、天麻。

加减：抽搐较甚者，加僵蚕、天麻息风止痉；痰涎壅盛者，加白金丸祛痰解郁。若痰阻气滞，主要表现反复腹痛、头痛，或恶心呕吐，精神抑郁或烦躁多汗，大便不调者，宜用疏肝理脾汤合二陈汤加减，顺气豁痰，柔肝止痛；痰火上扰，发作时神志不清，精神异常，或幻视幻听，平素性情急躁，大便干结者，宜用泻青丸合礞石滚痰丸加减，清肝泻火，化痰开窍。

中成药：礞石滚痰丸、羊痫丸。

（3）风痫

证候：发作时突然仆倒，神志丧失，继而抽搐，颈项及全身强直，两目窜视，牙关紧闭，口吐白沫，口唇及面部色青，舌苔白，脉弦滑。

治法：息风定痫。

主方：定痫丸（《医学心悟》）加减。

常用药：羚羊角、钩藤、天麻、全蝎、蜈蚣、石菖蒲、胆南星、半夏、川贝母、远志、茯苓、茯神、朱砂、川芎、枳壳。

加减：抽搐频繁者，加磁石平肝息风；大便秘结者，加大黄通便泄热；烦躁不安，心火偏盛者，加黄连、山栀、竹叶清心降火。久治不愈，出现肝肾阴虚、虚风内动之象者，可加用白芍、甘草、当归、生地黄柔肝止痉。

中成药：医痫丸、羚羊角胶囊。

（4）瘀血痫

证候：常有产伤或颅脑外伤史，发作时头晕眩仆，神识不清，四肢抽搐，抽搐部位较为固定，头痛，消瘦，大便干硬如羊屎，舌红少苔或见瘀点，脉涩，指纹沉滞。

治法：活血化瘀，通窍息风。

主方：通窍活血汤（《医林改错》）加减。

常用药：桃仁、红花、川芎、赤芍、老葱、石菖蒲、天麻、羌活。

加减：抽搐较重者，加全蝎、地龙通络止痉；血瘀伤阴者，加生地黄、白芍药、当归养阴活血。

中成药：血府逐瘀丸。

（5）脾虚痰盛证

证候：癫痫发作频繁或反复发作，神疲乏力，面色无华，时作眩晕，食欲欠佳，大便稀薄，舌质淡，苔薄腻，脉濡缓。

治法：健脾化痰。

主方：六君子汤（《世医得效方》）加味。

常用药：人参、白术、茯苓、甘草、陈皮、半夏、天麻、钩藤、乌梢蛇。

加减：大便稀薄者，加山药、扁豆、藿香健脾燥湿；纳呆食少者，加山楂、神曲、砂仁醒脾开胃。癫痫反复发作，经久不愈，损伤气阴，偏于气虚者，重用太子参、白术健脾益气；偏于阴虚者，加用生地黄、龟板、黄精滋阴补肾；气阴两伤者，加服河车八味丸补气养阴。

中成药：小儿抗痫胶囊。

（6）脾肾两虚证

证候：发病年久，屡发不止，瘛疭抖动，时有眩晕，智力迟钝，腰膝酸软，神疲乏力，少气懒言，四肢不温，睡眠不宁，大便稀溏，舌淡红，苔白，脉沉细无力。

治法：补益脾肾。

主方：河车八味丸（《幼幼集成》）加减。

常用药：紫河车、生地、茯苓、山药、泽泻、五味子、麦冬、牡丹皮、肉桂、附子。

加减：抽搐频繁者，加鳖甲、白芍滋阴潜阳息风；智力迟钝者，加益智仁、石菖蒲补肾开窍。

中成药：六味地黄丸。

（二）其他疗法

1. 针灸疗法

（1）体针：发作期取穴人中、十二井（或十宣）、内关、涌泉，用泻法。发作后取穴大椎、神门、心俞、丰隆、合谷，平补平泻法；并灸百会、手三里、足三里。均隔日 1 次。

（2）耳针：取脑点、神门、心、脑干、皮质下、肝、肾，每次 2～4 穴，强刺激，留针 20～30 分钟，可用于各种痫证。

2. 推拿疗法　分阴阳，推三关，退六腑，推补脾土，推肺经天门入虎口，运八卦，赤风摇头，揉中渚，掐总筋，掐揉行间，掐揉昆仑，可用于各种痫证。

3. 敷贴疗法　将生吴茱萸研末，加冰片少许，用凡士林调制成膏，以膏敷贴穴位。风痫取神阙穴；痰痫取脾俞穴；惊痫取肝俞穴；其他痫证取神阙穴，加肝俞或脾俞。在此基础上随症加穴，如痰多加膻中；热重加大椎。

4. 埋线疗法　常用穴取大椎、腰奇、鸠尾。备用穴：翳风。每次选用 2～3 穴，埋入医用羊肠线，隔 20 日 1 次，常用穴和备用穴轮换使用，可用于各种痫证。

五、预防调护

（1）加强孕期保健，慎防产伤、外伤。

（2）避免和控制发作诱因，如高热、紧张、劳累、惊吓，以及不良的声、光刺激等。

（3）积极治疗惊风诸疾，防止后遗症。

（4）加强心理调适，树立患儿及家长的信心，恢复患儿对环境的正常适应性。嘱咐患儿不要到火边、水边玩耍，或持用刀剪锐器，以免发生意外。

（5）抽搐时，切勿强力制止，使患儿侧卧，并可用纱布包裹压舌板放在上下牙齿之间，保持呼吸道通畅，防止唇舌咬伤或发生窒息。

第五章　肾系病证

第一节　水　肿

水肿为小儿时期常见的病证，以头面、眼睑、四肢，甚至全身浮肿及小便短少为特征，有阳水、阴水之分。一般来说，阳水病程短，发病急，浮肿按之即起，预后较好；阴水病程长，多呈指凹性水肿，且反复发作，预后较差。古代医籍关于水肿的记载颇多。《内经》有“肺水”“脾水”“肾水”“风水”“皮水”等记载。元代朱丹溪将水肿分为“阳水”和“阴水”两类。西医学多种疾病均可出现水肿，但儿科临床常见的疾病是急性肾炎、肾病综合征。故本节以此两个疾病为重点进行论述。

急性肾炎可发病于任何年龄，以3～12岁多见，2岁以下少见，常于感染后发病，多由溶血性链球菌感染引起，少数由其他细菌、病毒等引发，临床轻重悬殊，预后多为良好。肾病综合征也可发于任何年龄，多发于2～8岁，男多于女，临床易反复发作，预后与病理类型密切相关，微小病变型预后较好。

一、病因病机

本病病因包括外因和内因，外因为感受风邪、水湿或疮毒入侵，内因主要是禀赋不足，久病劳倦，肺、脾、肾三脏功能失调。本病病位主要在肺、脾、肾。病机关键为外邪诱发肺、脾、肾功能失调，气化失常，水液内停，泛溢肌肤。其病机可概括为“其标在肺，其制在脾，其本在肾”。

1. 感受风邪　风为百病之长，常兼夹热、寒、湿邪。风邪外袭，客于肺卫，阻于肌表，导致肺失宣降，通调失职，上不能宣发敷布水液，下不能通调水道，以致风遏水阻，不能下输膀胱，外泛四肢肌肤，发为水肿。

2. 湿热内侵　患有疮疡疖痈、丹痧疹毒，风毒内归于肺，湿热之毒内归于脾。肺失通调，脾失健运，脾虚不能制肾，则肾失开阖，水气与邪毒并走于内，泛于肌肤，而引发水肿。

3. 肺脾气虚　盖肺为水之上源，有通调水道之功；脾为土脏居中焦，有运化水湿之能，为水之堤防。肺虚则气不化精而化水，脾虚则土不制水而反克，肺脾气虚致水不归经而横溢皮肤，渗于脉络，产生周身浮肿。此类病因，不在邪多，而在正虚，往往迁延日久，不易恢复。

4. 脾肾两虚　肾为水脏，与膀胱互为表里，为水之下源，主温煦和蒸化水液，水湿内停，影响脾阳之运化，脾虚及肾，命门火衰，无以温化水湿从膀胱而去，所谓关门不利则聚水而为水肿。

若患儿素体阴虚，或过用温燥之品，易致肝肾阴虚；病程迁延，气损及阴，亦可出现气阴两虚证候。且水湿内停，郁久化热可成湿热；水湿停聚，湿热内蕴，阻滞气机，血行不畅可致血瘀；肺脾肾虚弱，卫外不固则易感外邪。故疾病过程中常出现水湿、湿热、外感、血瘀与气虚、阴伤等虚实夹杂证候表现。

在疾病的发展过程中，由于水气内盛，上凌于肺，可见气急暴喘之水凌心肺证；或水气内陷心肝，致卒然昏迷、惊厥之邪陷心肝证；或由湿浊内盛，脾肾衰竭，三焦壅塞，可见尿闭、呕吐、昏迷之水毒内闭等变证。

二、临床诊断

（一）诊断要点

水肿一证在儿科临床可见于多种疾病，但多见于急性肾小球肾炎和肾病综合征。

1. 急性肾小球肾炎（临床常见急性链球菌感染后肾小球肾炎）

（1）急性起病，1～3 周前有呼吸道感染、猩红热、皮肤感染等链球菌感染或其他急性感染病史。

（2）典型表现为血尿（少数为肉眼血尿）、少尿、非指凹性水肿、高血压。

（3）尿常规见红细胞、蛋白；抗链球菌溶血素“O”升高、补体 C_3 规律性改变（急性期下降、6～8 周恢复正常）。

少数患儿可出现严重表现，多发生在急性期（发病 2 周内），可见严重循环充血、高血压脑病、急性肾衰竭。非典型病例可为全无临床症状的亚临床型或轻型，还可见以肾病综合征表现的特殊类型。

2. 肾病综合征（常见原发性）

（1）部分患儿有感染史。

（2）水肿是最常见的临床表现，可为眼睑、颜面浮肿，甚至全身浮肿，水肿为凹陷性，重者累及浆膜腔，出现胸腔积液、腹水、阴囊水肿。水肿明显时尿量减少、尿液有较多泡沫。

（3）尿液检查显示尿蛋白在+++以上，24 小时尿蛋白定量≥50mg/kg。血液检查显示血清总蛋白降低，血浆白蛋白＜25g/L，白球比值倒置，血浆胆固醇＞5.7mmol/L。

依据大量蛋白尿、低白蛋白血症、高胆固醇血症、水肿可诊断本病，临床属于单纯型肾病。如果同时具备明显血尿、高血压、氮质血症、血补体下降四项中至少一项，即可诊断为肾炎型肾病。

（二）鉴别诊断

水肿病证，除了应区分急性肾炎和肾病综合征外，还应鉴别引起水肿的多种疾病，如 IgA 肾病、紫癜性肾炎、狼疮性肾炎等；心源性水肿、甲状腺功能低下等其他系统疾病引起的浮肿。

1. IgA 肾病 多于急性感染后 1～3 天内发生血尿或血尿加重，可伴有水肿，典型表现为反复发作的肉眼血尿或镜下血尿，需行肾活检才能确诊。

2. 继发性肾小球肾炎 过敏性紫癜性肾炎、狼疮性肾炎、乙型肝炎病毒相关性肾炎等继发性肾小球疾病也可引起水肿，根据各病的其他表现可以鉴别。

三、辨证要点

1. 辨阴水阳水 阳水发病急，水肿多由眼睑、头面而下，迅及全身，肿处皮肤光亮，按之即起。阴水多病程长，水肿多以下半身浮肿为主，腰以下尤甚，按之凹陷难起。

2. 辨虚实 发病急，浮肿同时伴发热、恶风、咳嗽的风水相搏证或者见皮肤疮疖、尿少尿赤、烦热口渴、口苦口黏、大便不畅的湿热内侵证均属实证；浮肿伴有汗多、易感冒、便溏的肺脾气虚证或者见面色㿠白、大便溏泻、腰酸怕冷之脾肾两虚证均属虚证。虚证患者在病程中可兼有外感风邪、内蕴湿热、瘀血阻络等证，出现虚中夹实证。

3. 辨常证变证 凡仅见水肿、尿少，精神食欲尚可者为常证；如水肿伴见尿少，胸满，咳喘，心悸，或见神昏谵语，抽风惊厥，甚至尿少尿闭，恶心呕吐者，为水凌心肺证、邪陷心肝证、水毒

内闭证，属于变证、急证范畴。

四、治疗

本证治疗急性期以驱邪为主，宜疏风利水、清热利湿；恢复期以扶正兼驱邪为要；对于变证，应根据证候分别采用泻肺逐水、温阳扶正、平肝潜阳、泻火泄热及辛开苦降、辟秽解毒之法，同时积极配合西医综合抢救治疗。

（一）分证论治

1. 常证

（1）风水相搏证

证候：水肿多先从眼睑开始，继而四肢，甚则全身浮肿，以眼睑、颜面肿势为著，来势迅速，皮肤光亮，按之凹陷即起，小便少，尿血，伴有发热、恶风或不恶风、咳嗽，肢体酸痛，苔薄白，脉浮。

治法：疏风利水。

主方：麻黄连翘赤小豆汤（《金匮要略》）加减。

常用药：麻黄、连翘、赤小豆、杏仁、车前草、茯苓、桔梗、泽泻。

加减：若有表寒者，加荆芥、防风疏风解表；有咳喘者，加葶苈子、桑白皮、苏子止咳平喘；有血尿者，加小蓟、白茅根凉血止血；咽痛、咳嗽者，加牛蒡子、金银花清热解毒利咽；若头痛目眩，去麻黄，加钩藤、菊花、决明子平肝潜阳。

中成药：肾炎消肿片、小儿解表颗粒、双黄连口服液。

（2）湿热内侵证

证候：稍有浮肿，或水肿不显，烦热口渴，或见口苦口黏，小便黄赤短少，甚至尿血，舌质红，舌苔黄或黄腻，脉偏数。或近期有脓疱疮、疖肿、丹毒等疮毒病史。

治法：清热利湿。

主方：三妙丸（《医学正传》）合导赤散（《小儿药证直诀》）加减。

常用药：苍术、黄柏、牛膝、生地黄、竹叶、生甘草梢。

加减：皮肤有疮毒者，去苍术，加金银花、紫花地丁清热解毒；血尿明显者，加小蓟、大蓟、白茅根凉血止血，或参三七粉、琥珀粉，另调服。

中成药：肾炎安颗粒、肾炎清热片。

（3）肺脾气虚证

证候：浮肿明显或者不著，面色少华或苍白，体倦乏力，纳差，易出汗，易感冒，大便溏，舌苔白、质偏淡，脉缓弱。

治法：健脾益气。

主方：参苓白术散（《太平惠民和剂局方》）合玉屏风散（《医方类聚》）加减。

常用药：生黄芪、太子参、茯苓、白术、山药、白扁豆、薏苡仁、砂仁、防风等。

加减：水肿明显者，加大腹皮、泽泻利水消肿；出汗明显者，加煅龙骨、煅牡蛎以敛汗；伴有腰膝酸软者，加续断、牛膝益肝肾养筋骨。

中成药：补中益气口服液、玉屏风颗粒、百令胶囊。

（4）脾肾两虚证

证候：面色㿠白，全身浮肿，以腰腹下肢为甚，按之深陷难起，畏寒肢冷，面白无华，神倦乏力。偏于脾阳虚者，大便多溏，脘腹闷胀；偏于肾阳虚者，多见腰酸怕冷，尿淡而频，夜间尤甚，舌胖质淡或有齿痕，苔白，脉沉细。

治法：温肾健脾。

主方：偏肾阳虚者选真武汤（《伤寒论》）；偏脾阳虚者选实脾饮（《重订严氏济生方》）加减。

常用药：真武汤常用药为制附子、白术、茯苓、白芍、生姜；实脾饮常用药为制附子、干姜、白术、茯苓、厚朴、大腹皮、草果仁、木香、木瓜、炙甘草。

加减：形寒肢冷者，加菟丝子、淫羊藿、巴戟天温阳补肾；若兼有咳嗽，胸满气促不能平卧者，加用防己、葶苈子泻肺平喘。若迁延日久，出现肝肾阴虚证候者，可予知柏地黄丸加减；气阴两虚者，予六味地黄丸加黄芪。

中成药：益肾灵颗粒、桂附地黄丸。

2. 变证

（1）水凌心肺证

证候：肢体浮肿，咳嗽，气急，心悸，胸闷，烦躁不能平卧，口唇青紫，指甲发绀，尿少或尿闭，舌苔白或白腻，脉细数无力。

治法：泻肺逐水，温阳扶正。

主方：己椒苈黄丸（《金匮要略》）合参附汤（《正体类要》）加减。

常用药：川椒、防己、葶苈子、大黄、人参、制附子。

加减：若面色苍白，口唇青紫，四肢厥冷，汗出淋漓，脉微欲绝者，为心阳欲脱之危象，宜急服独参汤或参附龙骨牡蛎汤回阳固脱。

中成药：参附注射液。

（2）邪陷心肝证

证候：肢体浮肿，头痛，眩晕，视物模糊，烦躁，甚或抽搐、昏迷，舌质红，苔黄糙，脉弦。

治法：平肝潜阳，泻火泄热。

主方：龙胆泻肝汤（《太平惠民和剂局方》）加减。

常用药：龙胆草、黄芩、栀子、泽泻、木通、车前子、当归、生地黄、柴胡、甘草。

加减：若湿浊上扰，症见胸闷、呕恶痰涎，苔腻，脉滑者，可加法半夏、胆南星化浊降逆；神志不清者，可选用安宫牛黄丸、牛黄清心丸清热开窍；抽搐者，加钩藤、石决明、羚羊角粉、白芍平肝息风。

中成药：清开灵注射液、安宫牛黄丸。

（3）水毒内闭证

证候：全身浮肿，尿少或尿闭，头晕，头痛，恶心呕吐，甚或昏迷，舌质淡胖，苔腻，脉弦。

治法：辛开苦降，辟秽解毒。

主方：温胆汤（《三因极一病证方论》）合附子泻心汤（《伤寒论》）加减。

常用药：陈皮、半夏、茯苓、竹茹、枳实、大枣、大黄、黄连、黄芩、制附子、干姜、甘草等。

加减：恶心呕吐频繁者，加玉枢丹辟秽止呕；如惊厥昏迷者，加安宫牛黄丸、紫雪丹水溶化鼻饲。

（二）其他疗法

1. 针灸疗法

（1）体针：选用三焦俞、肾俞、水分、气海、复溜。阳水初期加肺俞、列缺、偏历、合谷。咽痛者配少商；血压高者配曲池、太冲。阴水者或阳水恢复期可加用脾俞、足三里、阴陵泉。脾肾两虚者可取肾俞、腰阳关、委中、命门。阳水初期采用平补平泻；阴水或阳水后期可用补法。每日 1 次，10 次为 1 个疗程。

（2）耳针：取肺、肾、脾、膀胱、交感、肾上腺、腹穴。每次选 2～3 穴，毫针中等刺激，隔日 1 次，两耳轮换使用，10 次为 1 个疗程。

（3）灸法：于脊柱两旁腧穴处或涌泉穴以艾条灸疗，每日 1 次，用于急性肾衰竭。

2. 灌肠疗法 大黄 10g，黄柏 20g，槐花 15g，败酱草 10g，车前草 20g，益母草 20g，黄芪 20g，龙骨 10g，牡蛎 10g。每剂煎至 200ml，每次 100ml（婴儿 50ml）。每日 2 次，保留灌肠，7 日为 1 个疗程，用于水毒内闭证。

3. 低频脉冲穴位刺激疗法 选用特定的穴位，如肾俞、膀胱俞、涌泉、足三里，临床随证取穴，以超低频电脉冲刺激。每日 1 次，每次 20～30 分钟，7 次为 1 个疗程，用于各个证型。

4. 西医治疗

（1）抗感染：急性肾炎患儿有咽部及皮肤感染灶者，应给予青霉素或其他敏感抗生素治疗 10～14 天。肾病患儿合并感染时，应抗炎对症治疗。

（2）激素疗法：肾病综合征患儿采用肾上腺皮质激素治疗，多采用中、长程疗法。先以泼尼松 2mg /（kg・d），最大量 60mg/d，分次服用。尿蛋白转阴 2 周后开始减量至隔日 2mg/kg 顿服，按照每月 2.5～5mg 的速度逐渐减量，疗程 6～9 个月为中程疗法，疗程 9 个月以上为长程疗法。复发病例可延长隔日服药时间，即采用“拖尾疗法”。对于难治性肾病可使用免疫抑制剂治疗。

（3）利尿：急性肾炎患儿一般采用噻嗪类或者襻利尿剂。慎用保钾利尿剂及渗透性利尿剂。肾病综合征患儿利尿时常选用氢氯噻嗪、螺内酯、呋塞米等，必要时可予右旋糖酐 40、血浆以扩容利尿。

（4）降压：可选用钙拮抗剂、血管紧张素转移酶抑制剂等。

（5）严重合并症：积极进行降压、利尿、止痉、强心等抢救方法。具体请参照相关西医教材。

五、预防调护

（1）预防感冒，保持皮肤清洁，彻底治疗各种皮肤疮疖，锻炼身体，增强体质，提高抗病能力。

（2）急性肾炎患儿发病早期应卧床休息，待血压恢复正常，其他症状消退，或基本消失，可逐渐增加活动。肾病综合征患儿明显水肿时应卧床休息，平时勿剧烈活动。

（3）急性水肿、高血压时，应限制水、钠摄入，食盐每日 1～2g 为宜，但不宜长期忌盐。有氮质血症时应给予优质蛋白，并限量摄入，每日 0.5g/kg 为宜。急性期注意采用优质低蛋白饮食。

（4）肾病患儿短时间内应避免免疫接种。尽量避免使用对肾脏有损害的药物。

第二节 尿 频

尿频以小便频数为特征，属中医学淋证范畴。儿童主要见热淋和气淋。现代医学中的泌尿系感染、结石、肿瘤、白天尿频综合征等疾病均可出现尿频，但儿科临床以泌尿系感染和白天尿频综合征（神经性尿频）最为常见，故本节以此两个疾病为重点进行论述。

本病多发于学龄前儿童，尤以婴幼儿时期发病率最高，女孩多于男孩。经过恰当治疗，本病多预后良好。少数泌尿系感染患儿反复发作可成为慢性者。临床上若男孩反复出现尿路感染，应认真查找原因，需排除泌尿系结构异常。婴儿时期因脏腑功能不足，气化功能尚不完善，虽然见小便频数，无尿急及其他所苦，也不是病态。

一、病因病机

尿频的病因，外因多为感受湿热之邪；内因多由素体虚弱，脾肾亏虚，或病久伤及肾阴。本病病位在肾与膀胱。主要病机为膀胱气化功能失常。

1. 湿热下注 湿热之邪来源于两个方面，即外感湿热、内生湿热，湿热之邪客于肾与膀胱，湿阻热郁，气化不利，开阖失司，膀胱失约而致尿频。

2. 脾肾两虚 小儿先天不足，素体虚弱，或尿频长期不愈，致脾肾两虚。肾气虚则下元不固，气化不利，开阖失司；脾气虚则运化失常，水失制约。无论肾虚、脾虚，均可使膀胱失约，排尿异常，而致尿频。

3. 阴虚内热 素体阴虚，或阳损及阴，或尿频日久不愈，湿热久恋，损伤肾阴，或过用辛温之品耗伤肾阴，肾阴不足，虚热内生，虚火客于膀胱，膀胱失约而致尿频。

病程日久则变生多端。湿热损伤膀胱血络则为血淋；煎熬尿液，结为砂石，则为石淋；脾肾气虚日久，损伤阳气，阳不化气，气不化水，可致水肿。

二、临床诊断

（一）诊断要点

尿频可见于多种疾病，但儿科临床常见于泌尿系感染和白天尿频综合征两种疾病。

1. 泌尿系感染

（1）有外阴不洁或坐地嬉戏等湿热外侵病史。

（2）起病急，以小便频数，淋漓涩痛，或伴发热、腰痛等为特征。小婴儿往往尿急、尿痛等症状不突出，可见排尿时哭闹，或以发热、拒食、呕吐等全身症状为主。慢性患儿症状不典型，多见面色苍白、消瘦、发育缓慢等。

（3）尿常规检查以白细胞增多或见脓细胞，或白细胞管型为特点，可见数量不等的红细胞，尿蛋白较少或无。中段尿培养提示尿细菌培养阳性。

2. 白天尿频综合征（神经性尿频）

（1）多发生在婴幼儿时期。

（2）以醒时尿频，点滴淋漓，但入眠消失，反复发作为特征，一般无其他痛苦，精神、饮食均正常。

（3）尿常规、尿培养等无阳性发现。

（二）鉴别诊断

临证时要明确尿频之原发疾病。首先要将泌尿系感染和白天尿频综合征鉴别开来。除此之外，泌尿系结石、肿瘤、糖尿病、尿崩症等也可导致尿频，临床可结合相关检查进行鉴别。

三、辨证要点

本病的辨证关键是辨虚实。实证为湿热下注所致，表现为起病急，病程短，小便频数短赤，尿道灼热疼痛，或见发热恶寒，恶心呕吐；虚证病程长，起病缓，小便频数，淋漓不尽，但无尿热、尿痛之感。虚证又分为气虚与阴虚，若尿频夜间为主，伴神疲乏力、面白形寒、手足不温者，为脾肾气虚所致；若伴见低热、盗汗、五心烦热等症，则为阴虚内热之证。

四、治疗

本病治疗要分清虚实，实证宜清热利湿；虚证宜温补脾肾或滋阴清热。若见本虚标实、虚实夹杂之候，要标本兼顾，攻补兼施。

（一）分证论治

（1）湿热下注证

证候：起病较急，小便频数短赤，尿道灼热疼痛，尿液淋沥混浊，小腹坠胀，腰部酸痛，婴儿则时时啼哭不安，排尿时哭闹，常伴有发热、烦躁口渴、恶心呕吐，舌质红，苔薄腻微黄或黄腻，脉数有力。

治法：清热利湿，通利膀胱。

主方：八正散（《太平惠民和剂局方》）加减。

常用药：萹蓄、瞿麦、滑石、车前子、金钱草、川木通、栀子、大黄、甘草。

加减：发热恶寒者，加柴胡、黄芩解肌退热；腹满便溏者，去大黄，加大腹皮、焦山楂行气助运；恶心呕吐者，加竹茹、藿香降逆止呕；小便带血，尿道刺痛，排尿突然中断者，常为砂石所致，可重用金钱草，加海金沙、鸡内金、大蓟、小蓟清热止血排石；口苦纳呆，胸胁苦满者，加龙胆草、黄芩、柴胡疏肝理气。

中成药：三金片、热淋清颗粒、八正合剂。

（2）脾肾两虚证

证候：病程日久，小便频数，淋漓不尽，神倦乏力，面色萎黄，食欲不振，甚则畏寒怕冷，手足不温，大便稀薄，或眼睑浮肿，舌质淡、或有齿痕，苔薄腻，脉细弱。

治法：温补脾肾，升提固摄。

主方：缩泉丸（《魏氏家藏方》）合参苓白术散（《太平惠民和剂局方》）加减。

常用药：益智仁、乌药、党参、山药、白术、茯苓、薏苡仁、白扁豆、甘草、桔梗、莲子肉。

加减：夜尿增多者，加桑螵蛸、生龙骨、覆盆子固摄缩尿；肾阳虚为主，症见面白无华，畏寒肢冷，下肢浮肿，脉沉细无力，可用济生肾气丸。

中成药：济生肾气丸、补中益气丸。

（3）阴虚内热证

证候：病程日久，小便频数或短赤，潮热，盗汗，颧红，五心烦热，咽干口渴，唇干，舌红，少苔，脉细数。

治法：滋阴补肾，清热降火。

主方：知柏地黄丸（《医宗金鉴》）加减。

常用药：生地黄、山茱萸、山药、泽泻、茯苓、牡丹皮、知母、黄柏。

加减：若有尿急、尿痛、尿赤者，加黄连、淡竹叶、萹蓄、瞿麦清心火、利湿热；低热者加青蒿、地骨皮退热除蒸；盗汗者加鳖甲、煅龙骨、煅牡蛎敛阴止汗。

中成药：知柏地黄丸。

（二）其他疗法

1. 药物外治 金银花 30g，蒲公英 30g，地肤子 30g，苦参 20g，通草 6g，水煎坐浴。每日 1～2 次，每次 30 分钟，用于湿热下注证。

2. 针灸疗法

（1）急性期：主穴取委中、下髎、阴陵泉、束骨。配穴：热重者加曲池；尿血者加血海、三阴交；少腹胀痛者加曲泉；寒热往来者加内关；腰痛者取耳穴肾、腰骶区。

（2）慢性期：主穴取委中、阴谷、复溜、照海、太溪。配穴：腰背酸痛者加关元、肾俞；多汗者补复溜、泻合谷；尿频、尿急、尿痛者加中极、阴陵泉；气阴两虚者加中脘、照海；肾阳不足者加关元、肾俞。

五、预防调护

（1）注意个人卫生，常洗会阴与臀部，勤换尿布和内裤，不穿开裆裤，不坐地玩耍，防止外阴部感染。

（2）注意多饮水，少食辛辣食物。

第三节　遗　尿

遗尿，是指5岁以上的小儿不能自主控制排尿，经常睡中小便自遗，醒后方觉的一种病证，又称尿床、遗溺。现代医学称之为遗尿症、儿童单症状性夜遗尿。

婴幼儿时期，由于经脉未盛，气血未充，脏腑未坚，智力未全，排尿控制发育不完善；学龄期儿童，若由于睡前多饮，或白天玩耍过度，夜间疲劳酣睡，偶然发生睡中尿床者，均不属病态。本病多见于10岁以下儿童，男孩高于女孩，部分有明显的家族史。通过X线诊断，发现某些顽固性遗尿的患儿与隐性脊柱裂有关。长期遗尿，可影响到小儿的身心健康。

一、病因病机

尿液的生成及排泄与肺、脾、肾、三焦、膀胱有着密切的关系。遗尿的病因为先天禀赋不足，后天久病失调，肾气不足，脾肺气虚，肝经郁热。发病机制主要为膀胱失于约束，与肺、脾、肾功能失调，三焦气化失司关系密切。

1. 肾气不足　先天禀赋不足，使元气失充，肾阳不足，下元虚冷，不能温养膀胱，膀胱气化功能失调，闭藏失职，不能制约尿液，而致遗尿。

2. 肺脾气虚　素体虚弱，屡患咳喘泻利，或大病之后，脾肺俱虚；脾虚运化失职，肺虚治节不行，三焦气化失司，则膀胱失约，津液不藏，而成遗尿。若脾虚失养，心气不足，或痰浊内蕴，困蒙心神，亦可使小儿夜间困寐不醒而遗尿。

3. 肝经郁热　平素性情急躁，肝经郁热，或肥胖痰湿之体，肝经湿热蕴结，肝之经络循绕阴器抵少腹，肝失疏泄，三焦水道通利失常，湿热迫注膀胱，膀胱约束不利而致遗尿。

部分患儿素体肾阴不足或者久病伤及肾阴，加之心火亢盛，致水火不济，心肾不交，膀胱失约，致梦中遗尿。

此外，亦有小儿自幼缺少引导，没有养成夜间排尿的习惯；或3岁以后仍用“尿不湿”，任其自遗，久而久之，形成习惯性遗尿。

二、临床诊断

（一）诊断要点

（1）发病年龄在5岁以上，寐中小便自遗，醒后方觉。

（2）每周至少有2次遗尿发生，持续3个月以上，或者自幼遗尿，无连续6个月的不尿床期。睡眠较深，不易唤醒。

（3）尿常规及尿细菌培养无异常发现。部分患儿腰骶部X线片或者MRI检查可发现隐性脊柱裂。

（二）鉴别诊断

1. 热淋（泌尿道感染） 尿频、尿急、尿痛症状多比较明显，白天清醒时也急迫难耐不能控制小便。尿常规检查有白细胞或脓细胞，尿培养可确诊。

2. 神经性尿频 其特点是白天尿频尿急，入睡后尿频消失，尿常规、尿培养均无异常。

三、辨证要点

本病重在辨脏腑虚实寒热。临床所见，虚寒者多，湿热者少。虚寒者，病程长，小便清长，量多次频，兼见形寒肢冷、面白神疲、乏力自汗、反复感冒、大便溏薄等，多责之于肾气不足、肺脾不足、膀胱虚冷；实热者，病程短，尿黄短涩，量少灼热，气味臊，形体壮实，兼见面红唇赤、性情急躁、夜寐不宁、大便干结等症，多责之于肝经湿热。

四、治疗

本病治疗，以温补下元，固涩膀胱为基本治疗原则，肝经湿热者需泻肝清热、清心安神；同时配合针灸、中医外治等治疗。

（一）分证论治

（1）肾气不足证

证候：睡中经常遗尿，醒后方觉，甚者一夜数次，小便清长，神疲乏力，面白，肢冷，腰膝酸软，或有智力低下，舌质淡，苔薄白，脉沉细或沉弱。

治法：温补肾阳，固涩止遗。

主方：菟丝子散（《太平圣惠方》）和桑螵蛸散（《本草衍义》）加减。

常用药：菟丝子、巴戟天、肉苁蓉、附子、山茱萸、五味子、牡蛎、桑螵蛸。

加减：伴有夜寐沉睡不易唤醒者，加炙麻黄、石菖蒲以醒神；神疲乏力，纳差便溏者，加党参、白术、茯苓、山楂益气健脾和中助运；智力低下者，加人参、石菖蒲、远志补心气，开心窍。

中成药：五子衍宗丸、济生肾气丸、缩泉丸。

（2）脾肺气虚证

证候：睡中遗尿，少气懒言，神倦乏力，面色少华或萎黄，自汗出，易感冒，食欲不振，大便溏薄，舌淡，苔薄，脉弱无力。

治法：益气健脾，固涩止遗。

主方：补中益气汤（《脾胃论》）合缩泉丸（《魏氏家藏方》）加减。

常用药：黄芪、党参、白术、炙甘草、陈皮、当归、升麻、柴胡、益智仁、山药、乌药。

加减：自汗出明显者，加煅牡蛎、五味子潜阳敛阴止汗；痰盛身肥者，加苍术、山楂、半夏燥湿化痰；困寐不醒者，加石菖蒲、炙麻黄醒神开窍。

中成药：补中益气丸、缩泉丸。

（3）肝经湿热证

证候：睡中遗尿，尿黄量少，尿味臊臭，性情急躁易怒，或夜间梦语磨牙，手足心热，面赤唇红，口渴喜饮，舌红，苔黄或黄腻，脉滑数。

治法：清热利湿，缓急止遗。

主方：龙胆泻肝汤（《太平惠民和剂局方》）加减。

常用药：龙胆草、黄芩、栀子、泽泻、通草、当归、生地黄、柴胡、甘草。

加减：夜寐不宁者加黄连、竹叶、连翘清心除烦；尿味臊臭重，舌苔黄腻者，加黄柏、滑石清利湿热；痰湿内蕴，困寐不醒者，加胆星、半夏、石菖蒲、远志清化痰湿，开窍醒神。

中成药：龙胆泻肝丸。

（二）其他疗法

1. 药物外治

（1）五倍子、桑螵蛸、补骨脂、何首乌各 30g，研末，用醋调敷于神阙穴，外用油纸、纱布覆盖，胶布固定，每晚 1 次，7 天为 1 个疗程，用于遗尿虚证。

（2）连须葱白 3 根，生硫黄末 3g，先将葱白捣烂，加入硫黄末捣匀为膏，睡前置药膏于神阙穴，外用油纸、纱布覆盖，胶布固定。每晚 1 次，晨起除去，7 天为 1 个疗程，用于遗尿虚证。

2. 推拿疗法

（1）揉丹田，揉百会，揉外劳，补肾经，推上三关，揉肾俞，揉三阴交，较大儿童可用擦法，横擦肾俞、八髎，以热为度，用于肾气不足证。

（2）揉百会，补肺经，补脾经，揉外劳，揉足三里，横擦八髎至局部发热，揉丹田，用于肺脾气虚证。

3. 针灸疗法

（1）针刺夜尿点（在小指掌面第二指关节横纹中点处），每次留针 15～20 分钟。每日或隔日 1 次，7 次为 1 个疗程。

（2）耳针主穴：遗尿点（在肾点与内分泌点间，食道点下方）。配穴：肾点、皮质下。每次留针 30 分钟，每日或隔日 1 次。

五、预防调护

（1）自幼儿开始培养按时和睡前排尿的良好习惯。

（2）白天勿使小儿玩耍过度疲劳，睡前避免饮水过多。

（3）对于遗尿患儿要耐心教育引导，切忌打骂、责罚，鼓励患儿消除怕羞和紧张情绪，建立起战胜疾病的信心。

（4）白天可饮水，晚餐不进流质食物，睡前尽量不喝水和饮料，中药汤剂也不宜晚间服用。

第四节　五迟、五软

五迟指立迟、行迟、齿迟、发迟、语迟；五软指头项软、口软、手软、足软、肌肉软。五迟以发育迟缓为特征，五软以萎软无力为主症，两者可单独出现，又可同时存在。本病以婴幼儿多见，若证候较轻，早期治疗，疗效较好；若证候复杂，病程较长，属先天禀赋不足引起者往往成为痼疾，多采用中西医结合的综合康复治疗方案改善其部分功能，提高日常生活能力。

本病多源于先天禀赋不足，古代归属于“胎弱”“胎怯”“迟证”。《张氏医通·婴儿门上》曰：“皆胎弱也，由父母精血不足，肾气虚弱，不能荣养然也。”《古今医统·五软五硬》中云：“五软证名曰胎怯，良由父精不足，母血气衰而得。”五迟、五软可见于西医之生长发育迟缓、维生素 D 缺乏性佝偻病、脑发育不全、脑性瘫痪、智能低下等病证。

一、病因病机

五迟、五软病因包括先天禀赋不足及后天调护失宜。病机为正虚邪实，正虚即五脏不足、气血虚弱、精髓亏虚；邪实为痰瘀阻滞心经脑络，心脑神明失主。本病病位主要在脾肾，可累及心肝。

1. 先天因素　父母精血虚弱，或孕期调摄失宜，精神、起居、饮食、药治不慎等因素影响胎儿，损伤胎元之气，或年高得子，或堕胎不成而成胎者，先天精气不足，髓脑未充，脏气虚弱，筋骨肌肉失养而成五迟、五软。

2. 后天因素　分娩时难产、产伤，使颅内出血，或生产过程中胎盘早剥、脐带绕颈，生后护理不当，发生窒息、中毒，损伤脑髓，瘀阻脑络；或温热病后痰火上扰，痰浊阻滞，蒙蔽清窍，心脑神明失主，肢体活动失灵；或乳食不足，哺乳失调，致脾胃亏损，气血虚弱，精髓不充，而致生长发育障碍，皆可致五迟、五软。

肾主骨，肝主筋，脾主肌肉、四末，若肝脾肾不足，则筋骨肌肉失养，可见立迟、行迟、头项软、手软、足软；齿为骨之余，肾精不足，可见齿迟；肾之华在发，发为血之余，肾精不足，血虚失养，可见发迟或发稀而枯；脾开窍于口，主肌肉，脾虚气弱，可见口软、肌肉软；言为心声，脑为髓海，心气不足，肾精亏虚，髓海不充，可见语迟、智力不聪。

二、临床诊断

本病诊断主要依据病史及体格检查，结合辅助检查可协助明确病因。

（一）诊断要点

1. 病史　孕期有先兆流产史、妊娠恶阻、药物损害、产伤、窒息、早产，以及喂养不当史，或有家族史，父母为近亲结婚或低龄、高龄产育者。

2. 临床表现

（1）小儿 2～3 岁还不能站立、行走为立迟、行迟；初生无发或少发，随着年龄的增长，仍稀疏难长为发迟；12 个月时尚未出牙及此后牙齿萌出过慢为齿迟；1～2 岁还不会说话为语迟。

（2）小儿半岁前头项软弱下垂为头项软；咀嚼无力，时流清涎为口软；手臂不能握举为手软；2 岁以后还不能站立、行走为足软；皮肉松弛无力为肌肉软。

（3）临床中五迟、五软不一定全部具备，只要有一二症者即可做出相应诊断。要注意从婴儿起细心观察小儿生长发育状况，结合正常儿童的生长发育规律，早期发现疑似病例，进行智能发育筛选检查，做出诊断。

3. 辅助检查　血液生化、细菌学、酶学、免疫学及脑电图、头颅影像学等检查，有助于明确病因。

（二）鉴别诊断

临床需注意对归属于本病的西医疾病进行鉴别。

1. 维生素 D 缺乏性佝偻病　是指因儿童体内维生素 D 缺乏，致使钙磷代谢失常的一种慢性营养缺乏性疾病，见于 3 岁以下婴幼儿，多有维生素 D 摄入不足史，五迟、五软见症多程度轻，伴多汗、易惊及骨骼改变等表现，无智力低下，一般预后良好。血液生化检查及骨骼 X 线摄片可明确诊断。

2. 脑性瘫痪　是指出生前到出生后之脑发育早期，由多种原因引起的非进行性的脑损害及发育缺陷所致的中枢运动障碍和姿势异常综合征，并可伴智力低下、癫痫、感知觉障碍、语言及精神行为异常等。主要表现为婴儿期出现的肌张力和姿势异常、运动发育落后及障碍、神经反射检查异常等，头颅 CT 或 MRI 能帮助了解是否有脑损伤或脑结构异常；脑电图可以了解是否合并癫痫；病原学检查可以了解患儿是否有宫内感染。

3. 智力低下 包括先天和后天因素造成的智商低于均值两个标准差以上，在 70 以下。①智能明显低于同龄儿童正常水平。②同时存在适应功能缺陷或损害：如社会交谈、日常生活料理、独立和自给能力的缺陷。③理化检查可以判断由于某些疾病所致：如苯丙酮尿症患儿尿三氯化铁实验阳性；先天性愚型者，染色体检查有助于诊断；甲状腺功能减低者，骨骼 X 线检查提示发育落后，智能低下，有特殊面容，血清 TSH、T_4 测定提示甲状腺功能减低。

三、辨证要点

本病以脏腑辨证为纲。

1. 辨脏腑 五迟、五软以脾肾病变为主，心肝次之。若表现为立迟、行迟、齿迟、头项软、手足软，则为脾肾不足及肝；发迟、语迟、肌肉软、口软、智力低下，则为脾肾不足及心。伴有脑性瘫痪、智力低下者，常兼有痰浊瘀血阻滞心经脑络。

2. 辨轻重 五迟、五软仅见一二症，智力基本正常为轻；病程长，五迟、五软同时并见，且见肢体瘫痪、手足震颤、步态不稳、智能低下、痴呆、失语、失聪者为重。

3. 辨病因 先天性脑病、染色体病、代谢性疾病等先天疾患者，可归属于先天不足，病多在肝肾脑髓；营养代谢因素所致者病多在脾；不良环境、社会心理损伤，伴发精神障碍者，病多在心；感染、中毒、损伤、物理因素者，多属痰浊瘀血为患。

四、治疗

五迟、五软多属虚证，以补为其治疗大法。如脑发育不全者，多属肝肾两虚，宜滋养肝肾，填精补髓；脑性瘫痪、智力低下者，多属心脾不足，宜健脾养心，开窍益智；若因难产、产伤、中毒，或温热病后等因素致痰瘀阻滞者，宜涤痰开窍，活血通络为主。亦有部分患儿属虚实夹杂者，须补益与涤痰活血配伍用药。

本病宜早期发现，及时治疗。治疗时间较长，可将有效方剂制成丸、散、膏剂，以半年为 1 个疗程，重复 2～3 个疗程。除了辨证论治用药外，也可配合针灸、推拿、教育及功能训练等综合措施，提高疗效。

（一）分证论治

（1）肝肾不足证

证候：坐、立、行走、牙齿发育明显迟于同龄小儿，颈项、肌肉萎软或肢体瘫痪，手足震颤，步态不稳，智能低下，夜卧不安，或失语失聪，面容痴呆，舌质淡，苔薄，脉沉细无力，指纹淡紫。

治法：滋养肝肾，填精补髓。

主方：六味地黄丸（《小儿药证直诀》）加减。

常用药：熟地黄、牡丹皮、山茱萸、山药、泽泻、茯苓、补骨脂、紫河车、龟甲。

加减：齿迟者，加何首乌、龙骨、牡蛎补肾生齿；立迟、行迟者，加牛膝、杜仲、桑寄生补肾强筋壮骨；头项软者，加枸杞子、菟丝子、巴戟天补肾壮骨；肌肉萎软者，加党参、白术、黄芪健脾益气；手足震颤者，加天麻、钩藤、僵蚕平肝息风；智力障碍者，加远志、石菖蒲、郁金化痰醒脑开窍。

中成药：杞菊地黄丸、孔圣枕中丸、首乌片、虎潜丸。

（2）心脾两虚证

证候：智力低下，精神呆滞，面黄形瘦，语言迟钝，四肢萎软，肌肉松弛，多卧少动，步态不稳，食欲不佳，口角流涎，舌伸口外，咀嚼无力，头发稀疏枯槁，舌质淡，苔少，脉细弱，指纹淡。

治法：健脾养心，开窍益智。

主方：调元散（《活幼心书》）合菖蒲丸（《普济方》）加减。

常用药：人参、白术、厚朴、香附、远志、石菖蒲、川芎、当归、黄芪、茯苓、山药、熟地黄、白芍、甘草。

加减：语迟失聪者，加郁金解郁开窍；发稀萎黄者，加何首乌、肉苁蓉养血益肾，生发乌发；四肢萎软者，加桂枝温经通络；口角流涎者，加益智仁温脾暖肾摄唾。

中成药：归脾丸、十全大补颗粒、小儿智力糖浆、健步丸。

（3）痰瘀阻滞证

证候：失聪失语，意识不清，反应迟缓，动作不自主，或吞咽困难，口角流涎，喉间痰鸣，或关节强硬，肌肉软弱，或癫痫发作，舌胖质暗，或见瘀斑瘀点，苔腻，脉沉涩或滑，指纹暗滞。

治法：涤痰开窍，活血通络。

主方：通窍活血汤（《医林改错》）合二陈汤（《太平惠民和剂局方》）加减。

常用药：桃仁、红花、川芎、赤芍、麝香、半夏、陈皮、茯苓、远志、石菖蒲、丹参、甘草。

加减：惊叫、抽搐者，加黄连、龙胆草清肝泻火；躁动者，加龟甲、天麻、生牡蛎潜阳息风；大便干结者，加大黄通腑涤痰；关节酸痛，屈伸不利者，加伸筋草、桑枝舒筋活络；并发癫痫者，参考癫痫治疗。

中成药：白金丸、羊痫疯癫丸。

（二）其他疗法

1. 单方验方

（1）将赤小豆研为细末，用酒调和，涂于舌之上下，每日 1 次，用于语迟。

（2）取当归、生地黄、肉苁蓉各等量，研成细末，用黑豆煎汤取液调和成膏，涂于头部，每日 1 次，用于发迟。

（3）白僵蚕 1.5～3g，薄荷 2g，先煎薄荷取其汁，浸泡白僵蚕 8 小时，将白僵蚕汁分成 3 分，每日 3 次分服，用于五软。

（4）取五加皮适量，研成细末，用酒调成糊状，涂于颈骨上，每日数次，用于头项软。

2. 推拿疗法 采用推、揉、擦、拿等手法，推拿头部、躯干、肢体有关穴位，以通经活血，荣筋养肌，缓解筋脉挛缩，恢复正常的运动功能。

（1）头面部：坐位，取瞳子髎、颊车、地仓、风池、哑门、百会、天柱等穴，用推揉法往返操作 5～6 次。

（2）颈及上肢部：坐位，取天柱至大椎、肩井，用推揉法，并推揉肩关节周围及肱三头肌、肱二头肌至肘关节，向下沿前臂至腕部，往返数次。

（3）腰及下肢：俯卧位，从腰部起向下至尾骶部、臀部，循大腿后侧往下至足跟，用推法或擦法；配合肾俞、脾俞、肝俞、环跳、殷门、委中、承山等穴，用按法；接着取仰卧位，从腹股沟向下经股四头肌至小腿前外侧配合按伏兔、足三里、阳陵泉、解溪等穴，用揉法或擦法，往返数次。

3. 针灸疗法

（1）灸法：艾灸足两踝各 3 壮，每日 1 次，用于语迟肝肾亏虚证；艾灸心俞、脾俞各 3 壮，每日 1 次，用于语迟心脾两虚证。

（2）耳针：可选心、肝、肾、脾、脑干、皮质下等，用短毫针，留针 15～20 分钟，并间歇捻针，隔日 1 次，15 次为 1 个疗程。

（3）体针：用于精神发育迟滞。常用穴：四神聪、百会、本神、脑户、风府、大椎、心俞、通里、照海、内关。配穴：语言不清者，加哑门、廉泉；颈软无力者，加天柱、大杼、筋缩；反应迟钝者，加心俞、神门、印堂；多动者，加太冲、商丘、列缺；流涎者，加地仓、三阴交、阴陵泉；视力差者，加肝俞、肾俞、阳白；听觉差者，加听宫、听会、耳门；语言表达能力差者，加舌三针；上肢功能障碍者，加手三针；下肢功能障碍者，加足三针。

4. 中药外治

（1）中药洗浴：黄芪、当归、川芎、鸡血藤、红花、伸筋草、透骨草、川牛膝等，加水煮沸，将药液倒入浴盆中，待温度适当时，用药液浸洗患肢或全身。每次 30 分钟，每日 1 次，3 个月为 1 个疗程，用于肢体僵硬、筋脉拘急、屈伸不利者。

（2）中药熏蒸：伸筋草、透骨草、络石藤、木瓜、鸡血藤、当归、杜仲、川牛膝、桃仁、红花、桂枝等，加水煎煮后取药液，放入中药熏蒸汽疗仪内，熏蒸患儿体表。每次 15～30 分钟，每日 1 次，3 个月为 1 个疗程，用于肢体僵硬、筋脉拘急、屈伸不利者。

5. 教育康复和训练　包括特殊教育、认知障碍康复训练、多感官训练、音乐疗法、语言训练、日常生活能力训练、职业技能训练、感觉统合训练、心理治疗、箱庭疗法、行为矫正、作业疗法、运动疗法及早期干预治疗。可利用机械的、物理的手段，甚或结合运用矫形器，针对各种运动障碍及异常姿势进行一系列训练，目的在于改善残存的运动功能，抑制不正常的姿势反射，诱导正常的运动发育。通过合理积极的健康教育和训练，可提高患儿的日常生活能力及整体生活质量。对于痉挛性脑瘫及合并严重畸形等可考虑手术治疗，矫正畸形，改善肌张力、恢复或改善肌力平衡。

五、预防调护

（1）提倡优生优育，禁止近亲结婚，婚前、孕期进行健康检查，以避免生育遗传性疾病患儿，广泛宣传科普知识，提高优生意识。

（2）注意孕妇及围生期保健，防止外感、药物损害；避免早产、难产、产伤。

（3）加强新生儿筛查及儿童保健工作，以便早期发现，早期治疗。

（4）科学喂养，加强营养，提倡母乳喂养，及时添加辅食，多晒太阳，增强体质，积极预防及治疗各种急、慢性疾病。

（5）重视功能训练，加强智力训练教育，推拿按摩痿软肢体，防止肌肉萎缩；同时加强护理，防止意外。

第五节　性　早　熟

性早熟是指女孩在 8 岁之前、男孩在 9 岁之前第二性征出现。性早熟为现代病名，古代医籍无此病名，古代文献中论述较少。本病分为中枢性（促性腺激素释放激素依赖性，真性）性早熟和外周性（非促性腺激素释放激素依赖性，假性）性早熟，以中枢性性早熟最常见。不完全性（部分性）性早熟是中枢性性早熟的特殊类型，包括单纯性乳房早发育、单纯性阴毛早现和单纯性早初潮。最常见的类型为女孩单纯性乳房早发育。

性早熟多发于女性，女孩发病率为男孩的 4～5 倍，春夏季节发病的儿童明显多于秋冬季节，经济发达地区的发病率较高。性早熟可影响最终身高，导致心理问题。

一、病因病机

本病的病因有疾病导致、营养过剩、过食某些滋补品及含生长激素合成饲料喂养的禽畜类食物，或误服某些药物。病机为体内脏腑阴阳平衡失调，阴虚火旺、肝郁化火、痰湿壅滞，导致天癸早至而发病。其病变主要在肾、肝、脾三脏。

1. 阴虚火旺 肾藏精，主生长发育与生殖。小儿阴常不足、肾常虚，在致病因素作用下，易出现肾之阴阳失衡，肾阴不足，不能制阳，相火偏亢则天癸早至，第二性征提前出现。

2. 肝郁化火 肝藏血，主疏泄。小儿肝常有余，若因疾病或精神因素导致肝气郁结，郁而化火，肝火上炎，可致天癸早至。

3. 痰湿壅盛 脾主运化水湿及水谷精微。小儿脾常不足，若长期偏好膏粱厚味，损伤脾胃，可致脾失健运，水液壅滞，日久生痰，痰湿阻络，气血运行不畅，冲任失调，引动天癸早至，第二性征提前出现。

二、临床诊断

（一）诊断要点

1. 临床表现 女孩在 8 岁之前、男孩在 9 岁之前出现性发育征象。一般女孩先有乳房发育，阴唇发育，色素沉着，接着阴道分泌物增多，出现阴毛、腋毛，最后月经来潮。男孩先睾丸增大，继之阴茎增粗，可有阴茎勃起，阴囊皮肤皱褶增加、着色，出现阴毛、腋毛、痤疮，以及胡须、喉结，变声，甚至有夜间遗精。患儿同时伴有线性生长加速。

2. 实验室检查

（1）血清激素水平测定：血清黄体生成素（LH）、卵泡刺激素（FSH）、雌二醇（E_2）、泌乳素（PRL）、睾酮（T）等性激素水平，随着性早熟的进程而明显增高。促性腺激素释放激素（GnRH）激发试验可以帮助鉴别是否为中枢性性早熟。

（2）骨龄（左手包括腕关节 X 线摄片）：中枢性性早熟患儿骨龄往往较实际年龄提前，但是单纯性乳房早发育患儿的骨龄常无增速或呈轻度增速。

（3）骨密度：中枢性性早熟患儿骨密度常高于同龄儿童。

（4）阴道脱落细胞涂片检查：观察阴道脱落细胞成熟度可以判断体内激素水平高低。

（5）超声检查：可以了解子宫、卵巢、乳腺、睾丸等情况。

（6）磁共振成像（MRI）：怀疑中枢神经系统病变时行头颅 MRI 平扫，重点观察下丘脑及垂体部位，必要时行增强扫描。

（二）鉴别诊断

1. 真性性早熟与假性性早熟的鉴别 真性性早熟是由下丘脑-垂体-性腺轴提前发动，功能亢进所致，可导致生殖能力提前出现。假性性早熟是由于内源性或外源性性激素的作用，导致第二性征提前出现，患儿并不具备生殖能力。真性性早熟促性腺激素水平升高，假性者水平低下。促黄体生成激素释放激素（LHRH）兴奋试验阳性，真性 FSH、LH 水平显著升高，假性者无此反应。

2. 特发性性早熟与器质性性早熟的鉴别 特发性者，一般查无原因。器质性者，先天性甲状腺功能减低症骨龄显著落后，甲状腺素低下；性腺肿瘤者性激素增加极甚；先天性肾上腺皮质增生者有皮肤色素沉着，肾上腺肥大；颅内肿瘤者头颅 MRI 可见占位性病变。

三、辨证要点

临床应先辨脏腑，后辨虚实。病在肾者，多为肾阴不足，症见潮热盗汗、五心烦热、舌红少苔、脉细数。病在肝者，属实证，多为肝郁化火，症见心烦易怒，胸胁胀闷，舌红苔黄，脉弦细数。病在脾者，多属虚实夹杂，为痰湿壅盛、冲任失调，症见胸满叹息，大便秘结或稀溏，口中黏腻，舌苔厚，脉濡数。

四、治疗

治疗原则为调整阴阳。以滋阴降火、疏肝泻火、健脾化湿为主要治疗方法。

（一）分证论治

（1）阴虚火旺证

证候：女孩提前出现乳房发育，阴道分泌物增多，阴唇发育，色素沉着，月经来潮；男孩提前出现睾丸增大，阴茎增粗，可有阴茎勃起，有胡须，喉结，阴囊皮肤皱褶增加、着色，变声，甚至有夜间遗精。伴五心烦热，潮热，怕热，颧红，盗汗，烦躁易怒，咽干口燥，小便短黄，大便干结，舌红绛、少苔或无苔，脉细数。

治法：滋阴补肾，清泻相火。

主方：知柏地黄丸（《医宗金鉴》）加减。

常用药：知母、黄柏、生地黄、牡丹皮、泽泻、茯苓、山茱萸、山药、女贞子。

加减：五心烦热、潮热者，加地骨皮、莲子心养阴清热；君相火旺、心烦不宁者，加黄连、酸枣仁、百合、栀子清心除烦；月经来潮者，加墨旱莲、仙鹤草、白茅根凉血止血；伴口苦、心烦等肝火旺者，选加栀子、夏枯草、龙胆草清肝泻火。

中成药：知柏地黄丸、大补阴丸。

（2）肝郁化火证

证候：女孩提前出现乳房发育，可有乳房胀痛，阴道分泌物增多，阴唇发育，色素沉着，月经来潮；男孩提前出现睾丸增大，甚至有阴茎增粗，可有阴茎勃起，有胡须，喉结，阴囊皮肤皱褶增加、着色，变声，夜间遗精。伴烦躁易怒，情绪抑郁，胸胁胀闷，头晕胀痛，面红目赤，失眠多梦，溲赤便秘，口苦咽干，舌红、苔黄，脉弦数。

治法：滋阴降火，疏肝解郁。

主方：丹栀逍遥散（《内科摘要》）加减。

常用药：柴胡、枳壳、牡丹皮、栀子、龙胆草、夏枯草、生地黄、当归、白芍、甘草。

加减：乳房胀痛者，加郁金、青皮疏肝理气；带下黄臭者，加黄芩、椿皮清热燥湿；便秘者，加决明子、火麻仁润肠通便；肺中积热，面部痤疮者，加金银花、淡豆豉、大黄、黄芩清泻肺热。

中成药：丹栀逍遥丸。

（3）痰湿壅滞证

证候：女孩提前出现乳房发育，阴道分泌物增多，阴唇发育，色素沉着，月经来潮；男孩提前出现睾丸增大，阴茎增粗，可有阴茎勃起，有胡须，喉结，阴囊皮肤皱褶增加、着色，变声，面部痤疮，甚至有夜间遗精。伴形体肥胖，胸闷叹息，肢体困重，口中黏腻，多食肥甘，舌质红、苔腻，脉滑数。

治法：健脾燥湿，化痰散结。

主方：二陈汤（《太平惠民和剂局方》）加减。

常用药：法半夏、陈皮、苍术、茯苓、白术、海藻、昆布、山慈菇、生麦芽。

加减：乳房硬结明显者，可加橘核、浙贝母、麦芽、皂角刺软坚散结；阴道分泌物多者，加椿皮、芡实燥湿止带；外阴瘙痒者，加地肤子、白鲜皮、椿皮燥湿止痒。

（二）其他疗法

1. 针灸疗法

（1）耳穴贴压法：取交感、内分泌、肾、肝、神门、脾。先将耳郭用75%乙醇消毒，以探棒找阳性反应点，然后将带有王不留行的胶布贴于阳性反应点处，手指按压，使耳郭有发热胀感。每日按压5次，每次5分钟，1周换贴1次，两耳交替，用于阴虚火旺证、肝郁化火证。

（2）体针：取穴三阴交、血海、肾俞，配关元、中极，针用补法，每周2～3次，用于阴虚火旺证。取穴肝俞、太冲，配期门，针用泻法，每周2～3次，用于肝郁化火证。

2. 西医治疗

（1）促性腺激素释放激素类似物（GnRHa）：能竞争性抑制自身分泌的GnRH，减少垂体促性腺激素的分泌。60～100 μg/kg，皮下或肌内注射，每4周1次，连续2年。此药除改善性征外，还可延缓骨骺闭合，早期使用能改善成年期终身高。

（2）甲羟孕酮：用于女孩性早熟。10～30mg/d，口服。出现疗效后，减量维持。

（3）环丙孕酮：能阻断性激素受体，并减少促性腺激素的释放。70～150mg/（m^2·d），口服。

（4）手术治疗：确诊性早熟是由于肿瘤引起且可以手术者，应及时手术治疗。

五、预防调护

（1）母亲孕期慎用含激素的食品及药物，哺乳期不服避孕药物。

（2）儿童勿服用人参、鹿茸、紫河车等补品补药。需控制摄入快餐食品、膨化油炸食品等食物。需避免摄入或接触的物质有保健品、牛初乳、蜂王浆、避孕药、女性护肤品、女性化妆品、花粉、鸡肧、蚕蛹等。

（3）避免接触涉性影视、书籍、网络。

（4）对患儿需做好心理安慰，解除心理压力。

第六章 时行病证

第一节 麻 疹

麻疹是外感麻毒时邪引起的一种发疹性时行疾病，临床以发热，咳嗽，鼻塞流涕，眼泪汪汪，口腔两颊近臼齿处见麻疹黏膜斑，周身皮肤按序泛发麻粒样大小的红色斑丘疹，疹退时皮肤有糠麸样脱屑和色素沉着斑等为特征。本病属西医学急性传染病“麻疹”。

钱乙的《小儿药证直诀·疮疹候》有对麻疹较早的描述。谢玉琼《麻科活人全书》提出麻疹出疹时必发热的重要论点，描述了麻疹的重要并发症——肺炎喘嗽。

麻疹患者是麻疹唯一的传染源。麻疹的传染途径，主要通过空气飞沫直接传播。其传染性很强，传播对象主要是儿童，6个月～5岁小儿多见。病后可获得持久的免疫力。

本病一年四季均可发病，以冬春季节多见，可引起流行。我国自使用麻疹减毒活疫苗预防接种后，其发病率下降。近年临床非典型麻疹增多，症状轻，病程短，逆证少，平均发病年龄有后移的现象，年长儿及成人未预防接种者时有所见，5～6个月小婴儿也有发病者。

本病预后多良好，治疗调护得当，出疹顺利很快恢复健康。反之，邪毒炽盛，年幼体弱，调治失宜，正不胜邪，邪毒内陷，可引起逆证、险证，甚至危及生命。

一、病因病机

本病由感受麻毒时邪所致。邪毒从口鼻而入，侵犯肺胃（脾），肺胃热炽，外透肌肤而发病。其病位在肺胃（脾）。若邪毒内陷，则发生变证。

1. 邪陷肺胃（脾） 邪毒侵犯肺胃（脾），按顺序传变，从肌肤透发，则为顺证。

（1）邪犯肺卫：麻疹初起，时邪犯及肺卫，表卫失和，肺气不宣，则见发热、咳嗽、流涕等肺卫表证，为初热期。

（2）肺胃热炽：时邪由表入里，由肺入脾胃，肺胃热炽，则见高热、口渴等；邪毒外透肌肤则见皮疹，发于全身，达于四末，疹子出齐，为见形期。

（3）肺胃阴伤：疹透之后，邪随疹泄，热退疹回。但麻为阳毒，易伤阴津，常见肺胃阴伤，为收没期。

2. 麻毒内陷 因时邪毒盛，或幼年体弱，或调治失宜，或复感新邪等因素，邪毒不能顺利向外透达，内陷入里，则发生各种逆证、险证。

（1）麻毒闭肺：邪毒炽盛，内闭于肺，灼津炼液为痰，痰热闭肺，肺气郁闭，形成麻毒闭肺证。

（2）麻毒攻喉：咽喉为肺胃之门户，邪毒炽盛，循经上攻咽喉，咽喉不利，气道痹阻，形成麻毒攻喉证。

（3）毒陷心肝：邪毒炽盛，正不抵邪，内陷厥阴，蒙蔽心窍，引动肝风，形成毒陷心肝证。

总之，麻毒时邪侵犯肺胃（脾），肺胃热炽，外发肌肤为主要病因病机。按其不同阶段又有邪犯肺卫、肺胃热炽、肺胃阴伤不同的病机变化，肺胃热炽为病机演变中心。若正不胜邪，麻毒内陷，则可见麻毒闭肺、麻毒攻喉、毒攻心肝等，其中麻毒闭肺最为多见。

二、临床诊断

（一）诊断要点

1. 流行病学史 年龄在6个月以上的儿童，常为易感儿童，未患过麻疹，多在冬春季节，近期有麻疹接触史，潜伏期大多为10～14日。

2. 临床表现

（1）初热期：2～4天，有发热、咳嗽、咳声重浊、喷嚏流涕等，类似感冒症状。有目赤胞肿、畏光羞明、眼泪汪汪等眼部症状（也称"麻像"）。两侧颊黏膜可见直径0.5～1mm大小的白色斑点，周围有红晕，为麻疹黏膜斑，是麻疹早期确诊的主要依据。

（2）见形期：3～5天，此时发热达高峰，出疹顺序自耳后发际—面—颈—躯干—四肢—手足心及鼻准部，皮疹初为淡红色斑丘疹，压之退色，疹间皮肤正常，可融合成片，继之转为暗红色，部分患者可出现出血性皮疹，3～5日出齐。

（3）收没期：3～4天，发热和全身症状迅速减轻，皮疹按透发的次序隐退，疹退后皮肤有糠麸样脱屑并有淡褐色的色素沉着。

3. 实验室检查

（1）血常规：初热期白细胞总数正常或降低。

（2）细胞学和病毒抗原检查：取鼻咽部吸取物、鼻咽拭子、尿液沉渣、脱落细胞涂片，经特殊处理后可见多核巨细胞、嗜酸性包涵体和麻疹病毒抗原。

（3）血清抗体检测：血清麻疹病毒特异性IgM抗体在急性期发病后3天即可检出，5～20天阳性率最高。恢复期（病后2～4周）IgM抗体滴定度如大于发病初期4倍增长，有诊断价值，可作回顾性诊断。

（二）鉴别诊断

1. 感冒 一般无明显目赤胞肿、畏光羞明、眼泪汪汪等眼部症状，无麻疹黏膜斑。

2. 风痧、奶麻、丹痧 依据初期症状、发热与出疹的关系、皮疹的特点、特殊体征、恢复期皮肤表现易于鉴别。具体见丹痧节后四种出疹性时行疾病鉴别表（表6-1）。

三、辨证要点

麻疹辨顺、逆证。顺证按表里辨证：初热期麻疹时邪在表，身热渐升，常有微汗，伴干咳、眼泪汪汪、畏光羞明，口腔内两颊近臼齿处渐见麻疹黏膜斑。发热3天后，时邪由表入里，热蕴肺脾（胃），见形期身热如潮，体温可达39～40℃，精神烦躁，咳嗽有痰，麻毒随汗而透，麻疹先见于耳后、发际，渐次延及头面、颈部，而后急速蔓延至胸、背、腹部、四肢，最后在手心、足心及鼻准部见疹点，疹点色泽红活，皮疹分布均匀，疹点约在3天透发完毕，无逆证表现。恢复期正胜邪却，皮疹按出顺序依次隐退，身热渐退，咳嗽减轻，精神转佳，胃纳增加，皮肤可出现糠麸样脱屑和色素沉着斑，疾病渐趋康复。

逆证因邪盛正虚所致。麻疹发病过程中，如见形期壮热不退，肤干无汗，烦躁不安；或麻疹暴出，皮疹稠密，疹色紫暗；或麻疹透发不畅而突然隐退，且疹稀色淡，面部无皮疹者；或见形期面色苍白、四肢厥冷等为逆证。逆证按脏腑辨证，麻疹伴见咳喘气促，喉间痰鸣，鼻煽，神情烦躁，口唇发绀，是为邪毒闭肺（麻疹合并肺炎）；若伴见咽红肿痛，呛咳气急，声音嘶哑，咳如犬吠，是为邪毒攻喉（麻疹合并喉炎）；若伴见神昏谵语，惊厥抽风，皮疹暴出，疹稠色暗，是为邪陷心肝（麻疹合并脑炎）；若伴面色清灰，四肢厥冷，脉微欲绝，是心阳虚衰，其均属逆证险候。

四、治疗

麻疹的治疗以清凉透疹为基本原则。初热期麻毒郁表，以解表透疹为主。出疹期麻毒炽盛，以清热解毒为主，佐以透疹，但清热不可过用苦寒，防邪内陷。恢复期热去津伤，气阴两虚，以养阴清热为主。

（一）分证论治

1. 顺证

（1）邪犯肺卫证（初热期）

证候：发热咳嗽，微恶风寒，喷嚏流涕，两目红赤，泪水汪汪，畏光羞明，咽喉肿痛，神烦哭闹，纳差口干，小便短少，大便不调，发热 2～3 天见麻疹黏膜斑，舌红，苔薄白或薄黄，脉浮数。

治法：辛凉透表，清宣肺卫。

主方：宣毒发表汤（《麻科活人全书·痘疹活幼至宝》）加减。

常用药：升麻、葛根、荆芥、防风、薄荷、连翘、前胡、牛蒡子、桔梗、甘草。

加减：恶寒无汗者，加麻黄、苏叶发散风寒；发热较高者，加金银花、大青叶清热解毒；咳嗽痰多者，加杏仁、浙贝母化痰止咳。

中成药：小儿柴桂退热颗粒、小儿解表颗粒。

（2）邪入肺胃证（见形期）

证候：壮热持续，起伏如潮，肤有微汗，烦躁不安，目赤眵多，咳嗽阵作，皮疹泛发，疹点由稀少而逐渐稠密，疹色先红后暗，压之退色，抚之碍手，大便干结，小便短少，舌质红赤，舌苔黄腻，脉数有力。

治法：清凉解毒，透疹达邪。

主方：清解透表汤（验方）加减。

常用药：金银花、连翘、桑叶、菊花、葛根、蝉蜕、牛蒡子、板蓝根、紫草。

加减：高热不解者，加生石膏、知母清热泻火；疹点紫暗稠密者，加生地、牡丹皮、赤芍清热凉血活血；咳嗽剧烈者，加桑白皮、杏仁清肺化痰止咳。

中成药：银翘解毒丸、小儿紫草丸。

（3）阴津耗伤证（收没期）

证候：皮疹出齐，发热渐退，神宁疲倦，咳嗽减轻，胃纳增加，皮疹依次渐回，可见糠麸样脱屑，并有色素沉着，舌红少津，舌苔薄净，脉细无力或细数。

治法：养阴益气，清解余邪。

主方：沙参麦冬汤（《温病条辨》）加减。

常用药：沙参、麦冬、玉竹、天花粉、扁豆、甘草、桑叶、桑白皮。

加减：低热不退者，加地骨皮、银柴胡、知母清解余热；干咳少痰者，加枇杷叶、杏仁润肺化痰止咳；食欲未复者，加生谷芽、生麦芽和中开胃；疹子退回迟缓者，加芍药、牡丹皮凉血活血；大便干结者，加瓜蒌仁、火麻仁润肠通便。

中成药：养阴清肺口服液。

2. 逆证

（1）邪毒闭肺证

证候：疹色紫暗，或疹出未齐，骤然隐没，又伴见高热不退，咳嗽气急，喘促不利，喉间痰鸣，

鼻煽，唇周发绀，口干欲饮，大便秘结，小便短赤，舌质红赤，舌苔黄腻，脉数有力。

治法：宣肺开闭，清热解毒。

主方：麻杏石甘汤（《伤寒论》）加减。

常用药：麻黄、杏仁、石膏、黄芩、葶苈子、海浮石、虎杖、前胡、百部、甘草。

加减：高热不退者，加金银花、连翘、鱼腥草清热解毒；喘促不安、痰涎壅盛者，加鲜竹沥、瓜蒌泄肺定喘、清热化痰；腹胀便秘者，加大黄、玄明粉通腑泄热；面唇青紫者，加丹参、桃仁、红花活血化瘀；疹出不畅者，加葛根、升麻清凉透疹；疹出稠密紫暗者，加牡丹皮、紫草凉血解毒透疹。

中成药：小儿肺热咳喘口服液、小儿清热利肺口服液、金振口服液。

（2）邪毒攻喉证

证候：皮疹稠密，咽喉肿痛，吞咽不利，咳声如吠，声音嘶哑，喉间痰鸣，甚则吸气困难，面唇紫绀，烦躁不安，舌红赤，苔黄腻，脉滑数。

治法：清热解毒，利咽消肿。

主方：清咽下痰汤（《验方新编》）加减。

常用药：玄参、桔梗、牛蒡子、甘草、浙贝母、瓜蒌、射干、荆芥、马兜铃。

加减：大便干结者，加大黄、玄明粉泻火通腑；若出现吸气困难，面色发绀等喉梗征象时，应采取中西医治疗措施，必要时做气管切开。

中成药：黄栀花口服液、六神丸、开喉剑喷雾剂。

（3）邪陷心肝证

证候：高热不退，烦躁谵妄，喉间痰鸣，甚则昏迷抽搐，皮疹稠密，聚集成片，色泽紫暗，舌红绛，苔黄起芒刺，脉数有力。

治法：清心开窍，平肝息风。

主方：羚角钩藤汤（《通俗伤寒论》）加减。

常用药：羚羊角粉、钩藤、桑叶、菊花、茯神、竹茹、浙贝母、鲜生地、白芍、甘草。

加减：痰涎壅盛者，加石菖蒲、胆星、郁金、鲜竹沥清热化痰开窍；腹胀便秘者，加大黄、玄明粉清热通腑；壮热不退、神识昏迷、四肢抽搐者，可选用紫雪丹、安宫牛黄丸清心开窍、镇惊息风；如皮疹骤没，面色青灰，汗出肢厥，则用参附龙牡救逆汤加味，急予固脱救逆。

中成药：小儿羚羊角散、安宫牛黄丸（散）、紫雪丹。

（二）其他疗法

1. 药物外治　麻黄、浮萍、芫荽、西河柳各 15g，布包水煎，加黄酒 250g，煮沸使室内空气温暖湿润，待药液稍温，擦拭额面、颈部、胸背、四肢、手背等，以助透疹。

2. 推拿疗法

（1）初热期：推攒竹，分推坎宫，推太阳，擦迎香，按风池，清脾经，清肺经。

（2）见形期：拿风池，清脾经，清肺经，水中捞月，清天河水，按揉二扇门，退六腑。

（3）收没期：补脾经，补肺经，推上三关，揉中脘，揉足三里。

五、预防调护

（1）隔离患儿至出疹后 5～6 天，合并肺炎者延长至 10 天。对密切接触的易感儿宜隔离观察 21 天。

（2）麻疹流行期间，勿带小儿去疫区和公共场所，减少感染的机会。对于密切接触的成人需要在太阳光下照射 10～20 分钟，方可与易感者接触。

（3）按计划接种麻疹减毒活疫苗。在流行期间有麻疹接触史者，可及时注射丙种球蛋白以预防麻疹的发病。

（4）卧室空气流通，温度、湿度适宜，避免直接吹风受寒和过强的阳光刺激，床铺被褥舒适柔软，环境安静。

（5）注意补充水分，饮食应清淡、易消化，见形期忌油腻辛辣之品，恢复期根据食欲逐渐增加营养食物。

（6）保持眼睛、鼻腔、口腔、皮肤的清洁卫生。

（7）对于重症患儿要密切观察病情变化，早期发现合并症。

第二节 奶 麻

奶麻是由外感温毒时邪引起的时行疾病，临床以突然高热，持续 3～4 天后体温骤降，热退出疹，全身出现玫瑰红斑丘疹为主要特征。由于奶麻皮疹形似麻疹，且多发于乳婴儿，故称为“奶麻”。西医学称本病为幼儿急疹，是由人类疱疹病毒 6 型、7 型感染引起的一种急性发疹性传染病。

本病一年四季均可发生，以冬春季节发病者多见。发病年龄多在 1 岁半以内，尤多见于 3～8 个月乳儿。患病后可获得持久免疫力，很少有第二次发病。由于婴幼儿活动范围小，故本病一般不致流行。

一、病因病机

奶麻由感受温毒时邪所致。邪毒由口鼻而入，侵袭肺胃，郁于肌表而发病。

1. 邪郁肺胃 邪侵肺胃，郁而化热，则见高热、咽红；肺气失宣，则见轻咳、流涕；脾胃失和，则见纳呆、吐泻。个别患儿出现热扰心肝，高热时则见一过性神昏、抽搐。

2. 毒透肌肤 毒邪蕴于肺胃，正气抗邪，时邪出于肺卫，正胜邪却，疹透于肌肤。

总之，邪毒郁于肺胃，肺胃热炽，外透肌肤为主要病因病机。

二、临床诊断

（一）诊断要点

（1）多发于冬春季节，发病年龄多在 1 岁半以内，尤多见于 3～8 个月乳儿。

（2）起病急骤，常突然高热，持续 3～4 日后热退，但全身症状轻微。热退后 9～12 小时出现玫瑰红斑丘疹。皮疹以躯干、腰部、臀部为主，面部及肘、膝关节处较少，皮疹出现 1～2 日后即消退，疹退后无脱屑及色素沉着。发热期间精神、食欲可，有时可出现高热惊厥。

（3）血常规检查见白细胞总数偏低，淋巴细胞相对增高。

（二）鉴别诊断

1. 手足口病 病前 1～2 周有手足口病接触史，潜伏期 2～7 天。病之初起突然发热，可伴头痛、咳嗽、呕吐、泄泻。以口腔及手足部疱疹为特殊体征，少数患儿背、腿、臀等部位也可出现疱疹，但躯干及颜面部极少。皮疹一般 7～10 天后消退，疹退后无瘢痕及色素沉着。血常规检查示白细胞计数正常，淋巴细胞和单核细胞比值相对增高，合并细菌感染者白细胞计数可明显增高。

2. 麻疹、风痧、丹痧 依据初期症状、发热与出疹的关系、皮疹的特点、特征体征、恢复期皮肤表现鉴别。见丹痧节后四种出疹性时行疾病鉴别表（表 6-1）。

三、辨证要点

奶麻辨证，主要分辨证候的轻重。突发高热，持续 3～4 天，精神良好，其他症状轻微，皮疹稀疏为轻；高热、烦躁不宁，或出现一时性神昏、抽搐，皮疹稠密为重。

四、治疗

奶麻治疗以清热解毒为基本法则。邪郁肺胃治以疏风清热解毒；毒透肌肤治以清热解毒凉血。

（一）分证论治

（1）邪郁肺胃证

证候：突发高热，持续 3～4 天，或伴轻微咳嗽、流涕，或伴饮食减少、吐泻，精神良好，个别见一时性神昏抽搐，咽红，舌质红，苔薄黄，脉浮数，指纹浮紫。

治法：疏风清热解毒。

主方：银翘散（《温病条辨》）加减。

常用药：金银花、连翘、桑叶、薄荷、菊花、淡竹叶、板蓝根、牛蒡子、桔梗、甘草、大青叶、芦根。

加减：时邪夹寒郁表，发热恶寒，鼻塞流涕，加紫苏叶、防风解表散寒；壮热不退，烦躁不安，加栀子、蝉蜕清热除烦；烦躁欲惊，加僵蚕、钩藤祛风镇惊；热郁脾胃，时作呕恶，加藿香、生姜、竹茹和胃降逆；食欲不振，大便溏薄，加葛根、车前子利湿止泻。

中成药：小儿热速清颗粒、银黄口服液。

（2）毒透肌肤证

证候：身热已退，肌肤出现玫瑰红色斑丘疹，皮疹散在分布，部分融合，躯干较多，腰臀明显，头面及四肢远端较少。1～2 日后皮疹消退，肌肤无痒感，舌质红，苔薄黄，脉细数，指纹淡紫。

治法：清热解毒凉血。

主方：清热凉血汤（验方）加减。

常用药：薄荷、紫花地丁、金银花、连翘、牛蒡子、桔梗、甘草、生地黄、玄参、牡丹皮、赤芍。

加减：食欲不振者，加鸡内金、麦芽健脾和胃；大便干结者，加火麻仁、瓜蒌仁润肠通便。

中成药：小儿金丹片。

（二）其他治疗

桑叶、板蓝根各 15g，连翘、蝉蜕各 10g，加水煎煮，去渣取液，用于熏洗，每次 15～20 分钟，每日 1～2 次，连续 2～3 天，用于邪郁肺胃者。

五、预防调护

（1）应及时进行隔离，至出疹后 5 天。

（2）在婴幼儿集体场所，如托儿所，如发现可疑患儿，应隔离观察 7～10 天。

（3）注意休息，饮食宜清淡，易消化，忌油腻，多饮水。

（4）高热患儿应及时退热，防止惊厥。

第三节 风痧

风痧是外感风痧时邪所引起的一种发疹性时行疾病，临床以发热、咳嗽、全身皮肤出现淡红细小斑丘疹，耳后、颈后及枕部臀核肿大为特征。本病属于西医学急性传染性疾病“风疹”。

风痧一年四季均可发生，冬春季节好发，极易造成流行，1～5岁小儿多见。一般病情较轻，病程短，预后良好，病后可获得持久免疫力。但孕妇在妊娠早期患本病，可通过胎盘传染胎儿，影响胚胎正常发育而导致各种先天畸形，称之为“先天风疹综合征”，导致先天性心脏病、脑发育障碍、白内障等疾病，故须特别重视防止孕期感染。

一、病因病机

风痧的病因以感受风痧时邪为主，病位在肺卫。邪毒由口鼻而入，郁于肺卫，肺气失宣，则见发热、咳嗽、流涕等。肺主皮毛，邪从外泄，可见皮肤出现淡红细小斑丘疹。疹出之后，热退病解。若邪毒阻滞少阳经络，则耳后、枕部臀核肿胀，或胁下可见痞块。少数患儿邪热炽盛，内传入里，波及气营，可见高热、烦渴、便秘、疹点稠密、疹色鲜红或紫暗等。

二、临床诊断

（一）诊断要点

（1）本病流行期间，患儿有风疹接触史，潜伏期为14～21天。

（2）初期类似感冒，发热1天左右，皮肤出现淡红色细小斑丘疹，初见于头面部，迅速向下蔓延，1天内布满躯干和四肢，但手掌足底大多无皮疹。出疹2～3天后，发热减退，皮疹逐渐隐没，皮疹消退后，可有皮肤脱屑，但无色素沉着。

（3）一般全身症状较轻，但常伴耳后、颈部及枕部臀核肿大，左胁下痞块（脾脏）轻度肿大，个别可并发肺炎、心肌炎等。

（4）血常规检查：可见白细胞总数正常或减少，淋巴细胞相对增多，可出现异型淋巴细胞。

（5）直接免疫荧光试验法：可在咽部分泌物中查见风疹病毒抗原。

（6）血清学检测：患儿恢复期风疹病毒抗体增加4倍以上可确诊。

（二）鉴别诊断

麻疹、奶麻、丹痧：依据感染病原体、好发年龄、初期症状、发热与出疹的关系、皮疹的特点、特征体征、恢复期皮肤表现鉴别。见丹痧节后四种出疹性时行疾病鉴别表（表6-1）。

三、辨证要点

风痧辨证，按温病卫气营血辨证，主要分辨证候的轻重。邪犯肺卫证，以轻度发热，疹色淡红，分布均匀，其他症状轻为特点，属轻；邪入气营证，以壮热烦渴，疹色鲜红或紫暗，分布密集为特点，属重。

四、治疗

风痧治疗以疏风清热为基本原则，清热宜分清表热、里热，根据卫、气、营、血分不同，分别

解表清热、清气凉营、清热解毒，并佐透疹。

（一）分证论治

（1）邪犯肺卫证

证候：发热恶风，喷嚏流涕，轻微咳嗽，精神倦怠，纳呆，皮疹先起于头面、躯干，随即遍及四肢，分布均匀，疹点稀疏细小，疹色淡红，一般 2～3 日渐渐消退，肌肤轻度瘙痒，耳后及枕部臀核肿大触痛，舌红，苔薄白或薄黄，脉浮数，指纹淡紫。

治法：疏风解表清热。

主方：银翘散（《温病条辨》）加减。

常用药：金银花、连翘、淡竹叶、牛蒡子、桔梗、甘草、薄荷、荆芥、淡豆豉、蝉蜕、芦根。

加减：耳后、枕部臀核肿胀疼痛者，加夏枯草、蒲公英、玄参以清热解毒散结；咽喉红肿疼痛者，加板蓝根、僵蚕、木蝴蝶清热解毒利咽；皮肤瘙痒者，加地肤子、蝉蜕祛风止痒；左胁下痞块（脾脏）肿大者，加牡丹皮、郁金疏利少阳。

中成药：小儿热速清颗粒、小儿豉翘清热颗粒。

（2）邪入气营证

证候：壮热，烦渴，哭闹，疹色鲜红或紫暗，疹点稠密，甚至可见皮疹融合成片，小便短黄，大便秘结，舌红，苔黄燥，脉洪数，指纹紫滞。

治法：清气凉营解毒。

主方：透疹凉解汤（《经验方》）加减。

常用药：薄荷、桑叶、牛蒡子、蝉蜕、黄芩、紫花地丁、连翘、赤芍、红花。

加减：口渴多饮者，加石斛、瓜蒌根、鲜芦根清热生津；大便干硬者，加大黄、玄明粉泻火通腑；皮疹密集暗紫者，加生地黄、牡丹皮、丹参、紫草清热凉血。

中成药：清开灵颗粒、黄栀花口服液、小儿羚羊散。

（二）其他疗法

地肤子、晚蚕沙、蒴藋叶各 50g，加水煎煮，去渣取液，用于熏洗，每日 2 次，连续 2~3 日。适用于皮疹透发，肌肤瘙痒者。

五、预防调护

（1）风痧流行期间，不要带易感儿去公共场所。

（2）保护孕妇，尤其在妊娠早期（妊娠 3 个月内），应避免与风痧患者接触。

（3）及时对儿童及婚前女子进行风疹疫苗接种。

（4）在易感儿群集的地方，应进行适当隔离，可隔离至出疹后 5 日。

（5）饮食应清淡易于消化，不宜吃辛辣、煎炸之品。

（6）在出疹期间不宜外出，防止交叉感染，皮肤瘙痒者，避免抓挠以防止皮肤感染。衣服宜柔软宽松。

第四节　丹　痧

丹痧是外感温热时邪引起的急性出疹性时行疾病，临床以发热、咽喉肿痛或伴腐烂，全身布满猩红色皮疹及疹后脱屑脱皮为特征。本病属于中医学温病范围，又称“烂喉丹痧”“疫痧”。因肌肤泛发痧疹，鲜红如丹，而称为“丹痧”。因其咽喉肿烂，而称为“烂喉丹痧”。因具有传染性，故称为“疫痧”“疫疹”。西医学认为猩红热为A组溶血性链球菌感染引起的急性呼吸道传染病。

猩红热一年四季都可发生，多发于冬春季节。患者和带菌者是主要传染源，经由空气飞沫传播，也可经由皮肤伤口或产道感染，人群普遍易感，以3～15岁儿童发病居多，尤以3～8岁小儿发病率较高。近数十年来由于应用抗生素治疗本病，其发病率逐渐下降。一般预后良好，但也有少数可并发心悸、水肿、痹证等疾病。

一、病因病机

本病由感受温热时邪所致，病位在肺胃两经。病之初起，邪毒从口鼻而入，邪郁肌表，而见恶寒发热等肺卫受邪征象。继而邪毒化火入里，炽盛于肺胃，咽喉为肺胃之门户，邪热上熏咽喉，而见咽喉红肿疼痛，甚至热盛肉腐。邪毒循经外窜肌表，则肌肤透发痧疹，色红如丹。邪毒内扰，热迫营血，痧疹密布，融合成片，其色紫暗或有瘀点，并可见壮热嗜睡。心火上炎，耗津伤阴，可见草莓舌。邪毒炽盛，内陷厥阴，则神昏谵语；引动肝风则壮热、抽搐。疾病后期，邪毒虽去，但因阴津耗损，多表现为肺胃阴伤之证。

在本病的出疹期或恢复期，因邪毒扰心，气阴耗损，则可致心慌、心悸；热毒流窜经络，伤于筋肉关节，可见关节肿痛；余邪内归，热毒弥漫三焦，肺脾肾功能失常，致水液输化通调失职，可见水肿、小便不利。

总之，猩红热时邪侵犯肺胃，热毒炽盛，外透肌肤为主要病因病机。

二、临床诊断

（一）诊断要点

（1）冬春季节多发，易造成流行，患儿有接触史，潜伏期为1～7天。

（2）临床分期

1）疹前期：从发病到出疹为前驱期，一般不超过24小时。起病急骤，多有发热畏寒，咽喉疼痛，可伴头痛、厌食、呕吐，咽及扁桃体有脓性分泌物，软腭上可见细小出血点，即黏膜内疹。舌苔白，白色舌乳头高突，舌尖和边缘红肿，此称为白草莓舌。颈部及颌下淋巴结肿大并有压痛。

2）出疹期：多于发热24小时内出疹。皮疹最早见于颈部、胸部、腋下和腹股沟处，于1天内由上而下迅速波及躯干及上肢，最后到下肢。全身皮肤弥漫性发红，其上为针尖样红色丘疹，触摸时似鸡皮样，伴有痒感，分布密集，疹间偶有正常皮肤。用手指按压皮疹，皮疹色退，暂呈苍白，10余秒后又恢复原状，称“贫血性皮肤划痕”。起病4～5天时，白苔脱落，舌面光滑鲜红，舌乳头红肿突起，称“红草莓舌”。面部潮红，不见皮疹，口周苍白，称“口周苍白圈”。皮肤皱褶处如肘窝、腋窝、腹股沟等处，皮疹更密，夹有出血点，可形成明显的横纹线，压之不退色，称为“帕氏线”。出疹期间继续发热，待皮疹遍及全身后，体温才逐渐下降。

3）恢复期：皮疹按出疹顺序于1周内消退，体温逐渐正常。热退后不久，按照出疹先后脸部、躯干、四肢的顺序开始脱皮，皮疹越多，脱屑越明显。轻者呈细屑状或片状屑；重症患者有时呈大片脱皮，以指、趾部最显。此期约一周。脱皮后一般无色素沉着。

（3）实验室检查：周围血白细胞总数及中性粒细胞增高。咽拭子细菌培养可分离出A族乙型溶血性链球菌。

（二）鉴别诊断

1. 疱疹性咽峡炎　由柯萨奇病毒感染引起，起病急，常突发高热、流涕、口腔疼痛甚或拒食，口腔后部可见灰白色小疱疹，1～2 天内疱疹破溃形成溃疡，颌下淋巴结可肿大，但很少累及颊黏膜、舌、齿龈及口腔以外部位的皮肤。

2. 麻疹、奶麻、风痧　见四种出疹性时行疾病鉴别表（表 6-1）。

表 6-1　四种出疹性时行疾病鉴别表

病名	麻疹	风痧	奶麻	丹痧
潜伏期	6～12 天	5～25 天	7～17 天	1～7 天
感染病原体	麻疹病毒	风疹病毒	人类疱疹病毒 6 型、7 型	A 族溶血性链球菌
好发年龄	6 个月～5 岁	1～5 岁	6～18 个月	2～8 岁
初期症状	发热、咳嗽、流涕、眼泪汪汪、麻疹黏膜斑	轻度发热、咳嗽、流涕，耳后、颈后、枕后淋巴结肿大并触痛	突然高热，一般情况良好	发热较高，咽喉肿痛或伴糜烂
发热与出疹的关系	发热 3～4 天出疹，出疹时发热更高	发热 1/2 日～1 天出疹，出疹时热势不高	发热 3～4 天出疹，出疹时热退	发热数小时～1 天出疹，出疹时高热
皮疹的特点	红色斑丘疹，自耳后、发际开始，渐及前额、面、颈、躯干、四肢，最后手掌、足底见疹，3～4 天出齐，疹间皮肤正常，3～4 天退疹	淡红色斑丘疹，较麻疹细小，先见于面部，迅速蔓延，1 天内布满全身，躯干、背部较多，面部四肢较少，手掌、足底很少或无疹，疹间皮肤正常，2～3 天退疹	玫瑰红色斑丘疹，较麻疹细小，1 天内布满全身，躯干、腰臀部较多，头面、四肢远端较少，疹间皮肤正常，1～2 天退疹	皮肤弥漫潮红，布有密集针尖大小猩红色丘疹，先见于耳后、颈部及上胸，继而遍及全身，2～3 天出齐，面部潮红无皮疹，皮肤皱褶处呈线状疹，3～5 天退疹
特殊体征	麻疹黏膜斑	颈部、枕部臀核肿大并触痛	无	环口苍白圈，杨梅舌，线状疹
恢复期	退疹后有糠麸状脱屑及色素沉着	退疹可有少量脱屑，无色素沉着	退疹后无脱屑及色素沉着	退疹后有脱皮，无色素沉着

三、辨证要点

丹痧辨证，以温病卫气营血辨证为主，主要辨轻重和分期。发热不高，咽喉不甚肿烂，痧疹稀疏，疹色红活为轻证；发热高，咽喉明显肿烂，痧疹密集，疹色紫红或有出血点，或见神昏、抽搐等变证为重证。本病分三期，疹前期以发热，恶寒，咽喉肿痛，痧疹隐现为主症；出疹期可见壮热口渴，咽喉糜烂有白腐，皮疹猩红如丹或紫暗如斑，舌光红；恢复期以口渴唇燥，皮肤脱屑，舌红少津为主症。

四、治疗

丹痧治疗以清热解毒、清利咽喉为基本原则，结合邪气所在辨证论治。疹前期病邪在表，治以解表清热，利咽透痧；出疹期毒在气营，治以清气凉营，泻火解毒；恢复期疹后伤阴，治以养阴清热，生津润喉。

（一）分证论治

（1）邪侵肺卫证

证候：发热骤起，头痛恶寒，咽喉红肿疼痛或腐烂，皮肤潮红，痧疹隐隐，舌红起刺，苔薄白或薄黄，脉浮数有力。

治法：解表清热，利咽透痧。

主方：解肌透痧汤（《喉痧症治概要》）加减。

常用药：射干、牛蒡子、桔梗、甘草、荆芥、蝉蜕、葛根、浮萍、大青叶、连翘、金银花、僵蚕。

加减：乳蛾红肿者，加虎杖、板蓝根、重楼清咽解毒；颈部臖核肿痛者，加夏枯草、紫花地丁清热软坚化痰；汗出不畅者，加薄荷、防风祛风发表。

中成药：板蓝根冲剂、双黄连口服液；外用药西瓜霜含片，扁桃体化脓者不宜使用。

（2）毒炽气营证

证候：壮热不退，烦躁口渴，面色红赤，咽喉肿痛伴糜烂，痧疹密布，色红如丹或紫红有瘀点，舌苔剥脱，舌面红绛起刺，状如草莓，脉数有力。

治法：清气凉营，泻火解毒。

主方：凉营清气汤（《喉痧症治概要》）加减。

常用药：水牛角、赤芍、生石膏、牡丹皮、黄连、黄芩、栀子、连翘、板蓝根、生地黄、玄参、石斛、芦根。

加减：皮疹布而不透，壮热无汗者，加葛根、浮萍发表透邪；苔燥便干，咽喉腐烂者，加生大黄、玄明粉通腑泻火。若邪毒内陷心肝，出现神昏、抽搐等症，可选紫雪散、安宫牛黄丸清心开窍。

中成药：三黄片、五福化毒丸。

（3）疹后阴伤证

证候：疹出布齐后 1～2 天，身热渐退，咽部痛减，或见低热，唇干口燥，或伴干咳，食欲不振，舌红少津，苔剥脱，脉细数。疹退后皮肤脱屑、脱皮。

治法：养阴清热，生津润喉。

主方：沙参麦冬汤（《温病条辨》）加减。

常用药：麦冬、沙参、玉竹、桑叶、石斛、天花粉、瓜蒌、扁豆、甘草。

加减：口干咽痛、舌红少津明显者，加玄参、芦根、生地清热养阴；大便干结者，加瓜蒌仁、火麻仁清肠润燥；低热不清者，加银柴胡、地骨皮清退虚热。

中成药：养阴清肺口服液、玄麦甘桔颗粒。

（二）其他疗法

1. 针灸疗法 取穴：风池、天柱、合谷、曲池、少商、血海、三阴交。用泻法，每日 1 次。

2. 外治疗法 锡类散、冰硼散等吹喉，每日 2～3 次，治疗咽喉肿痛。

3. 西医疗法 首选青霉素，5 万～10 万 U/（kg·g），分 2 次肌内注射，疗程 7～10 日。如青霉素过敏，可用红霉素或头孢类抗生素。

五、预防调护

（1）控制传染源：发现猩红热患者应及时隔离，隔离至临床症状消失，咽拭子培养链球菌阴性时解除隔离。对密切接触的易感人员应隔离 7～12 天。

（2）切断传播途径：对患者的分泌物和污染物及时消毒处理，接触患者应戴口罩。疾病流行期间，勿带小儿去公共场所。

（3）保护易感儿童：对密切接触患者的易感儿童，可服用板蓝根等清热解毒中药煎剂或中成药。

（4）急性期卧床休息，注意居室空气流通，防止继发感染。

（5）供给充足的营养和水分，饮食宜以清淡易消化的流质或半流质食物为主。

（6）注意皮肤与口腔的清洁卫生，可用淡盐水或一枝黄花煎汤含漱。

（7）皮肤瘙痒者不可抓挠，脱皮时不可撕扯。

（8）病后 1 个月注意心脏和尿液检查，监测变证的发生。

（9）患儿分泌物和污染物及时消毒。

第五节　水　　痘

水痘是由感受水痘时邪引起的一种急性出疹性传染病。临床以发热，皮肤黏膜分批出现皮疹，丘疹、疱疹、结痂同时存在为主要特征。宋代《小儿卫生总微论方·疮疹论》将本病的疱疹描述为“其疮皮薄，如水疱，破即易干者，谓之水痘。”西医学病名亦为水痘，其病原体为水痘-带状疱疹病毒，存在于患儿的呼吸道分泌物、血液及疱疹浆液中。潜伏期为 10～21 天。水痘传染性极强，传染期为自发疹前 24 小时至皮疹干燥结痂，为 7～8 天。水痘结痂后毒力消失。

本病一年四季均可发生，以冬春二季发病率高。任何年龄小儿皆可发病，以 6～9 岁儿童最为多见。一次感染水痘大多可获终生免疫，二次感染者极少。水痘多为自限性疾病，一般全身症状和皮疹均较轻，预后良好。重者可见毒热内陷心肝、毒热闭肺等危急重证。

一、病因病机

水痘为感受水痘时邪所致。小儿因脏腑娇嫩，形气未充，卫外功能低下而易于罹患。病变脏腑在肺脾。肺主皮毛，脾主肌肉，水痘时邪由口鼻而入，蕴郁于肺脾，时邪袭肺，且与内湿相搏，蕴蒸于肌肤，发为水痘。

1. 邪伤肺卫　肺主宣发肃降，外合皮毛。若调护失宜，时行邪毒乘虚而入，由口鼻上犯于肺，病邪深入，下郁于脾，脾失健运，水湿内停，时邪内湿相搏，蕴蒸于肌表，则发为水痘。

2. 毒炽气营　若禀赋不足，素体虚弱；或感邪较重，邪盛正衰，湿热邪毒炽于气营，外透肌表，表现为壮热、烦躁、水痘密集、疱浆混浊等。

小儿感受水痘时邪后，若邪毒炽盛，正不胜邪，邪毒内犯，波及肺、心、肝等脏，可出现邪毒闭肺、邪陷心肝等变证。

二、临床诊断

（一）诊断要点

（1）起病前 2～3 周常有水痘或带状疱疹接触史。

（2）疾病初起可有发热、流涕、咳嗽等症。皮疹以躯干部为主，四肢分布少，开始为斑丘疹，很快变成疱疹，大小不一，呈椭圆型，内含水液，周围有红晕，常伴有瘙痒，皮疹分批出现，在同一时期，丘疹、疱疹、干痂并见，结痂脱落后不留瘢痕。

（3）血常规检查：白细胞总数正常或偏低。

（4）血清学检测：水痘病毒特异性 IgM 抗体或双份血清特异性 IgG 抗体较发病前 4 倍以上升高可协助诊断。

（二）鉴别诊断

1. 脓疱疮 好发于夏季，以头面部及肢体暴露部位为多见，初起为疱疹，很快成为脓疱，无传染性，疱液可培养出细菌。

2. 水疥（丘疹样荨麻疹） 好发于婴儿，多有过敏史，无传染性，易反复出现，以四肢部多见，皮疹呈风团样丘疹，疹顶部有小疱疹，较硬，不易破损，瘙痒重。

三、辨证要点

1. 辨常证 重在辨卫、气、营、血，根据全身及局部症状以区别病位之表里、病情之轻重。

轻证，痘疹小而稀疏，红润瘙痒，疱浆清亮，常伴有微热、流涕、咳嗽等证，为病在卫分；重证，痘疹大而密集，色紫暗，疱浆混浊，伴有高热、烦躁等证，为病在气营。

2. 辨变证 重在辨脏腑。高热不退，嗜睡昏迷，或抽搐，疱浆混浊，疹色紫暗，为邪陷心肝证；壮热不退，咳嗽气急，喘促鼻煽，为邪毒闭肺证。

四、治疗

水痘的治疗，以清热解毒利湿为基本原则。根据不同的证候特点，分别给予疏风清热、解毒利湿、清气凉营。若出现邪陷心肝、邪毒闭肺等变证者，则治以镇惊开窍、凉血解毒、开肺化痰。若水痘皮疹密集，瘙痒明显者，可配合外洗或涂敷疗法。

（一）分证论治

1. 常证

（1）邪伤肺卫证

证候：低热或无热，鼻塞流涕，咳嗽，皮疹稀疏，以躯干为主，疹色红润，胞浆清亮，根盘轻微红晕，伴瘙痒，舌苔薄白，脉浮数。

治法：疏风清热，解毒利湿。

主方：银翘散（《温病条辨》）加减。

常用药：金银花、连翘、荆芥、竹叶、牛蒡子、薄荷、芦根、甘草、蝉蜕、桔梗、车前草、滑石。

加减：咳嗽有痰者，加杏仁、浙贝母宣肺化痰；咽喉疼痛甚者，加僵蚕、升麻清热解毒利咽；皮肤瘙痒明显者，加蝉蜕、地肤子祛风止痒。

中成药：小儿风热清口服液、双黄连口服液、疏风解毒胶囊。

（2）邪炽气营证

证候：壮热烦躁，口渴面赤，口舌生疮，痘疹密布，疹色紫暗，疱浆混浊，根盘红晕，大便干结，小便短赤，舌红或绛，苔黄糙而干，脉洪数有力。

治法：清气凉营，解毒化湿。

主方：清胃解毒汤（《痘疹传心录》）加减。

常用药：当归、黄连、升麻、生地黄、连翘、黄芩、牡丹皮、赤芍、栀子、生石膏。

加减：口舌生疮、大便干结者，加生大黄、玄明粉通腑泻火；津液耗伤，口唇干燥者，加麦冬、天花粉养阴生津。

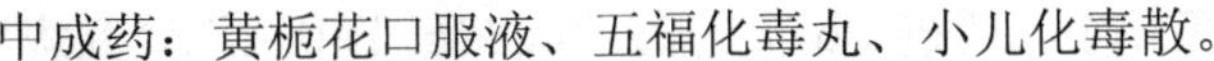

中成药：黄栀花口服液、五福化毒丸、小儿化毒散。

2. 变证

（1）邪陷心肝证

证候：高热不退，嗜睡昏迷，或抽搐，疱浆混浊，疹色紫暗，舌质红绛，舌苔黄厚，脉数有力。

治法：清热解毒，镇惊开窍。

主方：清瘟败毒饮（《疫疹一得》）加减。

常用药：生石膏、水牛角、生地黄、黄芩、知母、赤芍、玄参、黄连、栀子、桔梗、连翘、甘草、丹皮、竹叶。

加减：高热烦躁神昏者，加服安宫牛黄丸清热开窍；神昏痉厥者，加服紫雪散（丹）清热息风开窍。

中成药：清开灵注射液、牛黄镇惊丸。

（2）邪毒闭肺证

证候：壮热不退，咳嗽气急，喘促鼻煽，喉间痰鸣，口唇青紫，烦躁不安，尿黄便秘，舌质红，苔黄腻，脉滑数，指纹紫滞。

治法：清热解毒，开肺化痰。

主方：麻杏石甘汤（《伤寒论》）加减。

常用药：麻黄、杏仁、石膏、甘草、黄芩、瓜蒌皮、前胡、百部、葶苈子。

加减：热重者，加虎杖、连翘清热解毒；咳重痰多者，加浙贝母、海浮石清化痰热；腹胀便秘者，加生大黄、枳实通腑泻热；喘促而面唇青紫者，加丹参、赤芍活血化瘀。

中成药：小儿肺热咳喘口服液、小儿清热利肺口服液。

（二）其他疗法

1. 涂敷疗法 青黛 30g，煅石膏 50g，滑石 50g，黄柏 15g，冰片 10g，黄连 10g。共研细末，和匀，伴油适量，调搽患处，每日 1 次，用于水痘疱浆浑浊或疱疹破溃者。

2. 药浴法 苦参 30g，芒硝 30g，浮萍 15g，煎水外洗，每日 2 次，用于水痘皮疹较密，瘙痒明显者。

五、预防调护

（1）隔离水痘患儿至疱疹全部结痂为止。对有接触史的易感儿，应检疫 3 周，并立即给予水痘减毒活疫苗预防发病。

（2）对使用大剂量肾上腺皮质激素、免疫抑制剂的患儿，在接触水痘 72 小时内可肌内注射水痘-带状疱疹免疫球蛋白，以预防感染本病。若发生水痘，激素应立即减量或停用。

（3）对水痘伴发热的患儿，不可使用水杨酸制剂，以免发生瑞氏综合征。

（4）易感孕妇在妊娠早期应尽量避免与水痘患者接触，已接触者应给予水痘-带状疱疹免疫球蛋白被动免疫。如患水痘，则应终止妊娠。

（5）保持皮肤清洁，勤换内衣，勤剪指甲，以防抓破疱疹，引起感染。

第六节　手足口病

手足口病是由感受手足口病时邪引起的急性出疹性传染病。临床以手足肌肤、口腔黏膜出现疱疹为特征。手足口病为西医学病名，古代医籍中无明确记载，一般将其归属于中医学“温病”“湿温”范畴，主要为感受柯萨奇病毒 A 组（CoxA）及肠道病毒（EV71）引起。

本病一年四季均可发生，但以夏秋季节为多见，临床尤多见于 5 岁以下小儿，传染性强，可经消化道、呼吸道传播，易引起流行。本病一般预后较好，1 周左右痊愈，少数严重者可因邪毒犯心，或邪陷心肝而出现心肌炎、脑炎、脑膜炎等，甚或危及生命。

一、病因病机

手足口病的病因为感受手足口病时邪，病变部位在肺脾二经。时邪疫毒由口鼻而入，蕴郁肺脾。肺失通调，脾失健运，水湿内停，与毒相搏，外透肌肤，上熏口咽，出现手足肌肤、口腔黏膜疱疹，发为手足口病。

1. 邪犯肺脾 肺主通调，脾主运化水湿，为水液代谢枢纽。时行邪毒由口鼻而入，内犯肺脾，肺气失宣，卫阳被遏，脾失健运，水液输化失常，则停滞为湿。湿与毒结，上蒸口咽，外泄肌肤，则见手足肌肤、口咽部疱疹等发为手足口病。

2. 湿热蒸盛 若感邪较重，或素体虚弱，邪盛正衰，则湿热蒸盛，内燔气营，外灼肌肤，上熏口咽，则致手足、口咽疱疹稠密，为手足口病重证。

小儿具有心、肝有余的生理特点，若邪毒炽盛，化火内陷，邪热扰及肝经，化火动风，则为邪陷心肝证；若邪毒留滞不去，内舍于心，致心之气阴耗伤，甚或阴损及阳，心阳虚脱而危及生命。

二、临床诊断

（一）诊断要点

（1）病前 1～2 周有手足口病接触史。潜伏期多为 2～7 天。

（2）主要表现为口腔、手足部出现疱疹。口腔疱疹多发生在硬腭、颊部、齿龈、唇内及舌部，破溃后形成小的溃疡，疼痛较剧。在口腔疱疹后 1～2 天可见手足部皮肤斑丘疹，呈离心性分布，并很快变为疱疹，疱疹呈圆形或椭圆形扁平凸起，如米粒至豌豆大，较硬，多不破溃，疱内液体较少，周围可有红晕，数目多少不等。疱疹长轴与指趾皮纹走向一致。少数臂部、腿部、臀部等部位也可出现，但躯干及颜面部较少。疱疹一般 7～10 天消退，疹退后无瘢痕及色素沉着。

（3）血常规检查：白细胞计数正常或降低，淋巴细胞和单核细胞相对增高。

（二）鉴别诊断

1. 水痘 由水痘-带状疱疹病毒引起。疱疹呈向心性分布，躯干、头面多，四肢少，疱疹多呈椭圆形，其长轴与躯体的纵轴垂直，疱疹较手足口病稍大，疱疹壁薄，易破溃结痂，在同一皮损区皮肤黏膜斑丘疹、疱疹、结痂并见为特征。

2. 疱疹性咽峡炎 由柯萨奇病毒引起，多见于 5 岁以下小儿。起病较急，常突发高热、咽痛，体检可见软腭、悬雍垂、舌腭弓、扁桃体、咽后壁等口腔后部出现灰白色小疱疹，1～2 天内疱疹破溃形成溃疡，皮疹很少累及颊黏膜、舌、龈及口腔以外部位的皮肤。

三、辨证要点

辨轻重：根据病程、疱疹特点及临床伴随症状以判定病情轻重。

轻证：病程短，疱疹仅现于手足掌心及口腔部，稀疏散在，疹色红润，根盘红晕不著，疱液清亮，全身症状轻，或伴低热、流涕、咳嗽、呕吐、泄泻等肺脾二经证候；重证：病程长，疱疹除见于手足掌心及口腔部外，四肢、臀部等其他部位也常累及，且分布稠密，疹色紫暗，根盘红晕显著，疱液混浊，全身症状较重，常伴高热、烦躁、口痛、尿赤便结等毒炽气营证候，甚或出现邪毒内犯，邪犯心肺等变证。

四、治疗

本病治疗，以清热祛湿解毒为基本原则。轻证治以宣肺解表，清热化湿；重证治以清气凉营，解毒祛湿。出现邪毒内陷或邪犯心肺者，又当配伍清心开窍、息风镇惊、泻肺逐水等法。

（一）分证论治

（1）邪犯肺脾证

证候：低热，或无发热，流涕咳嗽，咽红，或纳差，呕吐泄泻，口腔内疱疹，破溃后形成小溃疡，疼痛流涎，手足掌心部出现米粒至绿豆大小斑丘疱疹，分布稀疏，疹色红润，根盘微红晕，疱液清亮，舌质红，苔薄黄腻，脉浮数。

治法：宣肺解表，清热化湿。

主方：甘露消毒丹（《医效秘传》）加减。

常用药：滑石、黄芩、茵陈、金银花、连翘、藿香、薄荷、白蔻仁、石菖蒲、板蓝根、射干、浙贝母。

加减：恶心呕吐者，加旋覆花、竹茹和胃降逆；泄泻者，加苍术、薏苡仁祛湿止泻；高热者，加知母、柴胡解肌退热；肌肤痒甚者，加蝉蜕、白鲜皮祛风止痒。

中成药：小儿热速清颗粒、小儿豉翘清热颗粒、蒲地蓝消炎口服液、开喉剑喷雾剂。

（2）湿热蒸盛证

证候：高热，口腔、手足、四肢、臀部疱疹，分布稠密，疹色紫暗，根盘红晕显著，疱液混浊，口臭流涎，甚或拒食，便秘溲赤，舌质红绛，苔黄厚腻或黄燥，脉滑数。

治法：清热凉营，解毒祛湿。

主方：清瘟败毒饮（《疫疹一得》）加减。

常用药：黄连、黄芩、栀子、连翘、生石膏、知母、生地黄、赤芍、牡丹皮、大青叶、板蓝根、紫草、石菖蒲、茵陈、车前草。

加减：偏于湿重者，去知母、生地黄，加藿香、滑石清热利湿；大便秘结者，加生大黄、瓜蒌泻热通便；口渴喜饮者，加麦冬、鲜芦根养阴清热；烦躁不安者，加淡豆豉、莲子心清心除烦。

中成药：黄栀花口服液、清开灵口服液（颗粒）、清胃黄连丸。

（二）其他疗法

（1）西瓜霜、冰硼散选一种，涂搽口腔患处，每日 2 次。

（2）青黛散，麻油调，敷于手足疱疹患处，每日 2 次。

（3）金银花 15g，板蓝根 15g，蒲公英 15g，车前草 15g，浮萍 15g，黄柏 10g，水煎外洗手足疱疹处，用于手足疱疹重者。

五、预防调护

（1）本病流行期间，勿去公共场所。密切接触者隔离观察 7～10 天。

（2）注意个人卫生，加强体育锻炼。

（3）患病期间，注意休息，保持空气流通，饮食清淡。

（4）注意皮肤清洁，疱疹切勿搔抓，以防破溃感染。

（5）密切观察病情变化，及早发现邪陷心肝，或邪犯心肺的并发症。

第七节　痄　腮

痄腮是由外感风温疠气引起的一种急性传染病，以发热、耳下腮部肿胀疼痛为主要特征。西医学称本病为流行性腮腺炎，为感受腮腺炎病毒引起。

本病以冬春两季发病率最高，多见于学龄前及学龄期儿童，2 岁以下婴幼儿少见。感染本病后可获终生免疫。本病一般预后良好；若病情较重，可见昏迷、抽搐等邪陷心肝的变证；青春期患儿，感染后容易出现毒窜睾腹的兼证，如男孩一侧或两侧睾丸肿痛，女孩少腹疼痛。

本病潜伏期为 12～22 天。在腮腺肿大前 6 天至肿后 9 天从唾液腺中可分离出腮腺炎病毒，故本病传染期为自腮腺肿大前 24 小时至消肿后 3 天。

一、病因病机

痄腮的病因为外感风温疠气，病位在足少阳胆经和足厥阴肝经。风温邪毒从口鼻而入，犯于肺卫，壅阻足少阳经脉，邪正相争，气血相搏，郁而不散，循胆经外发，凝滞于耳下腮部，则腮部肿胀疼痛，发为痄腮。

1. 邪犯少阳　足少阳之脉绕耳而行，腮腺位于足少阳胆经循行所过之处。若风温邪毒壅阻少阳经脉，气血相搏，结于耳下腮部，发为痄腮。

2. 热毒壅盛　若感邪较重，或素体虚弱、正不胜邪，邪从火化，邪毒壅盛，壅阻少阳经脉，气血凝滞，则致腮部胀甚疼痛，而成痄腮。

3. 邪陷心肝　足少阳胆经与足厥阴肝经互为表里，热毒炽盛，邪盛正衰，循经络表里传变，邪陷厥阴肝经，扰动肝风，蒙蔽心包，此为邪陷心肝之变证。

4. 毒窜睾腹　足厥阴肝经循少腹络阴器，邪毒内传，引睾窜腹，可出现睾丸肿胀、疼痛，或少腹疼痛等症，此为毒窜睾腹之变证。

二、临床诊断

（一）诊断要点

（1）痄腮流行期间，发病前 2～3 周有痄腮接触史。

（2）一侧或双侧腮部肿大，以耳垂为中心，向前、向后、向下扩大，边缘不清，触之有弹性感、疼痛感。腮腺管口红肿，或同时有颌下腺肿大。

（3）可并发脑膜脑炎、睾丸炎、卵巢炎、胰腺炎等。

（4）辅助检查：①血常规检查：白细胞总数正常或稍降低，淋巴细胞可相对增加；②血清和尿淀粉酶测定：90%患儿发病早期有血清淀粉酶和尿淀粉酶升高，2 周左右恢复正常。

（二）鉴别诊断

发颐：西医称为化脓性腮腺炎，与痄腮的病变部位相同，临床症状相近。但发颐发病无明显季节性，无传染性。腮部肿痛多发于一侧，局部皮肤泛红、边缘清楚，疼痛拒按，化脓时触之有波动感，挤压腮腺管口时可有脓性分泌物溢出。血常规白细胞总数及中性粒细胞增高。

三、辨证要点

1.辨常证 常证病变在少阳经脉，根据全身及局部症状，重在辨轻证、重证。轻证发于少阳之表，腮腺肿大，伴低热等外感表证；重证发于少阳之里，腮部漫肿痛甚，坚硬拒按，伴高热烦躁、咽痛、便干里热炽盛之象。

2.辨变证 变证当辨邪传部位。邪陷心肝证，除腮部肿大外，出现高热、神昏、抽搐、嗜睡等神志异常；毒窜睾腹证，腮腺肿大消退后出现睾丸肿胀疼痛或少腹疼痛等症，病在少阳、厥阴二经。

四、治疗

痄腮的治疗，以清热解毒，软坚散结为基本原则。轻证以疏风清热为主，重证以清热解毒为要，但都应佐以软坚、散结之品，壅滞祛除，则风散毒解。变证邪陷心肝证治以清热解毒，息风开窍；毒窜睾腹证治以清肝泻火，活血止痛。同时配合外治疗法，有助于腮部肿胀的消退。

（一）分证论治

1.常证

（1）邪犯少阳证

证候：腮部漫肿疼痛，边缘不清，触之痛甚，咀嚼不便，或伴有低热，头痛，咽红，纳少，舌质红，苔薄白或薄黄，脉浮数。

治法：疏风清热，散结消肿。

主方：柴胡葛根汤（《外科正宗》）加减。

常用药：柴胡、天花粉、葛根、黄芩、桔梗、连翘、牛蒡子、石膏、甘草、升麻。

加减：热甚者，加知母、生石膏清热；咽喉肿痛者，加马勃、玄参清热利咽；腮肿明显者，加夏枯草清肝软坚。

中成药：柴银口服液、疏风解毒胶囊。

（2）热毒壅盛证

证候：高热，一侧或两侧耳下腮部漫肿疼痛，坚硬拒按，张口咀嚼疼痛，口渴面赤，头痛，咽红，便秘溲赤，舌质红，舌苔黄，脉滑数。

治法：清热解毒，软坚散结。

主方：普济消毒饮（《景岳全书》）加减。

常用药：黄芩、黄连、陈皮、甘草、玄参、柴胡、桔梗、连翘、板蓝根、马勃、牛蒡子、僵蚕、升麻。

加减：高热烦躁者，加生石膏、知母清热泻火；腮部肿胀明显者，加海藻、昆布软坚散结；大便秘结者，加大黄、芒硝通腑泄热。

中成药：五福化毒丸、银翘解毒片、蒲地蓝消炎口服液。

2.变证

（1）邪陷心肝证

证候：耳下腮部肿痛，伴高热，神昏嗜睡，头痛项强，反复抽搐，舌红，苔黄，脉弦数。

治法：清热解毒，息风开窍。

主方：清瘟败毒饮（《疫疹一得》）加减。

常用药：生石膏、生地黄、水牛角、黄连、栀子、桔梗、黄芩、知母、赤芍、玄参、连翘、甘草、丹皮、竹叶。

中成药：安宫牛黄丸、至宝丹、紫雪散（丹）、醒脑静注射液。

（2）毒窜睾腹证

证候：腮部肿胀消退后，男性一侧或双侧睾丸肿胀疼痛，女性一侧或两侧少腹疼痛，痛时拒按，舌红，苔黄，脉数。

治法：清肝泻火，活血止痛。

主方：龙胆泻肝汤（《太平惠民和剂局方》）加减。

常用药：龙胆草、黄芩、栀子、泽泻、木通、车前子、当归、生地黄、柴胡、生甘草、橘核、荔枝核。

加减：睾丸肿痛明显者，加青皮、延胡索理气消肿止痛；少腹痛甚伴腹胀便秘者，加大黄、川楝子理气通腑。

中成药：龙胆泻肝丸。

（二）其他疗法

1. 涂敷疗法

（1）如意金黄散：适量，以醋或麻油调，外敷患处。

（2）新鲜仙人掌：每次取一块，去刺，洗净，捣泥，外敷患处。

上药涂敷患处，用于腮部肿痛，每日 1～2 次，已破溃者禁用。

（3）鲜芙蓉叶、鲜败酱草各适量，捣烂；青黛 10g，大黄 10g，皂刺 10g，荔枝核 10g，研细末。将上药混合、调匀，敷睾丸肿痛部位，并用布带托起睾丸，药干则用清水调湿继用。每日 1 次，用于睾丸肿痛者。

2. 激光疗法 用氦-氖激光照射少商、合谷、阿是穴。每穴照射 5～10 分钟，每日 1 次，连用 3～5 天，用于腮部肿痛。

五、预防调护

（1）患病后应及时隔离治疗，至腮腺肿胀完全消退后 3 天。

（2）患儿发热期间应卧床休息，居室空气流通，饮食以流质、半流质为主，忌肥腻、辛辣、坚硬及酸性的刺激性食物。

（3）高热、头痛、嗜睡、呕吐者密切观察病情，及时给予中西医结合治疗。

（4）睾丸肿大痛甚者，局部可给予冷湿敷，并用纱布做成吊带，将肿胀的阴囊托起。

第八节　传染性单核细胞增多症

传染性单核细胞增多症简称“传单”，是由外感瘟疫时邪引起的急性传染病。临床表现多样，以发热、咽峡炎、淋巴结肿大和肝脾肿大、周围血中淋巴细胞总数和异型淋巴细胞增多为主要特征。古代文献中无此病记载，从发病和病理过程的特点看，属于中医学“温病”“瘟疫”等范畴。西医学认为本病是由于感染 EB 病毒（又称人类疱疹病毒 4 型）引起，患者及隐性感染者为传染源，主要通过口咽分泌物接触传染，也可通过粪便、血液传染。

本病发病无明显季节性，任何年龄皆可发病，年长儿及青少年多见，幼儿症状表现多轻微。本病一般预后良好，严重者可并发肺炎、脑炎等疾病。患病后可获终生免疫。

一、病因病机

本病因外感瘟疫时邪引起。瘟疫邪毒由口鼻而入，侵袭肺卫，结于咽喉，化火炼津为痰，并内传脏腑，痰热阻络，痰热瘀互结，瘀滞肝胆、经络，阻塞肺窍、脑窍，伤及营血，发生本病。

1. 邪郁肺卫 瘟疫时邪从口鼻而入，犯于肺卫，表卫失和，肺气不宣。初起表现为发热，头痛咳嗽，咽痛等肺卫表证。

2. 热毒炽盛 热毒由表入里，进入气分，化毒化火，火热毒邪上攻咽喉，内闭于肺，内窜营血，破血妄行，出现喉核溃烂，咳嗽气喘、发斑尿血、神昏谵语等气营血分症状。

3. 痰热流注 热毒炽盛，炼液为痰，痰火瘀结，流注经络，发为热毒痰核，表现为臖核肿大。

4. 正虚邪恋 病程迁延，热毒痰瘀之邪日久易于耗气伤阴，后期以损伤气阴为主，同时热毒痰瘀之邪不易清除，常瘀滞流连，症状消失缓慢。

二、临床诊断

（一）诊断要点

（1）潜伏期一般为30～50天，患儿多有接触史。

（2）临床表现可分为不典型感染和典型感染。

1）不典型感染：多见于婴幼儿，可表现为轻微的上呼吸道感染、扁桃体炎等证。

2）典型感染

A.发热、咽峡炎、淋巴结肿大三联征。发热，多为高热，持续时间不等，个别可长达1～2个月；咽峡炎：80%可见咽峡炎，50%可见白色膜状物渗出；淋巴结肿大：起病后全身淋巴结迅速肿大，以颈部最为明显，肿大淋巴结消退较慢，可持续数周至数月不等。

B.肝脾肿大：约1/3患者有肝大，可伴有暂时性肝功能异常及黄疸。50%～70%患者可见脾肿大，严重并发症为脾脏破裂。

C.其他：约10%的患者可出现皮疹，1周左右消退。另外，本病还可累及肺、心、肾、脑等器官，而出现咳喘、惊厥、血尿、神昏谵语等症状，但较少见。

D.典型血常规：白细胞计数可上升到（10～20）$\times 10^9$ / L，可出现淋巴细胞增多50%以上，异型淋巴细胞＞10%。

（3）实验室检查

1）EB病毒抗体测定：IgM、IgG在起病1周内即可出现，前者持续4～8周，后者终生存在。

2）病毒标记物检测：用核酸杂交或聚合酶链反应（PCR）法检测唾液或口咽洗液脱落上皮和病变组织中EB病毒是最特异的方法，还可用免疫标记法检测样本中的病毒抗原。

（二）鉴别诊断

1. 急性咽峡炎或扁桃体炎 由溶血性链球菌感染引起，以发热、咽峡炎、扁桃体肿大伴白色分泌物为主要表现，无颈部淋巴结和肝脾肿大，且外周血以白细胞总数及中性粒细胞增多为主，咽拭子细菌培养为阳性，EB病毒抗体阴性，且抗生素治疗有效。

2. 传染性淋巴细胞增多症 发病年龄以10岁以下儿童为主，可有轻度发热、上呼吸道感染和（或）胃肠道症状。外周血白细胞总数可升高，分类中以成熟淋巴细胞为主，占60%～90%，异常淋巴细胞并不增高，骨髓象正常，嗜异性凝集试验阴性。

三、辨证要点

1. 辨卫气营血 疾病的演变符合卫气营血的传变规律，故辨证的关键是分清卫、气、营、血的不同阶段，同时抓住热、毒、痰、瘀的病机本质。

初起邪郁肺卫，表现为发热、咳嗽咽痛、头痛等肺卫表证；邪入气分，以高热不退，咽喉肿烂，口臭便秘等热毒炽盛为主，伴臖核肿大；邪入营血，以皮疹发斑，尿血甚至神昏抽搐等血分证为主；后期气阴损耗，余毒未尽，表现为神疲、低热盗汗、瘰疬痰核消退缓慢。

2. 辨疾病虚实 疾病初期、中期多为实证，恢复期多为虚证，或虚实夹杂证。

四、治疗

本病的治疗以清热解毒、化痰祛瘀为基本治则。在卫则疏风解表；在气则清气泄热；在营血则清营凉血；后期正虚邪恋则益气养阴，兼清余邪。痰瘀明显者加用化痰、通络散瘀之品。

（一）分证论治

（1）邪郁肺卫证

证候：发热，微寒，咳嗽，鼻塞，流涕，头痛，咽红疼痛，舌边或舌尖稍红，苔薄黄或薄白，脉浮数。

治法：疏风清热，宣肺利咽。

主方：银翘散（《温病条辨》）加减。

常用药：金银花、连翘、芦根、竹叶、荆芥、豆豉、薄荷、牛蒡子、桔梗、生甘草。

加减：咽喉肿痛者，加僵蚕、玄参清热利咽；臖核肿大者，加蒲公英、夏枯草软坚散结；高热烦渴者，加生石膏、知母清肺胃郁热；恶心呕吐，脘腹胀满者，加藿香、法半夏化湿止呕。

中成药：小儿热速清颗粒、小儿豉翘清热颗粒。

（2）热毒炽盛证

证候：壮热不退，烦渴，咽喉红肿溃烂，咳嗽气急，口臭，面红唇赤，皮疹色红，臖核肿大，便秘尿赤，甚则神昏谵语，舌质红，苔黄糙，脉洪数。

治法：清热泻火，解毒利咽。

主方：普济消毒饮（《东垣试效方》）加减。

常用药：黄芩、黄连、陈皮、甘草、玄参、柴胡、桔梗、连翘、板蓝根、马勃、牛蒡子、僵蚕、升麻。

加减：臖核肿大者，加蒲公英、夏枯草清热解毒，软坚散结；咳嗽咳痰明显者，加炙麻黄、杏仁、前胡止咳化痰；高热不退者，加生石膏、黄芩清气分热邪；皮疹、尿血者，加紫草、牡丹皮清热凉血；若热窜心肝，神昏抽搐者，加用紫雪散（丹）开窍醒神；热痰瘀阻滞肝胆，胁下痞块，皮肤黄染者，宜配合茵陈蒿汤加减清热利湿退黄。

中成药：五福化毒丸、蒲地蓝消炎口服液。

（3）痰热流注证

证候：发热，颈、腋、腹股沟处臖核肿大，以颈部为着，肋下痞块肿大，舌质红，苔黄腻，脉滑数。

治法：清热化痰，通络散瘀。

主方：清肝化痰丸（《医门补要》）加减。

常用药：连翘、栀子、夏枯草、生地黄、牡丹皮、昆布、海藻、僵蚕、浙贝母、柴胡、当归。

加减：高热不退者，去海藻、昆布，加蒲公英、生石膏清热解毒；胁肋胀痛，痞块肿大者，加三棱、莪术活血化瘀；臖核肿硬不痛，日久不消者，加红花、皂角刺化瘀排毒。

中成药：小儿化毒散、蒲地蓝消炎口服液。

（4）正虚邪恋证

证候：病程日久，低热或无热，神疲乏力，大便或干或稀，小便短黄，咽部稍红，臖核、痞块肿大逐渐缩小，舌绛或淡红，或剥苔，脉细弱。

治法：益气生津，兼清余热，佐以通络化瘀。

方药：竹叶石膏汤（《伤寒论》）加减。

常用药：竹叶、石膏、人参、麦冬、半夏、粳米、甘草。

加减：气虚甚，易汗出者，加黄芪、太子参益气固表；肋下痞块者，加桃仁、丹参活血散瘀；大便干结者，加火麻仁、瓜蒌仁润肠通便；臖核肿大者，加浙贝母、赤芍软坚散结；血尿者，加白茅根、大蓟、小蓟凉血止血。

中成药：生脉饮口服液。

（二）其他疗法

1. 西医疗法 主要为支持对症及抗病毒治疗。目前尚缺乏对 EB 病毒感染有明确疗效的抗病毒药物，临床上多选用体外有抑制 EB 病毒效应的核苷类似物如阿昔洛韦、更昔洛韦等。

2. 外治疗法

（1）锡类散或冰硼散：取适量喷吹于咽喉，每日数次，用于咽喉红肿疼痛。

（2）如意金黄散：用浓茶汁或醋调敷在肿大的淋巴结，每日换敷 2 次，有清热解毒，散结消肿之效。

五、预防调护

（1）急性期的患儿应予隔离，对口鼻咽分泌物及其污染物应严格消毒。

（2）若合并有肝脾肿大应卧床休息，避免剧烈运动，同时宜清淡易消化饮食。

第七章 其他病证

第一节 过敏性紫癜

过敏性紫癜是儿科常见疾病，以皮肤紫癜、腹痛、关节肿痛及尿检异常为主要临床表现。西医学认为本病为免疫性疾病，是一种以小血管炎为主要病变的全身性血管炎综合征。

过敏性紫癜是儿童结缔组织病中最常见、发病率最高的一种疾病。各年龄段均可发病，学龄儿童最多见。男女发病比例为（1.4～2）∶1。

本病一年四季均可发病，以春季、秋冬季多见。肾脏损伤明显者，称为紫癜性肾炎。肾炎的表现多出现在紫癜后2周～3个月，为儿童继发性肾脏病第一位。本病的临床复发率较高，是否发生肾脏损伤是决定过敏性紫癜预后的重要因素。

古代医籍中所记载的“肌衄”“紫癜”“斑毒”“葡萄疫”等病证与本病相似。

一、病因病机

本病的病因有内因和外因两个方面，内因多责之于体质特异，加之平素饮食不节，嗜食膏粱厚味，致内有伏热；外因多为感受风热或湿热之邪。内有伏热兼感受外邪是本病发病的主要原因。本病病机为风热邪毒与血分伏热相合，损伤血脉，血液不循常道而发为本病。本病早期以实证为主，多为风热、血热、湿热；后期以虚为主，多为阴虚、气虚，少数可见脾肾阳虚。整个病程中，血瘀是最主要的病理改变。

1. 风热伤络 外感风热邪毒，自口鼻而入，与气血相搏，灼伤脉络，血不循经，渗于脉外，溢于肌肤，积于皮下，形成紫癜。

2. 血热妄行 热邪由表入里，或内生郁热，热入血分，损伤血脉，迫血妄行，渗于肌肤，发为紫癜；内伤胃肠血络，则便血呕血；下伤膀胱血络，则尿血。

3. 湿热痹阻 湿热邪毒，浸淫腠理，郁于肌肤，阻滞经络，痹阻关节，肿痛屈伸不利。

4. 气不摄血 小儿禀赋不足，或疾病反复发作，脏腑虚损，脾气虚弱，血液失摄，溢于脉外，形成紫癜。

5. 阴虚火旺 素体阴虚，或疾病反复发作，阴血耗损，滋生内热，虚火灼伤血络，紫癜时发时止。

若病情缠绵难愈，伤及脾肾，致脾肾亏虚，脾不敛精，肾不固精，精微外泄，则发为尿浊。

二、临床诊断

（一）诊断要点

（1）发病前有上呼吸道感染史，或药物、食物过敏等过敏原接触史。

（2）临床表现多样，常见以下四个方面的表现：①典型皮肤表现：皮疹分批出现、对称分布、大小不等，初期高出皮面，压之不退色，以臀部以下下肢伸侧多见；②约2/3患儿出现消化道症状，以脐周或下腹部绞痛伴呕吐为主，严重者可出现呕血、便血；③部分患儿伴有关节肿胀疼痛；④尿检异常，可出现血尿、蛋白尿。

（3）辅助检查：血小板计数正常或升高，出血及凝血时间正常，血块收缩试验正常；部分患儿毛细血管脆性试验阳性，红细胞沉降率轻度增快。部分患儿大便隐血试验可呈阳性。肾脏损伤者尿常规可见尿蛋白和尿红细胞。

（二）鉴别诊断

1. 特发性血小板减少性紫癜 皮肤、黏膜可见非对称性瘀点、瘀斑，不高出皮面，全身可见；血小板计数减少，出血时间延长，血块收缩不良，束臂试验阳性，骨髓中成熟巨核细胞减少。

2. 急腹症 紫癜患者出现严重腹痛者，应警惕合并急腹症的可能。同时儿童期出现急性腹痛者，应注意排除过敏性紫癜的可能，注意仔细寻找皮肤紫癜，了解腹部情况，必要时考虑胃肠镜检查。

三、辨证要点

1. 辨实证和虚证 本病临床主要辨实证和虚证，早期多以实证为主，常见风热、血热、湿热；病程迁延者多属虚证，多为阴虚、气虚，少数可见脾肾阳虚。风热伤络者多伴风热表证，紫癜色红，散在分布，痒感明显；血热妄行者紫癜量大色红，密集分布，多伴见便干、尿黄等热毒之证；湿热痹阻者紫癜色暗，以关节周围多见，伴见关节肿痛灼热；若紫癜反复发作，色红，伴有潮热盗汗、手足心热、舌红少苔、脉细数，多属于阴虚；若紫癜反复发作，色淡量少，伴有纳呆便溏、舌淡苔白，多属气虚。

2. 辨病情的轻重 以腹痛严重程度及是否伴有肾脏损害等作为判断病情轻重的依据。凡没有明显腹痛或者腹痛较轻，未合并肾脏损伤者为轻证；若出现严重腹痛，或伴有大量便血，或者出现血尿、明显蛋白尿，甚至头痛、昏迷、抽搐等均为重证。

四、治疗

本病的治疗实证以清热凉血为主，根据临床辨证配以疏风、解毒、除湿等治法；虚证以滋阴清热、益气摄血为主。紫癜为离经之血，皆属于瘀血，故活血化瘀贯穿全程。

（一）分证论治

（1）风热伤络证

证候：病起急骤，全身皮肤紫癜散发，尤以下半身居多，呈对称分布，色泽鲜红，大小不一，或伴痒感，或有发热，咽红，咳嗽，舌质红，苔薄黄，脉浮数。

治法：疏风清热，凉血止血。

主方：银翘散（《温病条辨》）加减。

常用药：金银花、连翘、薄荷、防风、牛蒡子、栀子、黄芩、桔梗、当归、芦根、赤芍、红花。

加减：皮肤瘙痒者，加浮萍、蝉蜕、地肤子祛风止痒；腹痛者，加白芍、佛手、香橼皮缓急止痛；关节肿痛者，加羌活、徐长卿、牛膝通络止痛；尿血者，加小蓟、白茅根、藕节炭凉血止血。

中成药：银翘解毒丸。

（2）血热妄行证

证候：起病急骤，出血较重，皮肤瘀斑成片，色深紫，可伴便血、尿血，腹痛，大便干结，小便短赤，舌红绛，苔黄，脉滑数。

治法：清热解毒，凉血止血。

主方：犀角地黄汤（《外台秘要》）加减。

常用药：犀角（用水牛角代）、生地、牡丹皮、赤芍、紫草、玄参、黄芩、炙甘草。

加减：伴有齿衄、鼻衄者，加炒栀子、白茅根凉血解毒；尿血者，加大蓟、小蓟凉血止血；大便出血者，加地榆炭、槐花收敛止血；腹中作痛者，重用白芍、甘草缓急止痛。

中成药：荷叶丸、犀角地黄丸。

（3）湿热痹阻证

证候：皮肤紫斑色暗，多见于关节周围，伴关节肿痛灼热，四肢沉重，活动受限，伴腹痛，纳呆，渴不欲饮，大便不调，便血或尿血，舌红，苔黄腻，脉滑数。

治法：清热利湿，化瘀通络。

主方：四妙丸（《成方便读》）加减。

常用药：黄柏、苍术、桑枝、牛膝、独活、薏苡仁、牡丹皮、紫草、甘草。

加减：关节肿痛，活动受限者，加络石藤、鸡血藤、忍冬藤清热利湿通络；泄泻者，加葛根、黄连清肠燥湿；尿血者，加小蓟、白茅根、茜草凉血止血。

中成药：四妙丸。

（4）气不摄血证

证候：病程迁延，紫癜反复出现，色泽淡紫，时有鼻衄，便血，面色苍黄，神疲乏力，食欲不振，唇指色淡，舌质淡，苔薄白，脉缓弱。

治法：健脾益气，养血活血。

主方：归脾汤（《正体类要》）加减。

常用药：党参、白术、茯苓、甘草、黄芪、当归、远志、酸枣仁、龙眼肉、木香、生姜、大枣。

加减：食欲不振者，加砂仁、神曲醒脾消食；出血不止者，加蒲黄炭、仙鹤草、三七粉以止血活血；神疲肢软，四肢欠温，畏寒恶风，腰膝酸软，面色苍白者为肾阳亏虚，加鹿茸、肉苁蓉、巴戟天以温肾补阳。

中成药：归脾丸。

（5）阴虚火旺证

证候：起病缓慢，或病程迁延，紫癜时发时隐，伴腰膝酸软，五心烦热，潮热盗汗，头晕耳鸣，口燥咽干，大便干燥，尿血，便血，舌红少苔，脉细数。

治法：滋阴降火，凉血止血。

主方：大补阴丸（《丹溪心法》）加减。

常用药：熟地、龟板、黄柏、知母、牡丹皮、墨旱莲、女贞子、牛膝。

加减：鼻衄、齿衄者，加白茅根、焦栀子以凉血止血；低热者，加银柴胡、地骨皮、青蒿以清虚热；盗汗者，加煅牡蛎、煅龙骨、浮小麦以敛汗止汗。

中成药：知柏地黄丸、维血宁冲剂。

（二）其他疗法

1. 外治法

（1）熏蒸法：苦参、枯矾、百部、地肤子、白鲜皮、蛇床子、徐长卿、紫草，将熏蒸舱温度设置为 40～42℃，每次熏蒸 30 分钟，每日 1 次，7 次为 1 个疗程。

（2）洗法：生地 20g，牡丹皮 20g，白芍 20g，黄芩 20g，黄柏 20g，栀子 15g，生草 9g，水牛角 20g，上药煎煮 20 分钟后，以药液浸洗肌肤，每日 1 剂，7 剂为 1 个疗程，用于血热妄行证。

2. 西医治疗　治疗重点主要在控制患儿急性症状和影响预后的因素，如急性关节痛、腹痛及肾损害。

（1）抗感染：急性期呼吸道及胃肠道等感染时应适当抗感染治疗。

（2）抗过敏和改善毛细血管通透性：临床上常用抗过敏治疗（氯雷他定、西替利嗪等）、改善毛细血管通透性治疗，如维生素 C、芦丁（维生素 P）、维生素 E 等，目前尚无证据证明糖皮质激素对皮疹的消退及复发有效。

（3）控制关节症状：关节痛患儿可使用糖皮质激素或非甾体类抗炎药止痛治疗。

（4）改善胃肠道症状：糖皮质激素治疗可较快缓解急性过敏性紫癜的胃肠道症状，缩短腹痛持续时间。

五、预防调护

（1）病情急性期暂时避免过敏原，严格控制饮食是必要的。病情稳定期尽量不吃容易引起过敏的饮食及药物，但不能过度控制饮食，以免影响孩子正常生长发育。急性期胃肠道损害严重时需严格控制饮食，以免加重胃肠道症状。严重腹痛或呕吐者需要营养要素饮食或暂时禁食并胃肠外营养支持治疗。

（2）对于病情并不严重的过敏性紫癜患儿不建议过度限制活动。

（3）注意寻找引发本病的各种原因，祛除过敏原。

（4）积极防治上呼吸道感染，控制扁桃体炎、鼻窦炎，预防龋齿，驱除体内各种寄生虫。

第二节　皮肤黏膜淋巴结综合征

皮肤黏膜淋巴结综合征又称川崎病，是一种以全身血管炎为主要病理改变的急性发热性出疹性疾病，临床以持续发热、皮疹、黏膜充血、草莓舌、颈部淋巴结肿大、手足硬性水肿为特征。

本病多见于 5 岁以下儿童，好发于 6～18 个月婴幼儿。男孩多发，男女比例为（2～3）∶1，病程多为 6～8 周，急性期约 2 周。本病无明显季节性，经积极治疗，绝大多数患儿可以康复，预后良好，但尚有 1%～2%的患儿死亡，死亡原因主要为心肌炎、动脉瘤破裂及心肌梗死，有些患儿的心血管症状可持续数月至数年。

本病属中医学“温病”范畴。

一、病因病机

本病病因为感受温热邪毒，从口鼻而入，犯于肺卫，蕴于肌腠，入营扰血。病变脏腑主要在肺胃，可累及心肝肾，以心为甚。正如叶天士所言：“温邪上受，首先犯肺，逆传心包。”

1. 卫气同病　温热邪毒从口鼻而入，初犯肺卫，蕴于肌腠，卫表不宣，故见发热；邪热上攻咽喉，则见咽赤肿痛；入里化火，犯于肺胃，肺胃热盛，见壮热不退、烦渴喜饮等症。

2. 气营两燔　热毒炽盛，内迫营血，走窜流注，炽于三焦，动血耗血。气分热盛，则见壮热烦渴；热炽营分，则见皮肤斑疹，手掌、足底潮红硬肿，唇红目赤等症；温热毒邪炼液为痰，凝阻经络，见臀核肿大疼痛；热毒流注关节致关节肿痛；热炽营血，血液凝滞，运行不畅，造成血瘀诸症。重者可见热毒内陷，出现面色苍白、口唇青紫、心悸胸闷等危急重症。

3. 气阴两伤　病之后期，邪退正虚，气虚阴伤，见疲乏少力；肢末失养，见指趾脱皮，甚至脱甲；肺阴伤，则咽干、口唇皲裂；胃阴亏损，则口渴喜饮、舌红少苔；气阴亏虚重者，推动无力，血脉瘀滞，则见心动悸、脉结代。

因此，本病初期病位主要在肺胃，随着病情发展，由于热毒炽盛，随营血走窜流注，可内侵于心，或留滞于经脉、关节、肌肉，或影响三焦气化而致心、肝、肾等均可发生病变。

二、临床诊断

（一）诊断要点

1. 发热 为最早出现的症状，持续7～14天或更久（2周~1个月），体温常达39℃以上，呈弛张热或稽留热，抗生素治疗无效。

2. 皮肤黏膜表现 ①皮肤：发热2～3天可出现弥漫性充血性斑丘疹，或多形性红斑，或猩红热样皮疹，躯干部为主，约1周可消退。后期可见肛周皮肤发红、脱皮。部分婴儿原卡介苗接种部位出现红斑、疱疹或结痂。②肢端变化：急性发热早期手足可呈硬性水肿，继之手掌、足底潮红，10日后在甲床皮肤移形处出现特征性指趾端膜状脱皮。重者可见指、趾甲脱落。③黏膜表现：双侧球结膜充血，但无脓性分泌物或流泪，持续于整个发热期或更长；口腔咽部黏膜弥漫性充血，唇红干燥、皲裂、出血或结痂，舌乳头凸起呈草莓舌。

3. 颈部淋巴结肿大 一过性颈淋巴结非化脓性肿胀，以前颈部最为显著，直径为1.5cm左右，多数见于单侧，少数可见双侧同时肿大，质地较硬，可有轻微压痛，数日后可自愈。

4. 心血管症状、体征及其他伴随症状 少数患儿可见心血管病变，常于发病1～6周出现，常见心肌炎、心包炎、心内膜炎和心律失常。若患儿出现心动过速、奔马律、心音低钝、收缩期杂音及心脏扩大，常提示冠状动脉损害，冠状动脉病变常在第2～4周出现。冠状动脉瘤破裂和血栓梗塞是本病引起猝死的常见原因。少许患儿可合并胆囊积液、关节炎、面神经瘫痪、高热惊厥、肝大、黄疸等并发症，偶见间质性肺炎、肺梗死、虹膜睫状体炎、腹痛、腹泻、无菌性脑脊髓膜炎等。

5. 实验室检查

（1）血常规：白细胞总数及中性粒细胞百分比增高。血小板计数早期正常，从第2周开始增多，血液呈高凝状态。

（2）红细胞沉降率明显增快；补体正常。

（3）C反应蛋白增高。

（4）X线胸片可见心影扩大。心电图可见多种改变，以ST段、T波异常及心律失常多见；亦可见P—R、Q—T间期延长，异常Q波等。

（5）超声心动图在半数患者可发现心血管病变，如心包积液、左室扩大、二尖瓣关闭不全、冠状动脉扩张及动脉瘤等。

（二）鉴别诊断

1. 丹痧（猩红热） 两者均可见发热、皮疹、草莓舌。丹痧多于发病后24～48小时即迅速出疹，皮疹呈粟粒状，弥漫性均匀分布，疹间皮肤潮红，无明显指趾端肿胀，可见其特征性帕氏线、口周苍白圈、贫血性皮肤划痕等体征，可发生于各年龄组，咽拭子培养可分离出A族乙型溶血性链球菌，抗链球菌溶血素“O”滴度增高，抗生素治疗效果显著。

2. 传染性单核细胞增多症 两者均可见持续发热、皮疹、颈部淋巴结肿大等。传染性单核细胞增多症以发热、咽峡炎、淋巴结及肝脾肿大为主要表现，一般无球结膜充血、口唇潮红皲裂及四肢末端硬肿、脱皮表现，外周血白细胞分类以单核细胞为主，占70%～90%，异常淋巴细胞≥10%。

3. 幼年类风湿关节炎 两者均可见发热、皮疹及关节症状。幼年类风湿关节炎多为持续低热，反复发作，热程反复、迁延，皮疹时隐时现（热退疹隐），皮疹形态多样，关节肿痛，无手指、足趾末端红肿，无掌跖潮红、口唇潮红、皲裂、口咽黏膜充血、球结膜充血、草莓舌，无冠状动脉损害等特征。类风湿因子检查可呈阳性。

三、辨证要点

本病以卫气营血辨证为主。初起邪在肺卫，症见发热恶风，咽红，轻微咳嗽，无痰，多为时短暂；迅速入里化热，热炽气分，症见高热持续，烦渴喜饮，皮疹布发，临床多见卫气同病；邪毒继入营血，扰血动血，症见身热夜甚，斑疹红紫密集，草莓舌，烦躁嗜睡，此期可见有典型临床症状的气营两燔证候；后期热退，气阴两伤，症见疲乏多汗，指趾末端脱皮。本病易形成瘀血证，症见斑疹色紫，手足硬肿，舌质红绛，指纹紫滞等；若瘀血阻塞脉络，还可见心悸、胸闷、右胁下癥块等多种征象。

四、治疗

本病以清热解毒，活血化瘀为主要治则。初起卫气同病，治以疏风清热解毒，宜辛凉透达；极期热毒炽盛，气营两燔，治以清气凉营解毒，宜苦寒清透；后期气阴耗伤，则以益气养阴为主，宜甘凉柔润。

同时，本病易于形成瘀血，早期即应予以活血化瘀，且温毒之邪多从火化，最易伤阴，在治疗中又要分阶段滋养胃津，顾护心阴。

（一）分证论治

（1）卫气同病证

证候：发病急骤，发热或见壮热，不恶寒或微恶风，口渴喜饮，目赤咽红，掌跖潮红，躯干皮肤初现皮疹，颈部臖核肿大，或伴轻微咳嗽，轻度吐泻，纳食减退，舌边尖红，苔薄白或薄黄，脉象浮数，指纹浮紫。

治法：辛凉透表，清热解毒。

主方：银翘散（《温病条辨》）合白虎汤（《伤寒论》）加减。

常用药：金银花、连翘、薄荷、石膏、知母、牛蒡子、荆芥、淡豆豉、淡竹叶、芦根、桔梗、甘草。

加减：目赤甚者，加菊花清肝明目；颈部臖核肿大者，加浙贝母、僵蚕化痰散结消肿；手掌足跖潮红者，加地黄、黄芩、牡丹皮清热凉血。

中成药：双黄连口服液、小儿热速清颗粒、小儿豉翘清热颗粒。

（2）气营两燔证

证候：壮热不退，昼轻夜重，汗出不畅，肌肤斑疹鲜红密集，偶有瘙痒，烦躁不宁或有嗜睡，渴喜冷饮，咽红目赤，唇赤干裂，颈部臖核肿痛，掌跖潮红，或见关节疼痛、手足硬肿、指趾蜕皮，舌质红绛如草莓，舌苔黄，脉数有力，指纹紫滞。

治法：清气凉营，解毒化瘀。

主方：清瘟败毒饮（《疫疹一得》）加减。

常用药：水牛角、牡丹皮、赤芍、石膏、知母、黄芩、栀子、玄参、地黄、连翘、淡竹叶、桔梗。

加减：大便秘结者，加用大黄泻下救阴；咽喉痛甚者，加板蓝根、射干清热解毒利咽；颈部臖核肿痛者，加夏枯草、僵蚕、蒲公英清热软坚散结；皮疹密集者，加紫草、茜草清热凉血；若见口唇青紫，面色苍白，胸闷，心悸、脉结代者，可予生脉饮加丹参、红花益气养阴、活血通脉。

中成药：小儿化毒散、蒲地蓝消炎口服液、黄栀花口服液。

（3）气阴两伤证

证候：身热渐退或见低热，倦怠乏力，动辄汗出，或自汗盗汗，斑疹色淡或消退，口渴喜饮，咽干唇裂，手足硬肿消退，指趾端脱皮或潮红、脱屑，或见肛周脱皮，心悸，纳少，舌红少津，苔少或无苔，脉细弱或结代，指纹淡紫。

治法：益气养阴，清解余邪。

主方：沙参麦冬汤（《温病条辨》）加减。

常用药：北沙参、麦冬、玉竹、天花粉、地黄、玄参、太子参、白术、白扁豆。

加减：纳呆者，加焦山楂、生谷芽健脾开胃；低热不退者，加地骨皮、银柴胡养阴清热；大便硬结者，加瓜蒌子、火麻仁清肠润燥；心悸、脉结代者，加牡丹皮、丹参、黄芪益气活血化瘀，或以生脉散加丹参益气养阴活血；余邪留恋不去者，可合竹叶石膏汤加减益气养阴，清解余邪。

中成药：生脉饮口服液。

（二）其他疗法

1. 推拿疗法 对于高热不退的患儿可使用推拿疗法，常用方法有清天河水、退六腑、开天门、揉太阳、揉耳后高骨。

2. 敷贴疗法 淋巴结肿大的患儿可用如意金黄散或青黛散敷于肿胀部位。

3. 西医疗法 目前西医治疗本病暂无特效方法，强调早期诊断、早期治疗。

（1）丙种球蛋白（IVIG）：2g/kg，8～12 小时缓慢静脉滴注，宜于发病早期（10 日以内）应用，有退热、降低冠状动脉病变发生率的作用，应与口服阿司匹林合用。

（2）阿司匹林：为本病首选用药，早期使用可减轻急性炎症过程，30～100mg/（kg·d），分 3～4 次服，热退 3 天后逐渐减量，约 2 周减至 3～5mg/（kg·d），顿服，维持 6～8 周。如有冠状动脉病变时，应延长用药时间，直至冠状动脉恢复正常。

（3）肾上腺皮质激素：在其他药物治疗无效时可使用，但不宜单独使用，可与阿司匹林和双嘧达莫合并使用，泼尼松剂量为 2mg/（kg·d），疗程 2～4 周。

（4）双嘧达莫：适用于血小板显著增多或有冠状动脉病变、血栓形成者，3～5mg/（kg·d），分 2 次口服。

（5）其他：并发心源性休克、心力衰竭及心律失常等，予相应治疗。

五、预防调护

（1）饮食宜清淡新鲜，补充足够水分。

（2）保持口腔清洁。急性期适度卧床休息；缓解期适当户外活动，增强体质。

（3）本病病因迄今未明，可能与感染、环境污染、化学物品过敏及遗传因素有关，故无针对病因的特异性预防措施。应积极防治各种感染性疾病。

（4）密切观察病情变化，特别是及时发现并发症。

（5）本病的主要死因为急性心肌梗死和冠状动脉瘤破裂，常发生于亚急性期及恢复期，故本病患儿需随访半年至 1 年。有冠状动脉扩张者需长期随访，每半年至少做 1 次超声心动图检查，直至冠状动脉扩张消失为止。

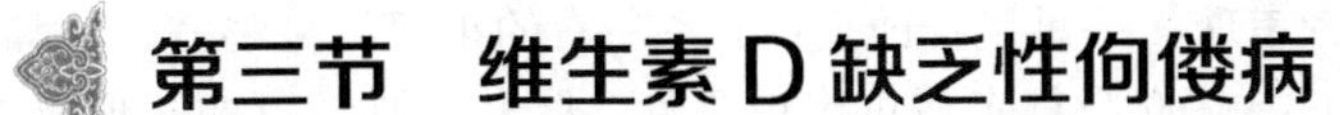

第三节 维生素D缺乏性佝偻病

维生素D缺乏性佝偻病简称佝偻病，是由于儿童体内维生素D不足，致使钙磷代谢失常的一种全身慢性营养缺乏性疾病，以正在生长的骨骺端软骨板不能正常钙化，造成骨骼病变为特征，以多汗、夜啼、烦躁、枕秃、肌肉松弛、囟门迟闭，甚至鸡胸、肋缘外翻、下肢弯曲等为主要临床表现，是小儿时期常见的疾病之一。

本病好发于冬春两季，2岁以下婴幼儿、特别是1岁以内的小婴儿为本病高危人群。北方地区发病率高于南方地区，城市高于农村，人工喂养者高于母乳喂养者。近年来，本病患病率逐年下降，且以轻证为主，多预后良好，但易罹患其他疾病，常使病程迁延；或因病情较重，治疗失宜，病后可留下某些骨骼畸形，影响儿童正常生长发育。

本病与中医学“五迟”“五软”“夜啼”“汗证”“龟背”“鸡胸”等多种病证相关。

一、病因病机

本病发病主要责之于先天禀赋不足，后天调护失宜。病机乃脾肾亏虚。病位主要在于脾肾，先天不足、后天化生乏源，故病变可涉及五脏。

1. 禀赋不足 父母精血不足，体质虚弱而孕，或孕妇胎孕之期户外活动少，日照不足，或妊娠后期维生素D营养不足，或孕母患病，以及早产、多胎等因素，均可导致胎元失养，使小儿禀赋未充，脾肾不足。

2. 调护失宜 小儿生机蓬勃，发育迅速，若母乳缺乏、人工喂养，未及时添加辅食，或食品的质和量不能满足小儿生长发育的需要，致使营养失衡，脏腑失于濡养，脾肾亏损，发为本病。

3. 日照不足 长期日照不足，体质下降，脾肾功能降低，致使骨骼发育不坚。日照不足的原因，常与户外活动少，空气中多烟雾，或生于寒冷地区，或阳光被玻璃所挡有关。

综上，肾乃先天之本、主骨生髓，肾虚则筋骨不坚，囟门迟闭，骨骼畸形，发育迟缓；脾乃后天之本、气血生化之源，脾虚则水谷精微化生不足，四肢百骸 濡养不及，可见消瘦或虚胖，肌肉软弱，毛发稀疏，纳差便溏。先天不足，后天不及，久之则全身脏腑失于濡养，如肺失所养，卫表不固，则多汗，易感冒；心阴不足，心火内亢，则夜啼，惊惕，语言迟缓；肝失濡养，阴虚火旺，则烦躁，坐立、行走无力，甚至抽搐。因本病造成体质虚弱，抗病能力低下，又导致易感外邪，或易为乳食所伤，而形成反复感冒、肺炎喘嗽、厌食、积滞、泄泻等病证。

二、临床诊断

（一）诊断要点

1. 病史 有维生素D缺乏史，多见于3个月～2岁的婴幼儿。

2. 临床表现 主要表现为生长最快部位的骨骼改变，并可影响肌肉发育及神经兴奋性改变。临床上按活动程度将本病分为以下四期：

（1）初期（早期）：多见于6个月以内，特别是3个月以内的小婴儿，主要表现为神经兴奋性增高，如夜啼、睡眠不安、易激惹、烦躁、汗多等，常因多汗及烦躁而摇头擦枕，出现枕秃及脱发圈。

（2）激期（活动期）：除早期症状加重外，主要表现为骨骺变化和运动功能发育迟缓。表现部位与该年龄骨骼生长速度较快的部位相一致。6 月龄以内婴儿以颅骨改变为主，或颅骨软化；6 月龄以后可出现方颅、肋骨串珠、手足镯样改变；1 岁左右的小儿可见鸡胸、肋膈沟；由于骨质软化和肌肉关节松弛，小儿开始站立与行走后可出现股骨、胫骨、腓骨弯曲，形成“O”形或“X”形腿，有时有“K”形样下肢畸形；患儿会坐与站立后可出现脊柱畸形。严重低血磷使肌肉糖代谢障碍，出现全身肌肉松弛、肌张力降低和肌力减弱。重证患儿神经系统发育落后，表情淡漠，语言发育落后，条件反射形成迟缓；免疫低下，易合并感染及贫血。

（3）恢复期：患儿经积极治疗或日光照射后，临床症状和体征逐渐减轻或消失。

（4）后遗症期：临床症状消失，重症患儿可残留不同程度的骨骼畸形或运动功能障碍，多见于 2 岁以上小儿。

3. 辅助检查

（1）血液生化检查：初期血液生化轻度改变或正常，血钙正常或略下降，血磷降低，钙磷乘积小于 30，血清 25-（OH）D_3 下降，碱性磷酸酶正常或稍高；激期血生化除血钙稍低外，其余指标改变更加显著，25-（OH）D_3＜8ng/ml。恢复期及后遗症期血生化指标恢复正常。

（2）X 线摄片检查：常摄手腕部。初期常无骨骼病变，骨骼 X 线可正常或见钙化带稍模糊；激期 X 线摄片见临时钙化带模糊，干骺端增宽，边缘呈杯口状或毛刷状改变，并可见骨质疏松，皮质变薄，骨干弯曲畸形或青枝骨折；恢复期骨骼 X 线示临时钙化带重现；后遗症期骨骼 X 线摄片干骺端病变消失。

诊断时应结合病史、病因、临床表现、血生化及骨骼 X 线检查来综合判断。详细询问是否有缺乏日照与维生素 D 摄入不足等病史，新生儿和小婴儿还应询问其母孕期日照情况、维生素 D 及钙的摄入情况，以及是否有缺钙的临床症状。需注意早期神经兴奋性增高症状无临床特异性，而血生化与骨骼 X 线的检查为诊断的 “金标准”。同时应明确分期，判断是否需要治疗。

（二）鉴别诊断

1. 黏多糖病 由于先天性黏多糖代谢障碍引起。常多器官受累，可出现多发性骨发育不全，如头大、头型异常、脊柱畸形、胸廓扁平等体征，除临床特点外，主要基于 X 线变化及尿中黏多糖检测做出诊断。特异性诊断需测定白细胞或皮肤成纤维细胞培养特异酶的缺乏。

2. 软骨营养不良 由于遗传性软骨发育障碍引起。出生时体征已很明显，以侏儒最为显著，可见四肢短、头大、面宽、前额突出、胸廓扁平、肋缘外翻、腹部前突、臀部后突、下肢弯曲等。根据特殊的体态及骨骼 X 线做出诊断。

3. 解颅（脑积水） 由于脑脊液循环障碍引起。在颅缝融合前起病者，头围与前囟进行性增大，以颅骨缝解开、头颅增大、叩之呈破壶音、目珠下垂如落日状为特征，可有发育迟缓、烦躁不安、嗜睡、营养不良、四肢痉挛甚至惊厥等症。结合头颅 B 超、CT 或 MRI 检查可做出诊断。

此外，还要鉴别其他原因引起的佝偻病，如低血磷抗生素 D 佝偻病、远端肾小管酸中毒、维生素 D 依赖性佝偻病、先天性甲状腺功能低下、肾性佝偻病、肝性佝偻病等。

三、辨证要点

本病以虚为主，临证以脏腑辨证为纲。根据病史、临床表现，首先应区分病因，其次分清病情轻重，最后应辨脏腑病位。

1. 辨病因 区分早产、双胎或多胎，以及孕期孕母起居调摄不当或患病等先天因素；区分乳食喂养不当、日照不足及病后失调等后天因素。

2. 辨病情轻重 症见烦躁，多汗，枕秃，纳呆，囟门宽大，未见骨骼变化者为轻；症见精神淡漠，汗出如淋，肌肉松弛，颅骨软化，或方颅、前囟迟闭，鸡胸，下肢弯曲，脊柱畸形，坐立行迟者为重。

3. 辨脏腑 初期病变脏腑以肺脾为主，表现为肌肉松弛，形体虚浮，纳呆便溏，毛发稀疏易落，多汗易感冒；激期累及心肝肾，可见精神烦躁，夜啼不安，急躁易惊；恢复期骨骼改变虽近恢复，但仍可有肺脾等不同程度的虚证；后遗症期病变脏腑以肾脾为主，主要为遗留的骨骼畸形。

四、治疗

本病当以调补脾肾为要。可根据脾肾虚损轻重，采用不同的治法。病之初期多以肺脾亏虚为主，当健脾益气，补肺固表，兼以补肾；激期多属脾肾两亏，兼有他脏不足，故当脾肾并补，佐以敛阴、固表、平肝、安神；恢复期、后遗症期以肾虚骨骼畸形为主，当以补肾填精壮骨为主法，佐以健脾、益气、养血、固表、生髓。

（一）分证论治

（1）肺脾气虚证

证候：形体虚胖，肌肉松软，面色少华，纳呆，大便不调，发稀易落，可见枕秃，囟门开大，睡眠不宁，多汗，反复感冒，舌质淡，苔薄白，脉细无力，指纹淡。

治法：健脾补肺，益气固表。

主方：人参五味子汤（《幼幼集成》）加减。

常用药：人参、五味子、茯苓、麦冬、炙甘草、黄芪、白术。

加减：汗多者，加煅龙骨、煅牡蛎固涩止汗；大便不调者，加山药、白扁豆健脾燥湿；睡眠不安，夜惊者，加远志、首乌藤、合欢皮养心安神。

中成药：玉屏风口服液、龙牡壮骨颗粒。

（2）脾虚肝旺证

证候：面色少华，多汗，烦躁夜啼，易惊多惕，甚至抽搐，发稀枕秃，囟门迟闭，出牙延迟，神疲纳呆，坐立行走无力，舌质淡，苔薄白，脉弦细，指纹淡。

治法：抑木扶土，健脾平肝。

主方：益脾镇惊散（《医宗金鉴》）加减。

常用药：人参、白术、茯苓、甘草、钩藤、僵蚕、煅龙骨、煅牡蛎、灯心草。

加减：汗出浸衣者，加五味子、碧桃干生津固涩止汗；夜惊不安者，加石决明、珍珠母镇静安神；抽搐者，加全蝎、蜈蚣潜阳息风止痉，或改用缓肝理脾汤（《医宗金鉴》）；坐立行迟者，加枸杞子、菟丝子、杜仲滋养肝肾壮骨。

中成药：小儿牛黄清心散、龙牡壮骨颗粒。

（3）肾精亏损证

证候：面白虚烦，形瘦神疲，头汗淋漓，肢软乏力，智识不聪，神情淡漠、呆滞，甚或生长发育迟缓，如坐、立、行迟，齿迟，囟门不闭，头颅方大，鸡胸，龟背，或见漏斗胸，肋骨外翻，下肢弯曲，舌质淡，苔少，脉细无力，指纹淡。

治法：补肾填髓，佐以健脾。

主方：补天大造丸（《医学心悟》）加减。

常用药：紫河车、人参、黄芪、龟甲、当归、枸杞子、茯苓、白术、山药、白芍、远志、熟地黄、山茱萸、菟丝子、牛膝、杜仲。

加减：汗多者，加碧桃干、煅龙骨、煅牡蛎固涩止汗；纳呆食少者，加砂仁、陈皮、焦山楂醒脾消食助运；智识不聪者，加石菖蒲、郁金、益智仁益智开窍；夜间烦躁者，加茯神、酸枣仁养心安神。

中成药：六味地黄丸（口服液）。

（二）其他疗法

1. 针灸疗法

（1）体针：取印堂、神门、中冲穴，每日 1 次，不留针。用于佝偻病初期夜啼不宁。每次取 3～4 穴，轻刺加灸，隔日 1 次。

（2）耳针：取心、肾、脾、皮质下、脑干，隔日 1 次。也可用王不留行籽贴压于上述耳穴，两侧交替进行，用于佝偻病脾虚肝旺证。

2. 推拿疗法

（1）基本手法：补肾经，补脾经，推上三关，揉二马各 200～300 次。

（2）加减：惊惕、夜啼者加清肝经、清天河水、捣小天心穴；咳嗽有痰者加顺运八卦；大便稀者加揉外劳宫。

3. 西医疗法 西医治疗的目的在于控制活动期症状，防止畸形和复发，应早期发现，采取药物、日光、营养等综合治疗方法与措施。

（1）补充维生素 D：以口服为主，同时给予多种维生素。定期复查治疗效果。维生素 D 大量突击疗法仅适用于重证佝偻病，有并发症或不能口服者，通常同时补充钙剂。

（2）补充钙剂：主张以膳食中的牛奶、配方奶和豆制品补充钙和磷。仅在有低血钙表现、严重佝偻病和营养不足时补充钙剂。

（3）有严重骨骼畸形的后遗症者，需考虑骨科矫形治疗。

五、预防调护

（1）加强孕期保健，孕妇应有适当的户外活动，多晒太阳，增强体质，孕期营养适宜，妊娠后期可适当补充维生素 D。

（2）加强户外活动，增强小儿体质，多晒太阳，要求直接阳光照射，但注意防止受凉。婴儿从 2 个月开始多晒太阳，每日平均 1 小时以上。

（3）积极防治慢性病，定期体格检查，及早发现、治疗。

（4）提倡母乳喂养，及时添加辅食，多食富含维生素 D 及钙、磷丰富的食物。

（5）患儿衣带应宽松，不要久坐、久立，防止发生骨骼变形。不系裤带，穿背带裤，防止肋骨外翻。帮助患儿做俯卧抬头动作，每日 2～3 次，防止鸡胸形成。

第四节 肥 胖 症

肥胖症是由于能量的摄入大于消耗，造成体内脂肪过度积聚而引起的一种营养紊乱性疾病。以机体脂肪含量过多，体重过重为特点。近年来，随着人民生活水平的提高，膳食结构的改变，肥胖症的发病率呈明显上升趋势。肥胖症不仅影响儿童的身心健康、体格发育，还增加成年后患心血管疾病、高脂血症、肝脏疾病、胆石症、糖尿病等危害人类健康疾病的危险。

肥胖症分为单纯性肥胖和继发性肥胖，继发性肥胖患者的体脂分布异常，有的还伴有智能障碍和特殊外表。本节主要讨论单纯性肥胖。

肥胖可发生于任何年龄，以婴儿期、学龄前期与青春期为发病高峰，但出现严重症状者多见于青春期。肥胖会带来性早熟、身高低于正常水平等问题，小儿还会因为肥胖而产生自卑、胆怯、孤独等心理障碍，应当引起重视。本病属中医的“肥人”“肉人”范畴。

一、病因病机

肥胖症发病的原因有饮食不节、久坐少劳、禀赋异常和情志因素，尤以饮食不节、恣食肥甘为主。基本病机为脾胃运化失常，痰湿、脂膏内停。痰湿、脂膏为其主要病理产物。其病位多在脾、胃，其次在肝、肺、肾，属本虚标实之证。

1. 饮食不节 小儿饮食不知自节，过食肥甘，或乳食过度，损伤脾气，致胃强脾弱，消谷善饥，摄食过多，而脾虚则内湿不运，日久躯脂满溢，发为肥胖。

2. 久坐少劳 小儿少劳少动，形神松懈，嗜睡多坐，然“久卧伤气”，则气虚不运，运化失健，血行迟缓；“久坐伤肉”，影响脾胃运化，致中气不足，水湿浊脂不能运化，聚生痰湿，发为肥胖，即“脾虚痰盛”“肥人多痰”。

3. 禀赋异常 小儿禀赋父母肥胖之体，先天不足，脾肾两虚，水湿不运，聚湿生痰，壅滞体内，发为肥胖。

4. 情志因素 随着年龄的增长，周围环境对于青少年身心的影响越来越大，容易情志失调，肝失疏泄，则气机郁滞，木旺乘土，脾之运化不及，气郁化火，发为肥胖。

综上，饮食入胃，经脾胃吸收、转运，上输于肺，经肺之输布、肝之疏泄、肾之蒸腾气化而濡养全身。小儿脾常不足，若饮食不节，嗜食肥甘，损伤脾气，脾不能为胃行其津液，痰湿内生，而发为肥胖；痰湿内蕴化热，导致胃中积热，胃强脾弱，消谷善饥，摄食过量，导致脾虚运化无力更甚。小儿过于安逸，伤及一身之气，或先天禀赋不足，脾肾两虚，或肝之疏泄、肺之输布失调等，都可引起津液及脂膏的生成、输布失常，导致痰湿、脂膏停于体内，外至四肢百骸，内至脏腑，发生肥胖。

二、临床诊断

（一）诊断要点

1. 病史 有食物摄入过多，活动少，喜食甜食及油脂类食品等病史。

2. 临床表现

（1）形体肥胖：体态肥胖，皮下脂肪积聚甚厚，分布均匀。四肢肥胖，以上臂及臀部明显，并在腹部、乳部、肩部有脂肪积聚。

（2）食欲旺盛：小儿常表现出食欲旺盛，喜食甜食和高脂食物，体重增长迅速。

（3）疲乏少动：明显肥胖儿常有疲乏感，行动不便，活动时有心慌、气短、易疲劳、出汗表现，有不爱参加体力活动的行为习惯。不喜与同伴共玩，逐渐形成孤僻、自卑心理，情绪紊乱，甚至精神障碍。

（4）肥胖-换氧不良综合征：严重肥胖者由于脂肪堆积，限制胸廓扩张和膈肌运动，使肺换气量减少，可造成缺氧、气急、紫绀、红细胞减少、心脏增大或出现充血性心力衰竭，甚至死亡的病症，称肥胖-换氧不良综合征。

3. 身高体重标准法 体重大于参照人群（同性别、同身高人群）体重的20%便可诊断为肥胖。体重超过按照身高计算的标准体重的20%～29%为轻度肥胖，超过30%～49%为中度肥胖，超过50%以上为重度肥胖。应注意除外继发性肥胖。世界卫生组织（WHO）推荐认为该法是评价10岁以下儿童肥胖的最好标准。

4. 体质指数法（BMI） 是体重和身高平方的比值（kg/cm^2）。小儿 BMI 随年龄性别而有差异，评价时可查阅图表，若 BMI 值在 P_{85}～P_{95} 为超重，并具有肥胖的风险；超过 P_{95} 为肥胖。目前在国际上 BMI 被推荐为诊断肥胖的最有用指标。

5. 辅助检查 肥胖儿血清三酰甘油、总胆固醇大多增高，严重者血清 β 白蛋白也增高；血清胰岛素水平增高；血生化激素水平偏低。肝脏超声检查常有脂肪肝。

（二）鉴别诊断

1. Prader-Willi 综合征（性幼稚-低肌张力综合征） 为常染色体显性遗传。1～3 岁开始发病，呈周围型肥胖体态，身材矮小，智力低下，手脚小，肌张力低，外生殖器发育不良，到青春期常并发糖尿病。

2. Bardet-Biedl 综合征（巴尔得-别德尔综合征） 为常染色体隐性遗传。1～2 岁即开始肥胖，呈周围型，智能轻度低下，视网膜退行性病变，多指（趾），性功能减低。

3. Alstrom 综合征（肥胖-视网膜变性-糖尿病综合征） 为常染色体隐性遗传。2～5 岁即开始肥胖，呈中央型，视网膜色素变性，失明，神经性耳聋，糖尿病，智商正常。

同时，肥胖症应和伴有肥胖的内分泌疾病相鉴别，如肥胖性生殖无能综合征、肾上腺皮质增生症、甲状腺功能减低症等。

三、辨证要点

本病多属本虚标实，早期以邪实为主；后期以虚证为主。本虚以气虚居多，也可兼有阳虚或阴虚；标实以湿热、痰浊、水湿为主，亦可兼有气滞、血瘀。

1. 辨虚实 肥胖臃肿，口渴喜饮，或大便秘结，舌苔黄腻，脉滑数为实；虚胖，乏力，舌质淡红，苔白腻，脉沉缓为虚。

2. 辨脏腑 病在脾者，见虚胖、困重，疲乏无力，少气懒言，纳差；病在肾者，见腰膝酸软，甚者畏寒肢冷，懒言少动；病在胃者，见消谷善饥。

四、治疗

以健脾助运，消导理气，化痰利湿为主要治则。病初当以清胃泻热为主；脾虚与痰湿并见者，则补虚泻实并重；后期当以补为要，健脾益肾。兼以消食、理气、滋阴、平肝、补气、活血等法。

（一）分证论治

（1）胃热湿阻证

证候：形体肥胖，脘腹胀满，消谷善饥，怠惰懒动，口渴口臭，面红口苦，舌质红，苔腻微黄，脉滑数或弦滑。

治法：清胃泻热，除湿消肿。

主方：泻黄散（《小儿药证直诀》）加减。

常用药：藿香、栀子、佩兰、石膏、升麻、防风、泽泻、厚朴、夏枯草。

加减：便秘者，加决明子、大黄泻热通腑；口渴多饮者，加天花粉、石斛、黄连清热养阴，生津止渴。

中成药：减肥丸。

（2）脾虚痰湿证

证候：形体臃肿，疲倦乏力，头身困重，口淡腹满，或胸闷气促，下肢浮肿，纳差，便溏，尿

少，舌质淡胖，苔薄腻，脉沉滑。

治法：健脾化湿，消壅减肥。

主方：胃苓汤（《丹溪心法》）加减。

常用药：厚朴、苍术、陈皮、甘草、茯苓、猪苓、泽泻、白术、桂枝。

加减：倦怠乏力者，加党参、黄芪健脾益气；腹部胀满者，加大腹皮、枳实行气宽中除满；大便溏薄者，加煨姜、益智仁健脾温中。

中成药：参苓白术散。

（3）脾肾两虚证

证候：肥胖虚浮，疲乏无力，腰膝酸软，甚者畏寒肢冷，懒言少动，舌质淡红，苔白，脉沉缓无力。

治法：补益脾肾，温阳化湿。

主方：苓桂术甘汤（《金匮要略》）合真武汤（《伤寒论》）加减。

常用药：茯苓、桂枝、白术、干姜、附子、炙甘草、厚朴、大腹皮、草果仁、木香、木瓜、熟地黄、当归、肉桂。

加减：汗多者，加浮小麦、煅牡蛎、五味子敛阴固表止汗；乏力气短者，加党参、黄芪健脾益气；头晕目眩者，加泽泻、升麻升阳除湿；腰膝酸软者，加杜仲、女贞子补肾强筋。

中成药：金匮肾气丸。

（二）其他疗法

1. 针灸疗法

（1）主穴取公孙；配穴取支沟、阳陵泉、天枢、大横，用捻转补泻法，15 次为 1 个疗程。

（2）可采用耳穴贴压或埋针。贴压用胶布将王不留行籽或白芥子等贴压在耳穴上。埋针则常规消毒后将揿针刺入耳穴，再用胶布固定。嘱患儿每次进餐前按压 1～3 分钟，以酸麻或疼痛为度。一般选 1～3 穴贴压或埋针，每 5～7 日换穴 1 次，5～8 次为 1 个疗程。常用穴位有内分泌、神门、肺、胃、脾、贲门、口等。虚胖多选肺，有抑制食欲及利尿作用；实胖多选贲门、胃，抑制食欲效果显著。

（3）埋线疗法：常规消毒后将羊肠线埋入穴位，利用羊肠线对穴位进行持续刺激。每 12～15 日进行 1 次，4 次为 1 个疗程。主穴取中脘、天枢、至阳、足三里。胃热湿阻证加胃俞、阴陵泉；脾虚痰湿证加丰隆、膻中、脾俞，大便稀溏者加大肠俞；脾肾两虚证加肾、脾俞。

2. 推拿疗法　推拿肩背，按揉及拿捏腹部，揉臀部，拿捏手足三阳经、三阴经，并顺经推拿四肢。脾虚痰湿者加补脾经，按揉丰隆、足三里；胃热湿阻者加按揉中脘，掐揉四横纹；脾肾两虚者加捏脊，补脾经，补肾经，推上七节骨，推上三关。

3. 西医疗法

（1）饮食疗法：控制饮食，限制高脂肪、高糖饮食的摄入量，蛋白质摄入量不宜过少，必需照顾小儿的基本营养需要及生长发育。不宜使体重骤然减轻，初期抑制体重增速，以后使其体重逐渐下降至超过正常体重 10%左右，可不再限制饮食。食品以蔬菜、水果、米饭、麦食为主，外加适量的蛋白质，如瘦肉、鱼、豆类等。

（2）运动疗法：单纯控制饮食不易减轻体重。适当运动可促进脂肪分解，减少胰岛素分泌，使脂肪合成减少，加强蛋白质合成，促进肌肉发育。但避免剧烈运动使食欲激增。活动量以运动后轻松愉快，不感到疲劳为原则，如晨间跑步、跳绳、爬楼梯、做操等。

五、预防调护

（1）注意合理饮食。妊娠后 3 个月，适当减少脂肪类食物摄入，避免营养过度，以减少肥胖儿的出生；婴幼儿期，强调母乳喂养，按照婴幼儿实际需要量进行适度喂养；学龄前期及学龄期，养成良好的饮食习惯，不得偏食糖类、高脂肪等高热量食物；青春早期及青春期要加强对营养知识的正确教育。

（2）养成科学、正确和良好的生活习惯，适量运动，保持身心健康发育。

（3）定期到儿科保健门诊接受系统的营养监测及指导，尤其是父母肥胖者，更应定期监测小儿体重，以免儿童发生肥胖症。

（4）对于严重肥胖儿并发气促、低氧血症等情况，要给予及时处理。

（5）注重宣传肥胖儿不是健康儿的观点，使家长摒弃“越胖越健康”的陈旧观念。

第五节　奶　　癣

奶癣为哺乳期小儿所生之癣疾，临床以皮肤红斑、粟粒状丘疹、丘疱疹或水疱，疱破后形成点状糜烂、渗液、结痂并伴剧烈瘙痒为特征。本病包括西医婴儿湿疹及一部分婴儿期的异位性皮炎等疾病。本病多在出生后 1～3 个月发病，一般 1～2 岁之后逐渐减轻，大多自愈，少数可迁延不愈。本病可泛发或局限，无明显季节性，易反复发作，患儿常有家族过敏史。

本病中医又称“胎癣”“胎敛疮”“黄肥疮”“浸淫疮”。

一、病因病机

本病发病由内、外因素所致。常因禀赋不足，乳食不当，脾胃受损，湿热内生，或脾虚湿盛，复受风湿热邪侵袭，内外邪气相搏，郁于肌肤所致。其发生与脾、肺、心、肝关系密切。

1. 禀赋不足，胎火内蕴　小儿若先天禀赋不足，加之孕母喜食辛辣香燥之物，湿热内蕴，母体胎火湿热遗于小儿，蕴阻于肌肤发为奶癣。

2. 风湿热邪入侵　小儿肌肤薄嫩，易感外邪。风为百病之长，可夹湿热而入。风湿热邪相互搏结，浸淫肌肤发为奶癣。

3. 乳食不当，调护失宜　小儿脾常不足，若乳食不当，脾胃受损，运化失司，脾虚湿盛，外泛肌肤；或湿聚郁而生热，湿热俱盛，搏结肌肤；或因调护失宜，接触过敏物质、衣物摩擦及肥皂水洗等刺激，均可诱发而为奶癣。

若迁延日久，湿郁化火，耗伤津血，致血虚风燥，肌肤失养，则反复发作，缠绵难愈。

二、临床诊断

（一）诊断要点

1. 病史　患儿有家族过敏史，如湿疹、哮喘、过敏性鼻炎等，患儿多在出生后 1～3 个月发病。

2. 临床表现

（1）分为急性、亚急性、慢性三类。急性者起病急，好发于患儿头面部，严重者可延及躯干和四肢，常对称分布，皮损形态多样。皮疹初为红斑或红色小丘疹，基底水肿，很快变成丘疱疹及小水疱，有明显的黄色渗液或覆以黄白色浆液性痂，厚薄不一，逐渐向四周蔓延。亚急性者红肿、渗液、结痂减轻，皮损以小丘疹为主，部分有白色鳞屑，或残留少许丘疱疹或糜烂面，时间较长的皮损可有轻度浸润。慢性者多见于 1 岁以上婴幼儿，皮肤粗糙肥厚，以干燥、脱屑、苔藓样变为主，常反复发作。

（2）皮损有脂溢性、湿性、干性之分。脂溢性者多见于 1～3 个月的小婴儿，其前额、面颊、眉间皮肤潮红，被覆黄色油腻性鳞屑，头顶部可有黄色发亮的结痂，颈部、腋下、腹股沟常有轻度糜烂，患儿一般在 6 个月后改善饮食时可以自愈。湿性者多见于消化不良、外形肥胖的 3～6 个月婴儿，可见红斑、丘疹、水疱、片状糜烂渗出，黄浆液性结痂，易继发感染。干性者多见于 6 个月～1 岁以上患儿，或在急性、亚急性期以后，皮损潮红、干燥、脱屑，或有丘疹和片状浸润，常反复发作，不易治愈。

（3）多伴有明显瘙痒，但因小儿不会表达，多表现为烦躁啼哭、抓挠等；皮疹泛发而严重的患儿可伴有睡卧不安、烦躁啼哭、食欲减退、低热等全身症状。

3. 辅助检查 血常规检查可有嗜酸粒细胞增多，部分患儿可有血清 IgE 增高。特异性检测、斑贴试验等检测过敏原可寻找致敏物质。

（二）鉴别诊断

1. 淹尻疮（尿布皮炎） 是接触性皮炎的一种特殊类型，仅发生在肛门周围及臀部、大腿等与尿布相接触的部位，多为边界清楚的红斑，或有散在丘疹或疱疹。

2. 黄水疮（脓疱疮） 具有传染性，为暑邪湿热入侵所致，多发于夏季，皮损散发于暴露部位，如颜面、四肢等， 以发生水疱、脓疱，易破溃结脓痂为特征。初期为红斑、水疱，很快变为脓疱，周围红晕，脓疱易于破溃，流出黄水、脓液。

三、辨证要点

1. 辨皮损形态 急性者以丘疱疹为主，炎症明显，易渗出；亚急性者红肿和渗出减轻，糜烂面结痂、脱屑；慢性者以干燥、脱屑、苔藓样变为主。

2. 辨风湿热邪 湿热俱盛者，皮疹以红斑、水疱、糜烂为主，伴便干溲赤，舌红苔黄腻，脉滑数；脾虚湿盛者，皮疹以水疱、糜烂、渗液为主，伴纳差便溏，舌淡苔白腻；瘙痒甚者，因于风邪为患。风湿热邪常相互搏结为病，临证当辨清风湿热孰轻孰重，随证加减。

四、治疗

本病以祛风除湿止痒为基本治则。湿重者，兼以清热除湿；热重者，兼以清热解毒；脾虚者，佐以健脾养血。应内服与外治相配合，外治宜用药温和，避免刺激皮肤而加重病情。

（一）分证论治

（1）湿热俱盛证

证候：发病较快，皮损常见红斑、丘疹、水疱、糜烂，黄水淋漓，浸淫成片，或有结痂，瘙痒难忍，伴烦躁不安或啼哭不宁，食欲不振，小便短赤，大便干结，舌红，苔黄腻，脉滑数，指纹青紫。

治法：清热利湿，祛风止痒。

主方：消风导赤汤（《医宗金鉴》）加减。

常用药：金银花、薄荷、牛蒡子、生地、黄连、茯苓、白鲜皮、通草、灯心草、甘草。

加减：瘙痒甚者，加蝉蜕、地肤子、徐长卿、紫荆皮祛风止痒；发于头面及上肢者，加桑叶、菊花、苍耳子疏风清热；发于下半身者，加车前子利水渗湿；皮损焮红灼热者，加玄参、赤芍、牡丹皮清热凉血。

中成药：消风止痒颗粒、防风通圣丸、二妙丸。

（2）脾虚湿盛证

证候：发病较缓，皮疹暗红不鲜，有水疱、渗液，部分干燥结痂，瘙痒，伴有纳差，腹胀便溏，或吐乳，舌淡苔白腻，脉濡缓，指纹淡红。

治法：健脾除湿止痒。

主方：除湿胃苓汤（《医宗金鉴》）加减。

常用药：苍术、厚朴、陈皮、猪苓、泽泻、茯苓、白术、滑石、防风、肉桂、甘草。

加减：瘙痒甚者，加地肤子、白鲜皮、刺蒺藜清热祛风止痒；渗液多者，加土茯苓、鱼腥草、黄柏清热除湿；纳差便溏或吐乳者，加藿香、佩兰、砂仁芳香化湿和中。

中成药：参苓白术散、王氏保赤丸、启脾丸。

（3）血虚风燥证

证候：病程久，皮损反复发作，皮肤粗糙肥厚，皮疹干燥、脱屑，色素沉着，苔藓样改变，分布局限，瘙痒难忍，伴口干，夜寐不安，大便干结，舌淡苔薄白或苔少，脉弦细，指纹淡。

治法：养血润燥，祛风止痒。

主方：养血定风汤（《外科证治全书》）加减。

常用药：地黄、当归、何首乌、川芎、赤芍、牡丹皮、天冬、麦冬、僵蚕。

加减：皮损粗糙肥厚严重者，加丹参、鸡血藤、益母草养血活血；口渴便干者，加天花粉、玄参滋阴润燥；夜寐不安者，加首乌藤、酸枣仁养心安神。

中成药：润燥止痒胶囊、荆防颗粒。

（二）其他疗法

1. 药物外治

（1）急性期仅有潮红、丘疹，无水疱、糜烂、渗出时，可选用清热止痒之剂，如用三黄洗剂或炉甘石洗剂外搽；若红肿、渗液明显时，宜选用清热解毒收敛之品，如采用10%黄柏溶液，或黄柏、地榆、马齿苋、野菊花、黄芩、苦参水煎冷湿敷；若少量糜烂渗出时，可用青黛散麻油调敷；皮损粗糙肥厚、苔藓样变，用黑豆馏油膏或5%～10%硫黄软膏外搽。

（2）三黄洗剂：适用于仅有潮红、丘疹，或少许水疱，并无渗液者。外敷患处，每日3次。

（3）冰黄肤乐软膏：用于湿热蕴结或血热风燥引起者。功效清热燥湿，活血祛风，止痒消炎。外用，取适量涂搽患处，每日3次。

（4）皮肤康洗液：用于急性湿疹，瘙痒、红斑、丘疹、水泡、渗出、糜烂。取适量，外搽皮损处，有糜烂面者可稀释5倍后湿敷，每日2次。

2. 敷脐疗法 取中药消风导赤散（地黄、赤茯苓、牛蒡子、白鲜皮、金银花、薄荷、木通、黄连、荆芥、肉桂、甘草），将其粉碎混合成药末，每次取适量填脐，外用纱布、绷带固定，隔日换药，7日为1个疗程。

3. 西医疗法

（1）一般治疗：寻找致病原因并祛除；应尽量避免再次接触已知变应原。

（2）局部治疗：急性期，用3%硼酸水冷湿敷；亚急性期，外用含有糖皮质激素的霜剂，如丁酸-氢化可的松、1%糠酸莫米松、丙酸倍氯美松等；慢性期，外用糠馏油、焦馏油或含有激素的软膏。局部合并细菌感染时，外用莫匹罗星软膏、雷糊等。

（3）全身治疗：以止痒、脱敏为主，视病情轻重，给予内服抗组胺药、维生素C、钙剂等。对于少数严重且皮损泛发的患儿可短期应用糖皮质激素，有并发感染者则加用抗生素类药物。

五、预防调护

（1）避免接触可能诱发湿疹的各种因素，如皮毛、花粉、油漆、化纤衣物等。

（2）乳母不宜过食辛辣香燥、鱼虾、鸡肉、鸭肉、牛肉、羊肉等发物；患儿忌食虾、蟹、鱼、牛、羊肉等厚味之品。

（3）避免不良刺激，患处忌用热水擦洗或使用肥皂及碱性刺激物；痂皮厚者不宜硬性剥除痂皮，应用消毒麻油湿润，再轻轻揩去痂皮。

（4）保持皮肤清洁，避免搔抓，防止继发感染。修剪患儿指甲，可用纱布或袜子套住患儿两手，防止患儿搔抓和摩擦。

（5）避免强烈日光照射，衣着不宜过厚，头部可戴柔软布帽，以减轻后枕部的摩擦。

（6）急性发作期间暂缓预防接种，避免接触患单纯疱疹的患者。

（7）干性湿疹注意皮肤保湿，洗澡后涂润肤霜。

方剂索引

二画

二陈汤（《太平惠民和剂局方》）：半夏、橘红、茯苓、炙甘草、乌梅、生姜。

七味白术散（《小儿药证直诀》）：藿香、木香、葛根、人参、白术、茯苓、甘草。

八正散（《太平惠民和剂局方》）：车前子、瞿麦、萹蓄、滑石、栀子、甘草、木通、大黄。

八珍汤（《正体类要》）：当归、川芎、熟地黄、白芍、人参、白术、茯苓、甘草。

人参乌梅汤（《温病条辨》）：人参、乌梅、木瓜、山药、莲子肉、炙甘草。

人参五味子汤（《幼幼集成》）：人参、白术、茯苓、五味子、麦冬、炙甘草。

三画

三拗汤（《太平惠民和剂局方》）：麻黄、杏仁、甘草。

三子养亲汤（《韩氏医通》）：苏子、白芥子、莱菔子。

三妙丸（《医学正传》）：黄柏、苍术、川牛膝。

大补阴丸（《丹溪心法》）：黄柏、知母、熟地黄、龟甲、猪脊髓。

大定风珠（《温病条辨》）：白芍、阿胶、龟甲、地黄、麻仁、五味子、牡蛎、麦冬、炙甘草、鳖甲、鸡子黄。

小儿至宝丸：紫苏叶、广藿香、薄荷、羌活、陈皮、白附子（制）、胆南星、芥子（炒）、川贝母、槟榔、山楂（炒）、茯苓、六神曲（炒）、麦芽（炒）、琥珀、冰片、天麻、钩藤、僵蚕（炒）、蝉蜕、全蝎、人工牛黄、雄黄、滑石、朱砂。

小儿智力糖浆：龟甲、龙骨、远志、石菖蒲、雄鸡

大青龙汤（《伤寒论》）：麻黄、桂枝、甘草、杏仁、生姜、大枣、石膏。

大承气汤（《伤寒论》）：大黄、厚朴、枳实、芒硝。

小承气汤（《伤寒论》）：大黄、厚朴、枳实。

小青龙汤（《伤寒论》）：麻黄、桂枝、芍药、细辛、半夏、干姜、五味子、甘草。

己椒苈黄丸（《金匮要略》）：防己、椒目、葶苈子、大黄。

四画

五虎汤（《证治汇补》）：麻黄、杏仁、石膏、甘草、桑白皮、细茶。

五苓散（《伤寒论》）：桂枝、茯苓、泽泻、猪苓、白术。

不换金正气散（《太平惠民和剂局方》）：苍术、厚朴、陈皮、甘草、藿香、半夏。

牛黄清心丸（《痘疹世医心法》）：牛黄、黄芩、黄连、栀子、郁金、朱砂。

牛蒡甘桔汤（《外科正宗》）：牛蒡子、桔梗、陈皮、天花粉、黄连、川芎、赤芍、甘草、苏木。

丹栀逍遥散（《内科摘要》）：柴胡、当归、白芍、白术、茯苓、甘草、薄荷、生姜、牡丹皮、栀子。

匀气散（《医宗金鉴》）：陈皮、桔梗、炮姜、砂仁、木香、炙甘草、大枣。

乌药散（《小儿药证直诀》）：乌药、白芍、香附、高良姜。

六君子汤（《世医得效方》）：人参、白术、茯苓、甘草、陈皮、半夏。

六味地黄丸（《小儿药证直诀》）：熟地黄、山茱萸、山药、茯苓、泽泻、牡丹皮。

六磨汤（《证治准绳》）：木香、沉香、槟榔、枳实、乌药、大黄。

五画

玉屏风散（《医方类聚》）：防风、黄芪、白术。

甘麦大枣汤（《金匮要略》）：甘草、小麦、大枣。

甘露消毒丹（《医效秘传》）：滑石、黄芩、茵陈、藿香、连翘、石菖蒲、白豆蔻、薄荷、木通、射干、川贝母。

石斛夜光丸（《原机启微》）：天冬、人参、茯苓、麦冬、熟地黄、生地黄、菟丝子 菊花、草决明、杏仁、干山药、枸杞子、牛膝、五味子、白蒺藜、石斛、肉苁蓉、川芎、炙甘草、枳壳、青葙子、防风、川黄连、水牛角、羚羊角。

左归丸（《景岳全书》）：熟地黄、山药、山茱萸、枸杞子、菟丝子、鹿角胶、龟板胶、牛膝。

右归丸（《景岳全书》）：熟地黄、山药、山茱萸、枸杞子、鹿角胶、菟丝子、杜仲、当归、肉桂、制附子。

龙骨散（验方）：龙骨、枯矾。

龙胆泻肝汤（《太平惠民和剂局方》）：龙胆草、黄芩、栀子、泽泻、木通、车前子、当归、生地黄、柴胡、甘草。

归脾汤（《正体类要》）：白术、当归、茯神、黄芪、龙眼肉、远志、酸枣仁、木香、甘草、人参。

四神丸（《内科摘要》）：补骨脂、肉豆蔻、吴茱萸、五味子、生姜、大枣。

四妙丸（《成方便读》）：黄柏、苍术、牛膝、薏苡仁。

生脉散（《内外伤辨惑论》）：麦冬、五味子、人参。

失笑散（《太平惠民和剂局方》）：五灵脂、蒲黄。

白虎汤（《伤寒论》）：石膏、知母、粳米、甘草。

白头翁汤（《伤寒论》）：白头翁、秦皮、黄芩、黄柏。

瓜蒌薤白半夏汤（《金匮要略》）：瓜蒌、薤白、半夏、白酒。

六画

至宝丹（《苏沈良方》）：犀角（用水牛角代）、朱砂、雄黄、玳瑁、琥珀、麝香、冰片、牛黄、安息香、金箔、银箔。

竹叶石膏汤（《伤寒论》）：竹叶、石膏、半夏、麦门冬、人参、甘草、粳米。

安宫牛黄丸（《温病条辨》）：牛黄、郁金、犀角（用水牛角代）、黄连、栀子、朱砂、雄黄、冰片、麝香、珍珠、黄芩。

异功散（《小儿药证直诀》）：人参、白术、茯苓、陈皮、甘草。

导赤散（《小儿药证直诀》）：生地黄、竹叶、木通、甘草。

防己黄芪汤（《金匮要略》）：防己、甘草、白术、黄芪、生姜、大枣。

麦味地黄丸（《寿世保元》）：生地黄、山茱萸、山药、茯苓、牡丹皮、泽泻、五味子、麦冬。

芍药甘草汤（《伤寒论》）：芍药、甘草。

达原饮（《温疫论》）：槟榔、厚朴、知母、芍药、黄芩、草果、甘草。

七画

远志丸（《严氏济生方》）：远志、石菖蒲、茯神、茯苓、龙齿、人参、朱砂。

苏合香丸（《外台秘要》）：白术、青木香、水牛角、香附子、朱砂、诃黎勒、白檀香、安息香、沉香、麝香、丁香、荜茇、龙脑、苏合香油、薰陆香。

杞菊地黄丸（《医级》）：生地黄、山茱萸、茯苓、山药、牡丹皮、泽泻、枸杞子、菊花。

牡蛎散（《太平惠民和剂局方》）：煅牡蛎、黄芪、麻黄根、浮小麦。

沙参麦冬汤（《温病条辨》）：沙参、麦冬、玉竹、桑叶、甘草、天花粉、白扁豆。

补中益气汤（《脾胃论》）：黄芪、人参、白术、甘草、当归、陈皮、升麻、柴胡、生姜、大枣。

附子泻心汤（《伤寒论》）：附子、大黄、黄芩、黄连。

附子理中汤（《三因极一病证方论》）：附子、人参、干姜、甘草、白术。

杏苏散（《温病条辨》）：苏叶、杏仁、前胡、半夏、茯苓、陈皮、桔梗、枳壳、生姜、大枣、甘草。

良附丸（《良方集腋》）：高良姜、香附。

苍耳子散（《医方集解》）：苍耳子、辛夷、白芷、薄荷。

补天大造丸（《医学心悟》）：人参、白术、当归、黄芪、酸枣仁、远志、芍药、山药、茯苓、枸杞子、熟地黄、紫河车、龟板、鹿角。

八画

固真汤（《证治准绳》）：人参、白术、茯苓、炙甘草、黄芪、附子、肉桂、山药。

知柏地黄丸（《医宗金鉴》）：干地黄、牡丹皮、山茱萸、山药、泽泻、茯苓、知母、黄柏。

金匮肾气丸（《金匮要略》）：干地黄、山药、山茱萸、泽泻、茯苓、炮附子、桂枝。

肥儿丸（《医宗金鉴》）：麦芽、胡黄连、人参、白术、茯苓、黄连、使君子、神曲、炒山楂、炙甘草、芦荟。

炙甘草汤（《伤寒论》）：炙甘草、大枣、阿胶、生姜、人参、生地黄、桂枝、麦冬、麻仁。

定喘汤（《摄生众妙方》）：白果、麻黄、苏子、甘草、款冬花、杏仁、桑白皮、黄芩、法半夏。

定痫丸（《医学心悟》）：天麻、川贝母、胆南星、半夏、陈皮、茯苓、茯神、丹参、麦冬、石菖蒲、远志、全蝎、僵蚕、琥珀、辰砂、竹沥、姜汁、甘草。

实脾饮（《重订严氏济生方》）：白术、茯苓、大腹皮、木瓜、厚朴、木香、草果仁、附子、干姜、甘草、生姜、大枣。

河车八味丸（《幼幼集成》）：紫河车、地黄、牡丹皮、大枣、茯苓、泽泻、山药、麦冬、五味子、肉桂、熟附片、鹿茸。

泻白散（《小儿药证真诀》）：桑白皮、地骨皮、甘草、粳米。

泻黄散（《小儿药证直诀》）：藿香叶、栀子、石膏、甘草、防风。

泻心导赤散（《医宗金鉴》）：生地、木通、黄连、甘草梢。

参附汤（《正体类要》）：人参、附子。

参苓白术散（《太平惠民和剂局方》）：人参、茯苓、白术、桔梗、山药、甘草、白扁豆、莲子肉、砂仁、薏苡仁。

苓桂术甘汤（《金匮要略》）：茯苓、桂枝、白术、甘草。

参附龙牡救逆汤（验方）：人参、附子、龙骨、牡蛎、白芍、炙甘草。

九画

香苏散（《太平惠民和剂局方》）：香附、紫苏叶、陈皮、甘草。

荆防败毒散（《摄生众妙方》）：荆芥、防风、羌活、独活、柴胡、川芎、枳壳、茯苓、甘草、桔梗、前胡、人参、生姜、薄荷。

枳实导滞丸（《内外伤辨惑论》）：大黄、枳实、黄芩、黄连、神曲、白术、茯苓、泽泻。

保和丸（《丹溪心法》）：山楂、神曲、半夏、茯苓、陈皮、连翘、莱菔子。

宣毒发表汤（《痘疹活幼至宝》）：升麻、葛根、枳壳、防风、荆芥、薄荷、木通、连翘、牛蒡子、竹叶、甘草、前胡、桔梗、杏仁。

养阴清肺汤（《重楼玉钥》）：生地黄、麦冬、玄参、贝母、牡丹皮、白芍、薄荷、甘草。

胃苓汤（《丹溪心法》）：苍术、茯苓、陈皮、白术、肉桂、泽泻、猪苓、茯苓、厚朴、生姜、大枣、甘草。

除湿胃苓汤（《医宗金鉴》）：苍术、厚朴、陈皮、猪苓、泽泻、赤茯苓、白术、滑石、防风、栀子、木通、肉桂、甘草。

养血定风汤（《外科证治全书》）：生地、当归、赤芍、川芎、天冬、麦冬、僵蚕、鲜首乌。

十画

都气丸（《医宗己任编》）：熟地黄、山药、山茱萸、茯苓、泽泻、牡丹皮、五味子。

桂枝汤（《伤寒论》）：桂枝、芍药、生姜、甘草、大枣。

桂枝加龙骨牡蛎汤（《金匮要略》）：桂枝、芍药、生姜、甘草、大枣、龙骨、牡蛎。

桂枝甘草龙骨牡蛎汤（《伤寒论》）：桂枝、甘草、龙骨、牡蛎。

真武汤（《伤寒论》）：茯苓、芍药、白术、生姜、附子。

透疹凉解汤（经验方）：桑叶、菊花、薄荷、连翘、牛蒡子、赤芍、蝉蜕、紫花地丁、黄连、藏红花。

健脾丸（《证治准绳》）：人参、白术、陈皮、麦芽、山楂、枳实、神曲。

射干麻黄汤（《金匮要略》）：射干、麻黄、细辛、五味子、紫菀、款冬花、半夏、大枣、生姜。

益胃汤（《温病条辨》）：沙参、麦冬、生地黄、玉竹、冰糖。

益脾镇惊散（《医宗金鉴》）：人参、白术、茯苓、朱砂、钩藤、白扁豆、炙甘草、灯心草。

资生健脾丸（《先醒斋医学广笔记》）：人参、白术、茯苓、扁豆、陈皮、山药、甘草、莲子肉、薏苡仁、砂仁、桔梗、藿香、橘红、黄连、泽泻、芡实、山楂、麦芽、白豆蔻。

凉膈散（《太平惠民和剂局方》）：大黄、芒硝、甘草、栀子、黄芩、薄荷、连翘、竹叶、白蜜。

凉营清气汤（《喉痧症治概要》）：水牛角、鲜石斛、栀子、牡丹皮、生地、薄荷、川连、赤芍、玄参、石膏、甘草、连翘、竹叶、茅根、芦根、金汁。

消乳丸（《婴童百问》）：香附、神曲、麦芽、陈皮、砂仁、炙甘草。

消风导赤汤（《医宗金鉴》）：生地、赤茯苓、牛蒡子、白鲜皮、金银花、薄荷、木通、黄连、生甘草、灯心草。

涤痰汤（《严氏济生方》）：半夏、陈皮、甘草、竹茹、枳实、生姜、胆南星、人参、石菖蒲。

调元散（《活幼心书》）：人参、茯苓、茯神、白术、白芍、熟地黄、当归、黄芪、川芎、甘草、石菖蒲、山药。

通窍活血汤（《医林改错》）：赤芍、川芎、桃仁、红花、大枣、生姜、麝香、大葱。

桑菊饮（《温病条辨》）：杏仁、连翘、薄荷、桑叶、菊花、苦桔梗、甘草、芦根。

桑螵蛸散（《本草衍义》）：桑螵蛸、远志、石菖蒲、人参、茯神、当归、龙骨、龟板。

柴胡葛根汤（《外科正宗》）：柴胡、葛根、升麻、天花粉、黄芩、桔梗、连翘、牛蒡子、石膏、甘草。

柴胡疏肝散（《景岳全书》）：柴胡、芍药、枳壳、陈皮、香附、陈皮、川芎、炙甘草。

十一画

黄连温胆汤（《六因条辨》）：半夏、陈皮、竹茹、枳实、茯苓、炙甘草、大枣、黄连。

黄连解毒汤（《肘后备急方》）：黄连、黄柏、黄芩、栀子。

黄芪汤（《太平惠民和剂局方》）：黄芪、陈皮 火麻仁、白蜜。

黄芪建中汤（《金匮要略》）：黄芪、桂枝、芍药、炙甘草、饴糖、生姜、大枣。

黄芪桂枝五物汤（《金匮要略》）：黄芪、桂枝、芍药、当归、炙甘草、大枣。

菟丝子散（《太平圣惠方》）：菟丝子、鸡内金、肉苁蓉、牡蛎、附子、五味子。

银翘散（《温病条辨》）：银花、连翘、竹叶、荆芥、牛蒡子、薄荷、淡豆豉、甘草、桔梗、芦根。

银翘马勃散（《温病条辨》）：金银花、连翘、牛蒡子、射干、马勃。

麻黄汤（《伤寒论》）：麻黄、杏仁、石膏、甘草。

麻黄连翘赤小豆汤（《伤寒论》）：麻黄、连翘、赤小豆、杏仁、生梓白皮、生姜、大枣、炙甘草。

羚角钩藤汤（《重订通俗伤寒论》）：羚羊角、霜桑叶、川贝母、生地、钩藤、菊花、茯神、白芍、甘草。

清中汤（《医学统旨》）：黄连、栀子、半夏、茯苓、陈皮、草豆蔻、甘草。

清热凉血汤（经验方）：牛角、石膏、板蓝根、金银花、连翘、贯众、柴胡、黄芩、牡丹皮。

清肝达郁汤（《重订通俗伤寒论》）：焦栀子、白芍、当归、柴胡、牡丹皮、炙甘草、陈皮、薄荷、菊花、橘叶。

清肝化痰丸（《医门补要》）：生地黄、牡丹皮、海藻、贝母、柴胡、昆布、海带、夏枯草、僵蚕、当归、连翘、栀子。

清金化痰汤（《东病广要》引《统旨方》）：黄芩、栀子、桑白皮、知母、瓜蒌仁、贝母、麦冬、桔梗、甘草、橘红、茯苓。

清胃解毒汤（《痘疹传心录》）：当归、黄连、生地黄、天花粉、连翘、升麻、牡丹皮、赤芍。

清咽下痰汤（经验方）：玄参、桔梗、甘草、牛蒡子、贝母、瓜蒌、射干、荆芥、马兜铃。

清热泻脾散（《医宗金鉴》）：栀子、石膏、黄连、生地黄、黄芩、茯苓、灯心草。

清解透表汤（经验方）：西河柳、蝉蜕、葛根、升麻、紫草根、桑叶、菊花、甘草、牛蒡子、金银花、连翘。

清瘟败毒饮（《疫疹一得》）：生石膏、生地黄、犀角（用水牛角代）、黄连、栀子、桔梗、黄芩、知母、赤芍、玄参、连翘、甘草、牡丹皮、鲜竹叶。

麻子仁丸（《伤寒论》）：麻子仁、芍药、杏仁、枳实、厚朴、大黄。

润肠丸（《沈氏尊生书》）：当归、生地、火麻仁、枳壳。

菖蒲丸（《普济方》）：人参、石菖蒲、麦冬、远志、川芎、当归、乳香、朱砂。

十二画

温胆汤（《三因极一病证方论》）：半夏、竹茹、枳实、陈皮、炙甘草、茯苓、人参。

紫雪丹（《外台秘要》）：石膏、寒水石、滑石、磁石、玄参、木香、沉香、升麻、甘草、丁香、芒硝、水牛角浓缩粉、羚羊角、麝香、朱砂。

琥珀抱龙丸（《活幼心书》）：琥珀、天竺黄、檀香、人参、茯苓、甘草、枳壳、枳实、朱砂、山药、南星、金箔。

葛根黄芩黄连汤（《伤寒论》）：葛根、黄芩、黄连、甘草。

葶苈大枣泻肺汤（《金匮要略》）：葶苈子、大枣。

普济消毒饮（《景岳全书》）：黄芩、黄连、橘红、玄参、生甘草、连翘、牛蒡子、板蓝根、马勃、白僵蚕、升麻、柴胡、桔梗。

犀角地黄汤（《备急千金要方》）：犀角（用水牛角代）、生地黄、牡丹皮、芍药。

缓肝理脾汤（《医宗金鉴》）：桂枝、人参、茯苓、白术、白芍、陈皮、山药、扁豆、炙甘草、煨姜、大枣。

十三画

解肌透痧汤（《喉痧症治概要》）：荆芥、牛蒡子、蝉蜕、浮萍、僵蚕、射干、淡豆豉、马勃、葛根、甘草、桔梗、前胡、连翘、竹茹。

新加香薷饮（《温病条辨》）：香薷、金银花、鲜扁豆花、厚朴、连翘。

十四画

缩泉丸（《魏氏家藏方》）：益智仁、乌药、山药、川椒。

十五画以上

藿香正气散（《太平惠民和剂局方》）：藿香、紫苏、白芷、桔梗、白术、厚朴、半夏曲、大腹皮、茯苓、陈皮、甘草。

镇肝熄风汤（《医学衷中参西录》）：怀牛膝、生赭石、生龙骨、生牡蛎、玄参、生龟板、生杭芍、天冬、川楝子、生麦芽、茵陈、甘草。

镇惊丸（《医宗金鉴》）：茯神、麦冬、朱砂、麦冬、远志、石菖蒲、酸枣仁、牛黄、黄连、珍珠、胆南星、钩藤、天竺黄、犀角、甘草。

黛蛤散（《中药药典》）：青黛、海蛤壳。

中成药索引

小儿抗痫胶囊：天麻、太子参、茯苓、水半夏、橘红、九节虫、石菖蒲、青果、琥珀、沉香、六神曲、麸炒枳壳、川芎、羌活。

小儿紫草丸：紫草、西河柳、升麻、羌活、菊花、金银花、紫花地丁、青黛、雄黄、制乳香、没药、牛黄、玄参、朱砂、琥珀、石决明、梅片、浙贝母、核桃仁、甘草。

小儿生血糖浆：大枣、山药、熟地黄、硫酸亚铁。

小儿宝泰康颗粒：连翘、浙贝母、蒲公英、桑叶、生地黄、竹叶、柴胡、玄参、马兰草、桔梗、莱菔子、紫草、甘草。

小儿宣肺止咳颗粒：麻黄、竹叶、防风、黄芩、桔梗、白芥子、苦杏仁、南葶苈子、马兰草、黄芪、山药、山楂、甘草。

小儿柴桂退热颗粒：柴胡、桂枝、葛根、浮萍、黄芩、白芍、蝉蜕。

小儿热速清颗粒：柴胡、黄芩、板蓝根、葛根、水牛角、连翘、大黄。

小儿解表口服液：金银花、连翘、黄芩、荆芥、防风、牛蒡子、葛根、苏叶、蒲公英。

小儿感冒退热糖浆：板蓝根、大青叶、连翘、桑枝、荆芥、防风、紫苏叶。

小儿肺热咳喘口服液（颗粒）：麻黄、苦杏仁、石膏、甘草、金银花、连翘、知母、黄芩、板蓝根、麦冬、鱼腥草。

小儿风热清口服液：金银花、连翘、板蓝根、薄荷、柴胡、淡竹叶、牛蒡子、桔梗、黄芩、栀子、芦根、石膏。

小儿清热利肺口服液：金银花、连翘、麻黄、石膏、苦杏仁、牛蒡子、射干、瓜蒌皮、浮海石、葶苈子、车前子。

小儿热咳口服液：蜜炙麻黄、生石膏、苦杏仁、连翘、大黄、瓜蒌、桑白皮、败酱草、红花、甘草。

小儿麻甘颗粒：麻黄、苦杏仁、石膏、甘草、黄芩、紫苏子、桑白皮、地骨皮。

小儿导赤丸：生地、木通、竹叶、甘草。

小儿腹泻宁泡腾颗粒：党参、白术、茯苓、葛根、木香、广藿香、甘草。

小儿止泻贴：胡椒、大黄、黄芩、生地黄、肉桂、马钱子、羌活、玄参、麻黄、牡丹皮、黄柏、赤芍、当归、乌药、荆芥、独活、白芷、防风、骨碎补、丁香。

小儿泻速停颗粒：地锦草、儿茶、乌梅、山楂、茯苓、白芍、甘草。

小儿夜啼颗粒：小槐花、布渣叶、山楂叶、连翘、金银花、菊花、淡竹叶、灯心草、蝉蜕、钩藤、甘草。

小儿解表颗粒：金银花、连翘、牛蒡子、蒲公英、黄芩、防风、紫苏叶、荆芥穗、葛根、牛黄。

小儿咳喘灵泡腾片（颗粒剂）：麻黄、金银花、苦杏仁、板蓝根、石膏、甘草、瓜蒌。

小儿清热止咳口服液：麻黄、苦杏仁、石膏、甘草、黄芩、板蓝根、北豆根。

小儿咽扁颗粒：金银花、射干、金果榄、桔梗、玄参、麦冬、人工牛黄、冰片。

小儿豉翘清热颗粒：连翘、淡豆豉、薄荷、荆芥、栀子（炒）、大黄、青蒿、赤芍、槟榔、厚朴、黄芩、半夏、柴胡、甘草。

小儿感冒宁糖浆：薄荷、荆芥、苦杏仁、牛蒡子、黄芩、桔梗、前胡、白芷、炒栀子、焦山楂、六神曲、焦麦芽、芦根。

小儿双清颗粒：人工牛黄、羚羊角、水牛角浓缩粉、厚朴、板蓝根、连翘、拳参、石膏、莱菔子、荆芥穗、薄荷脑、冰片。

小儿热速清颗粒：柴胡、黄芩、板蓝根、葛根、金银花、水牛角、连翘、大黄。

小儿牛黄清心散：天麻、胆南星、黄连、赤芍、大黄、全蝎、水牛角浓缩粉、僵蚕（麸炒）、琥珀、雄黄、冰片、朱砂、金礞石（煅）等。

小青龙口服液：麻黄、桂枝、芍药、甘草、干姜、细辛、半夏、五味子。

四画

开喉剑喷雾剂：八爪金龙、山豆根、蝉蜕、薄荷。

止咳丸：川贝母、罂粟壳、防风、桔梗、葶苈子、紫苏子、法半夏、麻黄、白前、前胡、紫苏叶、厚朴、白果、桑叶、黄芩、硼砂、南沙参、薄荷、陈皮、枳壳、茯苓、甘草。

木香槟榔丸：木香、槟榔、枳壳、陈皮、青皮、香附、三棱、莪术、黄连、黄柏、大黄、牵牛子、芒硝。

五子衍宗丸：枸杞子、菟丝子、覆盆子、五味子、车前子。

五福化毒丸：连翘、水牛角、黄连、玄参、生地、赤芍、青黛、桔梗、炒牛蒡子、芒硝。

午时茶颗粒：苍术、柴胡、羌活、防风、白芷、川芎、藿香、前胡、连翘、陈皮、山楂、枳实、炒麦芽、甘草、炒六神曲、桔梗、紫苏叶、厚朴、红茶。

牛黄清心丸：牛黄、当归、川芎、甘草、山药、黄芩、苦杏仁、大豆黄卷、大枣、白术、茯苓、桔梗、防风、柴胡、阿胶、干姜、白芍、人参、六神曲、肉桂、麦冬、白蔹、蒲黄、麝香、冰片、水牛角粉、羚羊角、朱砂、雄黄。

牛黄解毒片：牛黄、雄黄、石膏、大黄、黄芩、桔梗、冰片、甘草。

牛黄镇惊丸：牛黄、全蝎、僵蚕、珍珠、麝香、朱砂、雄黄、天麻、钩藤、防风、琥珀、胆南星、白附子、半夏、天竺黄、冰片、薄荷、甘草。

丹栀逍遥丸：柴胡、当归、白芍、茯苓、白术、甘草、薄荷、牡丹皮、栀子。

乌鸡白凤丸：乌鸡、鹿角胶、鳖甲、牡蛎、桑螵蛸、人参、黄芪、当归、白芍、香附、天冬、甘草、生地黄、熟地黄、川芎、银柴胡、丹参、山药、芡实、鹿角霜。

六神丸：人工牛黄、蟾酥、珍珠、冰片、麝香、雄黄粉、百草霜。

六味地黄丸：熟地黄、山茱萸、牡丹皮、山药、茯苓、泽泻。

孔圣枕中丸：龟甲、龙骨、远志、石菖蒲。

双黄连口服液：黄芩、金银花、连翘。

双料喉风散：珍珠、人工牛黄、冰片、黄连、山豆根、甘草、青黛、人中白、寒水石。

气滞胃痛颗粒：柴胡、延胡索、枳壳、香附、白芍、炙甘草。

无比山药丸：山药、熟地黄、杜仲、肉苁蓉、山茱萸、茯苓、菟丝子、巴戟天、泽泻、牛膝、五味子、赤石脂。

王氏保赤丸：黄连、大黄等。

五画

白金丸：郁金、明矾、薄荷。

玉枢丹（紫金锭）：麝香、雄黄、山慈菇、千金子霜、红大戟、朱砂、五倍子。

玉屏风颗粒（口服液）：黄芪、白术、防风。

龙胆泻肝丸（片）：龙胆草、柴胡、黄芩、栀子、泽泻、木通、车前子、当归、生地黄、甘草。

龙牡壮骨颗粒：党参、茯苓、白术、龙骨、牡蛎、龟板、黄芪、山药、五味子、麦冬。

当归龙荟丸：当归、龙胆、芦荟、青黛、栀子、黄连、黄芩、黄柏、大黄、木香、人工麝香。

归脾丸：党参、白术、黄芪、甘草、茯苓、远志、酸枣仁、龙眼肉、当归、木香、大枣。

归芪口服液：黄芪、当归。

玄麦甘桔颗粒：玄参、麦冬、甘草、桔梗。

生脉注射液：红参、麦冬。

生脉饮口服液：人参、麦冬、五味子。

生血丸：鹿茸、黄柏、山药、白术、桑枝、白扁豆、稻芽、紫河车。

半夏露：生半夏、枇杷叶、远志、紫菀、麻黄、甘草、桔梗。

四磨汤口服液：木香、槟榔、枳壳、乌药。

四妙丸：苍术、牛膝、黄柏、薏苡仁。

石斛夜光丸：石斛、人参、山药、茯苓、甘草、肉苁蓉、枸杞子、菟丝子、地黄、熟地黄、五味子、天冬、麦冬、苦杏仁、防风、川芎、枳壳、黄连、牛膝、菊花、蒺藜、青葙子、决明子。

六画

西瓜霜润喉片：西瓜霜、冰片、薄荷素油、薄荷脑。

正柴胡饮颗粒：柴胡、陈皮、天冬、防风、赤芍、生姜、甘草。

百令胶囊：发酵虫草菌粉。

如意金黄散（金黄散）：姜黄、大黄、黄柏、苍术、厚朴、陈皮、甘草、胆南星、白芷、天花粉。

当归龙荟片：当归、龙胆草、芦荟、青黛、栀子、黄连、黄芩、黄柏、大黄、木香、麝香。

血府逐瘀丸：柴胡、赤芍、川芎、当归、生地黄、甘草、红花、桔梗、牛膝、桃仁、枳壳。

防风通圣丸：防风、荆芥穗、薄荷、麻黄、大黄、芒硝、栀子、滑石、桔梗、石膏、川芎、当归、黄芩、连翘、甘草、白芍、白术（炒）。

冰硼散：冰片、硼砂、朱砂、玄明粉。

安宫牛黄丸（散）：牛黄、水牛角浓缩粉、麝香、珍珠、朱砂、雄黄、黄连、黄芩、栀子、郁金、冰片。

导赤丸：连翘、黄连、栀子、木通、玄参、天花粉、赤芍、大黄、黄芩、滑石。

回春散：麝香、牛黄、天麻、全蝎、僵蚕、川贝母、半夏、钩藤、胆南星、木香、豆蔻、檀香等。

羊痫疯丸：白矾、郁金、金礞石、全蝎、黄连、乌梅。

七画

杞菊地黄丸：枸杞子、菊花、熟地黄、山茱萸、牡丹皮、山药、茯苓、泽泻。

医痫丸：白附子、天南星、半夏、猪牙皂、僵蚕、乌梢蛇、蜈蚣、全蝎、白矾、雄黄、朱砂。

附子理中丸：附子、党参、白术、干姜、甘草。

补中益气丸（口服液）：黄芪、党参、甘草、白术、当归、升麻、柴胡、陈皮。

纯阳正气丸：藿香、半夏、木香、陈皮、丁香、肉桂、苍术、白术、茯苓、朱砂、硝石、硼砂、雄黄、金礞石、麝香、冰片。

良附丸：高良姜、香附。

苍苓止泻口服液：苍术、茯苓、金银花、柴胡、葛根、黄芩、马鞭草、金樱子、土木香、槟榔、甘草。

启脾丸（口服液）：人参、白术、茯苓、甘草、陈皮、山药、莲子、山楂、六神曲、麦芽、泽泻。

苏黄止咳胶囊：麻黄、紫苏叶、地龙、枇杷叶、紫苏子、蝉蜕、前胡、牛蒡子、五味子。

苏子降气丸：炒紫苏子、厚朴、前胡、甘草、姜半夏、陈皮、沉香、当归、大枣、生姜汁。

芪斛楂颗粒：黄芪、淮山药、甘草、茯苓、麦芽山楂、木瓜、党参、陈皮、白术。

八画

板蓝根颗粒：板蓝根。

金银花露：金银花。

金振口服液：羚羊角、平贝母、大黄、黄芩、青礞石、石膏、人工牛黄、甘草。

金果饮：生地黄、玄参、西青果、蝉蜕、麦冬、胖大海、太子参、陈皮、薄荷素油。

金匮肾气丸：生地黄、茯苓、山药、山茱萸（酒炙）、牡丹皮、泽泻、桂枝、牛膝、车前子（盐炙）、附子（炙）。

肾康宁片：黄芪、锁阳、丹参、茯苓、泽泻、附子、益母草、山药。

肾炎消肿片：桂枝、泽泻、陈皮、苍术、大腹皮、南五加皮、茯苓、淡姜皮、西瓜皮、益母草、黄柏等。

肾炎清热片：白茅根、连翘、杏仁、大腹皮、蒲公英、泽泻、茯苓皮、桂枝、车前子、蝉蜕、赤小豆、生石膏等。

肾炎安颗粒：山牡荆。

宝咳宁颗粒：紫苏叶、桑叶、前胡、浙贝母、桔梗、天南星（炒）、陈皮、苦杏仁（炒）、黄芩、青黛、天花粉、山楂（炒）、枳壳。

知柏地黄丸：知母、黄柏、熟地黄、山茱萸、牡丹皮、山药、茯苓、泽泻。

明目地黄丸：熟地黄、山茱萸、牡丹皮、山药、茯苓、泽泻、枸杞子、菊花、当归、白芍、蒺藜、石决明。

泻青丸：龙胆草、栀子、大黄、羌活、防风、当归、川芎。

参附注射液：人参、附子。

参麦注射液：人参、麦冬。

参梅养胃冲剂：北沙参、山楂、乌梅、红花、莪术、土木香、蒲公英、丹参、甘草、白芍、当归。

虎潜丸：黄柏、龟板、知母、熟地黄、陈皮、白芍、锁阳、虎骨、干姜。

金莲清热颗粒：金莲花、大青叶、生石膏、知母、生地黄、玄参、苦杏仁。

炎琥宁注射液：炎琥宁。

固本咳喘片：党参、白术、茯苓、麦冬、补骨脂、炙甘草、五味子。

参苓白术颗粒：白扁豆、白术、茯苓、甘草、桔梗、莲子、人参、砂仁、山药、薏苡仁。

九画

枳实导滞丸：枳实、大黄、黄连、黄芩、六神曲、白术、茯苓、泽泻。

栀子金花丸：栀子、黄连、黄芩、黄柏、大黄、金银花、知母、天花粉。

柏子养心丸：柏子仁、党参、黄芪、川芎、当归、茯苓、远志、酸枣仁、肉桂、五味子、半夏曲、炙甘草。

首乌片：制何首乌、生地黄、牛膝、桑椹、女贞子、墨旱莲、桑叶、黑芝麻、菟丝子、金樱子、补骨脂、豨莶草、金银花。

香砂养胃丸：白术、厚朴、木香、砂仁、陈皮、茯苓、半夏、香附、枳实、藿香、甘草。

香砂枳术丸：木香、枳实、砂仁、白术。

胃苓丸：苍术、厚朴、白术、陈皮、茯苓、泽泻、猪苓、肉桂、甘草、熟地黄、党参、山楂。

复方阿胶浆：阿胶、红参、熟地黄、党参、山楂。

复方丹参片：丹参、三七、冰片。

养阴清肺口服液：生地黄、川贝母、甘草。

养血饮口服液：当归、黄芪、鹿角胶、阿胶、大枣。

穿琥宁注射液：穿心莲内酯。

济生肾气丸：熟地黄、山茱萸、牡丹皮、山药、茯苓、泽泻、肉桂、附子、牛膝、车前子。

复芪止汗颗粒：黄芪、党参、麻黄根、炒白术、煅牡蛎、五味子。

胃苏颗粒：陈皮、佛手、香附、香橼、枳壳、紫苏梗、槟榔、鸡内金。

保婴丹：麝香、牛黄、梅片、珍珠、金礞石、硼砂、琥珀、麻黄、胆南星、天竺葵、重榴根、防风、法半夏、川贝母、淡全虫、黄连、僵蚕、钩藤、郁金、薄荷、天麻、蝉蜕。

荆防颗粒：荆芥、防风、羌活、独活、柴胡、前胡、川芎、枳壳、茯苓、桔梗、甘草。

十画

珠黄散：珍珠、牛黄。

桂附地黄丸：熟地黄、制附子、肉桂、山茱萸、山药、泽泻、牡丹皮、茯苓。

柴胡疏肝丸：茯苓、枳壳、豆蔻、白芍、甘草、香附、陈皮、桔梗、厚朴、山楂、防风、六神曲、柴胡、黄芩、薄荷、紫苏梗、木香、槟榔、三棱、大黄、青皮、当归、姜半夏。

柴银口服液：柴胡、金银花、黄芩、葛根、荆芥、青蒿、连翘、桔梗、苦杏仁、薄荷、鱼腥草。

通便灵胶囊：番泻叶、当归、肉苁蓉。

热淋清颗粒：头花蓼。

健儿清解液：金银花、陈皮、连翘、山楂、菊花、杏仁。

健脾生血颗粒：黄芪、党参、茯苓、白术、鸡内金、大枣、硫酸亚铁等。

健儿消食口服液：黄芪、白术、陈皮、麦冬、黄芩、山楂、莱菔子。

健步丸：黄柏、知母、熟地黄、当归、白芍、牛膝、豹骨、龟甲、陈皮、干姜、锁阳、羊肉。

健儿清解液：金银花、菊花、连翘、山楂、苦杏仁、陈皮。

脑震宁颗粒：生地黄、当归、酸枣仁、柏子仁、茯苓、陈皮、丹参、川芎、地龙、牡丹皮、竹茹。

莲花清瘟胶囊：连翘、金银花、炙麻黄、炒苦杏仁、石膏、板蓝根、绵马贯众、鱼腥草、广藿香、大黄、红景天、薄荷脑、甘草。

荷叶丸：荷叶、藕节、大蓟（炭）、小蓟（炭）、知母、黄芩（炭）、地黄（炭）、棕榈（炭）、焦栀子、白茅根（炭）、玄参、白芍、当归、香墨。

消风止痒颗粒：防风、蝉蜕、地骨皮、苍术、亚麻子、当归、生地黄、木通、荆芥、石膏、甘草。

益肾灵颗粒：枸杞子、女贞子、制附子、芡实、车前子、补骨脂、覆盆子、五味子、桑椹、沙苑子、韭菜子、淫羊藿、金樱子。

十一画

蛇胆川贝液：三蛇胆汁、杂蛇胆汁、川贝母、杏仁水、蜂蜜、薄荷脑。

银翘解毒丸：金银花、连翘、薄荷、荆芥、淡豆豉、牛蒡子、桔梗、淡竹叶、甘草。

银黄片（口服液）：银花、黄芩提取物。

羚羊清肺液：羚羊角、川贝母、熟大黄、甘草、朱砂、青礞石、黄芩、牛黄、生石膏。

清开灵口服液（颗粒）：胆酸、去氧胆酸、水牛角、珍珠母、黄芩、金银花、栀子、板蓝根。

清开灵注射液：水牛角、黄芩苷、珍珠粉、栀子、板蓝根、金银花、胆酸。

清胃黄连丸：黄连、石膏、桔梗、甘草、知母、玄参、生地黄、牡丹皮、天花粉、连翘、栀子、黄柏、黄芩、赤芍。

桔贝合剂：桔梗、浙贝母、苦杏仁、麦冬、黄芩、枇杷叶、甘草。

菖麻熄风片：白芍、天麻、石菖蒲、远志、珍珠母。

通宣理肺口服液（颗粒）：紫苏叶、前胡、桔梗、苦杏仁、麻黄、甘草、制半夏、茯苓、枳壳、黄芩、陈皮。

清宣止咳颗粒：秋梨润肺成分、桑叶、薄荷、苦杏仁、桔梗、白芍、枳壳、陈皮、紫菀、甘草。

羚羊角胶囊：羚羊角粉。

虚汗停颗粒：黄芪、浮小麦、大枣、糯稻根、煅牡蛎。

清降片：蚕砂、大黄、青黛、玄参、皂角子、赤芍、板蓝根、麦冬、连翘、牡丹皮、生地黄、甘草、白茅根、金银花、薄荷脑、川贝母。

黄栀花口服液：黄芩、金银花、大黄、栀子。

黄芪建中丸：黄芪、肉桂、白芍、甘草、大枣。

黄芪止汗冲剂：黄芪、党参、白术、麻黄根、煅牡蛎、五味子。

黄龙止咳颗粒：黄芪、地龙、淫羊藿、桔梗、射干、鱼腥草、麻黄（炙）、山楂、葶苈子。

犀角解毒丸：地黄、白芍、牡丹皮、侧柏叶、荷叶（炭）、白茅根、栀子、大黄（炭）、犀角（粉）、水牛角浓缩粉。

润燥止痒胶囊：何首乌、制何首乌、生地黄、桑叶、苦参、红活麻。

麻仁丸：火麻仁、苦杏仁、大黄、枳实、厚朴、白芍。

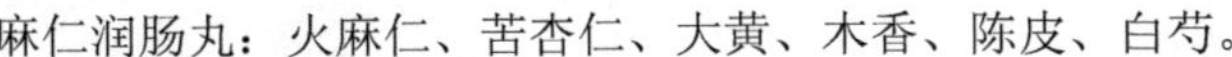

麻仁润肠丸：火麻仁、苦杏仁、大黄、木香、陈皮、白芍。

理中丸：党参、白术、炮姜、甘草。

维血宁冲剂：虎杖、白芍（炒）、仙鹤草、生地黄、鸡血藤、熟地黄、墨旱莲、太子参。

减肥丸：番泻叶、淡竹叶、松萝荣、泽泻、夏枯草、葶苈子、茯苓等。

十二画

琥珀抱龙丸：琥珀、天竺黄、檀香、党参、茯苓、甘草、山药、枳壳、枳实、胆南星、朱砂、牛黄。

珠珀猴枣散：茯神、薄荷、钩藤、金银花、防风、神曲、麦芽、天竺黄、甘草、梅片、珍珠、琥珀、猴枣。

琥珀镇惊丸：琥珀、麝香、僵蚕、浙贝母、牛黄、珍珠、朱砂、雄黄、胆南星、橘红、法半夏、天麻、钩藤、全蝎、麦冬、天竺黄等。

葛根芩连微丸（口服液）：葛根、黄芩、黄连、炙甘草。

紫金锭（玉枢丹）：山慈菇、红大戟、千金子霜、五倍子、麝香、朱砂、雄黄。

紫雪散（丹）：石膏、北寒水石、滑石、磁石、玄参、木香、沉香、升麻、甘草、丁香、芒硝、硝石、水牛角浓缩粉、羚羊角、人工麝香、朱砂。

猴枣散：猴枣、羚羊角、贝母、天竺黄、礞石、伽楠香、月石、麝香。

蛤蚧定喘丸：蛤蚧、瓜蒌子、紫菀、麻黄、鳖甲、黄芩、甘草、麦冬、黄连、百合、紫苏子、石膏、苦杏仁、石膏。

感冒清热颗粒：荆芥穗、薄荷、防风、柴胡、紫苏叶、葛根、桔梗、苦杏仁、白芷、苦地丁、芦根。

童康片、黄芪、白术、防风、山药、牡蛎、陈皮。

十三画

锡类散：冰片、珍珠、人工牛黄、象牙屑、人指甲。

喜炎平注射液：穿心莲内酯磺化物。

槐杞黄颗粒：槐耳菌质、枸杞子、黄精。

蒲地蓝消炎口服液：蒲公英、苦地丁、板蓝根、黄芩。

喉咽清口服液：土牛膝、马兰草、车前草、天名精。

痰热清注射液：黄芩、熊胆粉、山羊角、金银花、连翘。

十四画

静灵口服液：熟地黄、山药、山茱萸、牡丹皮、茯苓、泽泻、石菖蒲、远志、龙齿、知母、黄柏。

缩泉丸：益智仁、乌药、山药。

十五画以上

醒脾养儿颗粒：一点红、毛大丁草、山栀茶、蜘蛛香。

醒脑静：麝香、冰片、黄连、郁金、栀子、黄芩。

礞石滚痰丸：金礞石、沉香、黄芩、熟大黄。

藿香正气水（口服液、颗粒、软胶囊）：苍术、陈皮、厚朴、白芷、茯苓、大腹皮、姜半夏、甘草浸膏、藿香油、苏叶油。

囊虫丸：雷丸、干漆、桃仁、水蛭、五灵脂、牡丹皮、大黄、芫花、僵蚕、茯苓、橘红、生川乌、黄连。

鹭鸶咳丸（鹭鸶涎丸）：鹭鸶涎、牛蒡子、栀子、生石膏、天花粉。

橘红痰咳液：化橘红、苦杏仁、百部、制半夏、白前、茯苓、五味子、甘草。